世界を気遣うハイデガー

名のない神にこだまを返す

後藤　嘉也

晃洋書房

まえがき

すべてのものは過ぎ去るのだから、作ろう、つかのまの旋律を。

R・M・リルケ

詩人が詩を書き思索者が考えると世界空間が開かれ、どんなものも、一本の木、一つの山や家、鳥の鳴き声一つも、どうでもよいありふれたものではなくなる。

M・ハイデガー

奇妙なことに私たちは存在してしまった。願ったわけでもなく願いに反してでもなく生まれた。芥川龍之介の河童の国では、胎児は希望を聞かれ、望んだものだけがこの世に生まれてくる。だが、胎児の河童は、「河童的存在を悪いと信じて」いるために生まれることを拒絶する子どもであっても、すでに世界以前の世界に、母親のお腹のなかに、自ら選ぶことなく存在している。人間が存在することも、この世界ないし宇宙が存在することも、偶然性を刻みつけられている。

そのうえ、私たちはずっと存在しつづけるわけではない。闇から立ち現れ、しばしのあいだこの世にとどまり、闇に消えていく。死後の世界なるものがあろうとなかろうといつか世を去る。二〇世紀ドイツの哲学者マルティン・ハイデガーが言うには、

すべてのしばしのあいだのものの現前は、立ち現れ去り行くという二重の非現前のあいだにある。(GA5, 355)

夜道を歩くあの二人も、中秋の名月も、それにかかっている薄い雲も、月に吠える犬も、どれもある限られたあいだ現前している。言い換えれば私たちの目の前にいる。それらは、見えないありさま、非現前から、しばらくのあいだ立ち現れ、隠れながら現前し、やがてふたたび非現前に戻って姿を消す。この世のすべてのものは、非現前(隠れたありさま、不在)から現前(隠れないありさま)へ、現前から非現前へという行路にある。端的な非現前は死である。そこでハイデガーは人間を「死にかかわる存在」と特徴づけた。人間が存在するとは、自らの死に向かってそのつど走ること、死へと先駆することである。

これに対して、彼の教え子で一時期ひそかに愛し合ったユダヤ系のアーレントは、「人間は死ななくてはならないが、生まれたのは死ぬためではなく、何か新しいことを始めるためである」とするした。ハイデガーを名指ししてはいないものの、死にかかわる存在を、人間は死ぬために生まれたと理解して批判した言葉である。しかし、ハイデガーにとって、生まれたのは死ぬためでも始めるためでもない。それでは、人間は何のために生まれ、何のために存在するのか。あらゆる存在者と同じく、人間も存在するから存在する。存在するということ自身に根拠はない。人間は、理由も目的もなしにただ生まれ、しばしのあいだ存在するつかのまのものたちの一つである。

郷里カウナス(リトアニア)の近親者など反ユダヤ主義の犠牲になった六〇〇万の人々を忘れないレヴィナスは、自らの死にかかわる存在として人間を思考するハイデガーを、彼がナチズムに関与したこともあって許さなかった。ハイデガーを、他者(自分以外の人間)よりも自己の存在を優先し、自分が存在することに固執して、存在論を倫理の上位に置く哲学者として批判しつづけた。アーレントにとっても、ハイデガーは、西洋哲学の伝統にからめとられて、自分の存在にしか関心がなくこれを気遣うだけで世界を気遣わず、世界から退いて思考のなかにひきこもる哲学者であった。

ところがハイデガーは、古代ギリシャの思索者、アナクシマンドロスのアディキア（定めからの逸脱、継ぎ目の外れ、不適切さ）について、こう説明する。

> そのつどのあいだのものたちは、永続することに固執し、ディケーに、つまりしばしのあいだという適切さに転じない。〔…〕それらのどれ一つとして、他のものがしばしのあいだ存在することを意に介さない。（GA5, 359, 強調は引用者）

どの存在者もそのつどのあいだ存在し、まもなく消えざるをえないが、とりわけ人間はそれに満足できず、ずっと生き続けようとする。自分以外のものも自分と同じくしばしのあいだ存在するしかないのに、他の存在者を押しのけても自分がずっと存在しつづけようとする。それは二重の非現前のあいだにあるという定めからの逸脱であり、不適切である。

ハイデガーは自分の存在にしか関心がないなど考えることはできない。それゆえレヴィナスは、このアナクシマンドロス論考を彼の例外として無理に片づけざるをえなかった。晩年のアーレントも、自分の存在しか気遣わないといういつものハイデガー解釈からはみ出て、アナクシマンドロス論文のなかに西洋思想史の特異な例を見出した。西洋思想史一般において、生きものすべてに共通の自己保存の本能は創造された秩序に意志的に反抗するが、右のハイデガーは自己保存の本能に抵抗した、と述べた。実際、ハイデガーは、人々が主著『存在と時間』をエゴイズムの書として読むのを曲解として拒んだ。世界内存在という術語はもちろんのこと、「そのつどのあいだ（のもの）」、「しばしのあいだ」という言葉も彼の重要語であった。愛という手垢のついた語すら避けず、彼の思考には愛が欠けているという常識をしりぞけた。

私の思考では愛が考えられていない、と言われる。そんなことを言うひとは、『存在と時間』で死について語られたことを、まだ一度も熟慮したことがないのだ。（GA98, 233, 強調はハイデガー）

だからこそ、第二次世界大戦後には死すべき人々という複数形の言い回しを用いるようになる。ハイデガーは自分の存在と自分の死にしか興味がなかったなどというのは与太話である。むしろ、どんな他のものも、どんな人間もものも神々しさをおびており、いわば名のない神である。存在の静寂の響きに耳を傾け応答するハイデガーの思考は、存在者が無言で語る存在の言葉に、名のない神のような人間たちの忘れられた言葉にこだまを返す。「聞いて、届ける。言葉にできない声を。そこから発せられる問いを」（石原燃）。それが死の定めにある者として他を愛することである。

目的なく存在し始めたこの世界に、なぜという理由なく現れ、しばしとどまって、やがて過ぎ去る多種多様な存在者たち。人間は、その一員として、世界内存在として、自己の存在を気遣い、他なるものたちのありようを気遣い、世界を気遣う。言葉にできない声に言葉を返す。いやおうなしに言葉を聞いて届ける。人間は死ぬために生まれたのでも、何かを始めるために生まれたのでもない。なぜなしに存在し、なぜなしにこだまを返す。呼びかけに答えるのは心地よい本当の自己を実現するためではない。呼びかけに応じて固有なものを相手に引き渡すなら、自らの固有なものを失う。世界への気遣いとは、たとえ自らが貧しくなろうと、それらのものたちの沈黙の声に応じ、それらがありのままのものであるようにすることである。そのなかでようやく世界は世界になりうる。

自分だけの幸福を追求するのも、戦争に血道を上げるのも、世界と自分に対する気遣い（Sorge《ゾルゲ》, care《ケア》）の一つのかたちである。人間関係に身をすり減らし、自分にも他者にも無関心になるのも、他者や動物を苦しめ、ものを壊すのも、配慮しケアする気遣いの否定的なあり方（欠如的様態）（vgl. SZ, 163）である。過ぎ去るものたちを、詩人がつかのまの旋律に作って歌うのも世界への気遣いである。

これから、世界を気遣い自分を気遣う人間のありさまを、ハイデガー哲学をよすがに考察する。この世界のなかで、名を呼びがたい神にもなぞらえられる他のものたちとともに存在することについて、つまり、存在した、存在している、存在するだろういろいろな人間、生きもの、ものたちとかかわり、それらの（無言の）言葉に答えつつ、限られたあいだを存在することについて考えたい。それだけでなく、世界に対するハイデガーの気遣いが、いやどんなひとの気遣いも、レヴィナスやアーレントが彼に感じとったし、ナチズムや反ユダヤ主義との彼の両義的なかかわりに示されるように、偏狭なたぐいのナショナリズムに（また人間中心主義《ヒューマニズム》に）限界づけられていないか、これもあわせて問いたい。

まえがきのおわりで本書の構成を手短にしるす。

第I部は、ハイデガー哲学から、存在するとはずっと現在しつづけること、永続する現前性だと思い込む、自他の死を忘れた〈存在と時間〉の伝統を解体し、他なる存在者の話す存在の言葉に言葉を返す愛を掘り出す。

第1章では、自然科学と自然主義が勝利する時代にあって、自然科学と精神科学の基盤をなす、歴史性をおびた死すべき生という根源現象をあらわにするために、ハイデガーがディルタイおよびヨルクと対決し対話するなかで〈存在と時間〉という問いに近づくさまを一瞥する。第2章によると、彼は、『存在と時間』という迷い道を新たに遂行する反復によって、固有なものを得る存在の出来事（エアアイグニス、存在の真理）という別の道に移行し、人間が他を愛し自らの固有なものを失うという存在の出来事（エントアイグニス）こそが他者と自らの固有性が得られる存在の出来事（エアアイグニス）をもたらすことに気づいた。第3章では、ずっと現在しつづけるという伝統的な〈存在と時間〉の断念によって、世界は「死すべき人々の可滅的な世界」として立ち現れる。人間は、しばしのあいだという適切さに転じようとして、異他の存在者がありのままに存在し継ぎ目の外れた世界が世界となるように気遣う。

第Ⅱ部は、三人の思想家とハイデガーを突き合わせ、世界へのこの気遣いが、名のない神ともいうべき他者やものがかすかに発する存在の声にこだまを返すことであるのを示す。

第4章では、言葉をもつ動物（理性的動物《アニマル・ラティオナレ》）として人間を定義する、ヘルダーをも拘束した伝統から、存在の言葉が人間をもつという方向にハイデガーが転換し、存在の沈黙の言葉とそれへのずれた応答に言語と人間の本質を尋ね当てるさまを跡づけ、しかも、存在の言葉を、人間や人間ではない存在者が語る存在の言葉として解釈する。第5章では、神が魂という子を生むのに答えて魂がなぜなしに、根拠や理由、目的なしに神という子を生み返す中世のエックハルトから、そして、存在が自らを人間にゆだねるエアアイグニス（固有なものを得る出来事）に応じて人間が理由なく自らを存在にゆだねるエントアイグニス（固有なものを失う出来事）が生じると考えるハイデガーから、名のない神であるあらゆる存在者にこだまを返して存在者がありのままにあるようにするという世界への気遣いを読みとる。第6章によると、存在者が存在から見捨てられ（ハイデガー）、人間が見捨てられ孤立している（アーレント）時代にあって、世界を気遣うとは、世界や人間の存在を永続させる努力ではない。なぜなしに生まれ存在する人間が、存在を忘れられた存在者の、生者や死者の声に理由なく応じて、それらの存在をずっと忘れず、存在者がありのままのものであるようにしようと愛することである。

第Ⅲ部では、ハイデガーにおける世界への気遣いが、人間中心のヒューマニズムを超えた存在の思考をめざし、ナショナリズムや反ユダヤ主義から距離をとろうとしたにもかかわらず、なおもヒューマニズム、ナショナリズム、反ユダヤ感情という限界でさえぎられていたことを論じる。

第7章によると、世界の中心に人間が座する近代ヒューマニズムをハイデガーが克服して動物にはない人間固有の尊厳を存在に仕える牧人であることにみるのも一種のヒューマニズムだが、しかし人間は、自分がこうした人間中心主義に陥るのを抑制し、人間と動物が当のものとして存在するようにすることもできる。第8章では、デリダの言う哲学的ナショナリズムとヒューマニズムの連係、つまりナショナル・ヒューマニズムに注目し、ハイデガー哲学が、多と他を集約・排除し人間に特権を与えるナショナル・ヒューマニズムBと、これを自制し他に帰属するナショナル・ヒューマニズムAとの両義性をおびていたことをみる。第9章によると、ハイデガーは、ナチズムの時代から現実の国家社会《ナショナル》主義とその反ユダヤ主義とひそかに対決し、やがて、世界を計算して征服するように仕向ける仕立て体制を、戦争を戦うドイツとソ連とアメリカ等々を共通に支配する現代の本質動向としてとらえた。しかし世界への彼の気遣いには限界があり、ナショナル・ヒューマニズムBに傾いてユダヤ人がありのままに存在するようにする気遣いを忘れもした。

世界を気遣うハイデガー
――名のない神にこだまを返す――

目次

第III部 ヒューマニズムとナショナリズム――世界への気遣いの限界―― 169

第7章 そいつはただの動物だ――ヒューマニズムとその彼方―― 170

凡例

(1) ハイデガー全集（*Martin Heidegger Gesamtausgabe*, Frankfurt a. M.: V. Klostermann 1975-）からの引用は GA のあとに巻数とページ数を記しておこなう。

(2) 全集以外のハイデガーの著作や書簡集などからの引用は次の略号によって指示し、そのあとにページ数を記す。

SZ: *Sein und Zeit*, 19. Aufl., Tübingen: M. Niemeyer 2006

DE: *Denkerfahrungen*, Frankfurt a. M.: V. Klostermann 1983

LS: *»Mein liebes Seelchen!«: Briefe Martin Heideggers an seine Frau Elfride 1915-1970*, München: Deutsche Verlags-Anstalt 2005

HL: M. Heidegger, K. Löwith, *Briefwechsel 1919-1973*, Freiburg: K. Alber 2017

（邦訳『ハイデガー＝レーヴィット往復書簡 1919-1973』後藤嘉也、小松恵一訳、法政大学出版局、二〇一九年）

HJ: M. Heidegger, K. Jaspers, *Briefwechsel 1920-1963*, Frankfurt a. M.: V. Klostermann 1990

（邦訳『ハイデッガー＝ヤスパース往復書簡 1920-1963』渡邊二郎訳、名古屋大学出版会、一九九四年）

AH: H. Arendt, M. Heidegger, *Briefe 1925 bis 1975*, 3., durchgesehene und erw. Aufl., Frankfurt a. M.: V. Klostermann 2002

（邦訳『アーレント＝ハイデガー往復書簡 1925-1975』大島かおり、木田元訳、みすず書房、二〇〇三年）

BH: R. Bultmann, M. Heidegger, *Briefwechsel 1925-1975*, Frankfurt a. M.: V. Klostermann 2009

HA: W. Homolka, A. Heidegger (Hg.), *Heidegger und der Antisemitismus: Positionen im Widerstreit: mit Briefen von Martin und Fritz Heidegger*, Freiburg: Herder 2016

(3) 引用文中の〔 〕は引用者による補足であることを、〔…〕は中略していることを示す。
(4) 引用にさいして原文中の強調を外した場合がある。
(5) 引用文の訳出にあたっては邦訳が入手できるときは参考にしたが、必ずしも邦訳のままではない。訳者の方々にお礼とお詫びを申し上げる。

第Ｉ部

〈存在と時間〉

――永続する現前性の断念、言葉を返す愛――

第1章　歴史を生き、歴史を存在する
――ディルタイとの対決と〈存在と時間〉――

私たちの存在が死によって限られていることは、私たちが生を理解し評価するうえでつねに決定的である。

W・ディルタイ

人間にとって、人間の生、人間が生きていることは根源現象であり、しかもその生は、死すべきものとして時間性を刻み込まれているがゆえにおのずと歴史性をおびる。本章では、初期フライブルク時代（一九一九年戦後臨時学期―二三年夏学期）から『存在と時間』（一九二七年）の時期までを中心に、ハイデガーによるディルタイとの対決を探る。それをとおして、生という根源現象の探究が、歴史を生き、歴史を存在するというあり方を省察し、〈存在と時間〉を問うにいたる次第を一瞥したい。主な拠り所は、一九世紀末に交わされた『ディルタイ＝ヨルク往復書簡一八七七―一八九七』（一九二三年出版、以下では往復書簡と略称）とディルタイの著作、そしてハイデガーによるそれらの受容である。

1 哲学の「体系」を構成するには、過去と対決して現在のために可能性を取り戻す歴史の解体が不可欠である。2 ハイデガー（およびヨルク）は、アプリオリ主義者フッサールからディルタイを擁護し、アプリオリ主義と歴史主義との対立の手前へ、つまり歴史的生という根源現象へ還帰する。3 ヨルクによれば、ディルタイに反して自然科学は精神科学の基礎ではなく、〈存在するもの（自然的なもの）／歴史的なもの〉という類の差異を十分に強調する必要がある。歴史的生が自然科学と精神科学の基盤をなす。4〈存在するもの／歴史的なもの〉の差異は、〈歴史を見る（ディルタイ）／歴史を生き存在する（ヨルク）〉、〈それは存在する（ist）／私は存在する（bin）〉ないし〈客体的に存在する／実存する〉（ハイデガー）の差異であり、存在することが公分母である。5 それらの差異は〈存在と時間〉に帰着する。ハイデガーは、永続する現前性（存在する＝ずっと現在しつづける）という、死を忘れた〈存在と時間〉の伝統を解体し、死への先駆を可能にする将来から時間となる有限な時間性によって存在を解釈しようとした。6 ハイデガーは、ディルタイと同じくただしい意味での「主観」（生、実存）から出発したが、後年、存在することの歴史の省察においてこれを放棄し、生の哲学やディルタイ的なものに別れを告げる。しかし、この省察もやはり、人間が歴史を生き、歴史を存在する仕方である。

1　哲学の歴史の解体と「体系」の構成

歴史との対決は、現在をなおも拘束している過去を批判し、現在のための可能性をそこから引き出す解体である。この作業と「哲学体系」の構成は切り分けられない。

1-1 ハイデガーのディルタイとヨルク

初期フライブルク時代から『存在と時間』期にかけてのハイデガーにおいて、ディルタイ哲学の重みは大きい。この主著が出版された年の大晦日に、彼は、友人のプロテスタント神学者ブルトマンに宛てて、自らの「歴史的世界」の解釈にとってディルタイは本質的だ、と書き送った（BH, 48）。[1] 初期フライブルク時代には、自分の哲学を「事実性の解釈学」、「生の現象学」、「解釈学的現象学」などと称しており、師フッサールの現象学を、生の哲学者にして解釈学者であるディルタイの影響のもとで変容しながら哲学を形成していた。

とはいえ、ディルタイは手放しで褒め称えられてはいない。三〇歳の私講師はディルタイについて、「根源的ではなく、ラディカルにすることが必須であり〔…〕、それゆえ止揚すべきだ」（GA58, 16, 一九一九・二〇年冬学期）と述べていた。その後彼の友人ヨルク伯爵の書簡に感銘を受けてから記した、「すべてはディルタイの精神がただしい具体的な仕方で影響を及ぼすことにかかっています[2]」という賛辞は、その「ただしい具体的な仕方」の明確化を要求する。[3]

1-2 歴史の解釈は現在を批判する

対話をとおして可能性を引き出す対決は、ハイデガー用語では解体である。解体とは、古くてじゃまな構築物をただ破壊する作業ではなく、自分の現在を拘束する相手と対決して隠れた可能性を取り戻す営みであり、事象そのものが語るように促す。

したがって、過去との対話は、過去それ自体をそれがあったとおりに復元して悦に入ることではない。そんなことはできっこない。「すべての真に生きた〔…〕歴史学は批判です」（ヨルク、DY, 19; GA64, 12, SZ, 401）。自分たちが生きる現代のために、あるいは将来を開くために過去と対話するのが歴史（学）である。「歴史への批判はつねに現代・現在への批判でしかない」(GA62, 350)。歴史が批判されるのはそれが誤っているからではなく、現在にいまなお作用を及ぼしているのに、その潜勢力が生き生きと現在していないからである。

1-3 「体系」を構築し、歴史を解体する

過去との対決が現在への批判であるなら、哲学の歴史の解体なしに「哲学体系」――それが可能だとして――を構築することはできず、逆に「体系」への志なしに哲学の歴史は解体できない。

ディルタイは、精神科学(今日の人文・社会科学)を哲学的に基礎づけるために、歴史的な手続きを体系的な手続きに結びつけた(GSI, XV)[4]。ヨルクによれば、「体系的哲学と歴史叙述の分離は本質的に不当です」(DY, 251; GA64, 13; SZ, 402)。ハイデガーも、初期フライブルク時代からずっと、体系的認識と歴史学的認識という二分法に疑念を抱いており、歴史は本来の哲学の導入や付録にとどまらなかった。生をあらわにする現象学は歴史を解体する解釈学である。[5]

2 歴史的生という根源現象――アプリオリ主義と歴史主義の手前

初期フライブルク時代のハイデガーはヨルク、ディルタイと一緒に歴史的生という根源現象に立ち戻る。それは、フッサールのような非経験的なアプリオリ主義でも、フッサールがディルタイを論難した歴史主義や相対主義でもなく、その対立以前のところにある。

2-1 生という根源現象

ディルタイは生を生自身から理解しようとする衝迫に突き動かされていた。ヨルクの根本語は「生動性（Lebendigkeit, 生き生きしていること、生命性）」である。

これに対して、ハイデガーは存在の哲学者であった。一九〇七年にブレンターノの『アリストテレスによる存在者の多様な意義について』（一八六二年）を読んで以来、彼の思考の道を規定したのは、「存在のすべての多様な意義を支配する一つの規定はどういうものか」（GA11, 145）という問いである。

ところが、初期フライブルク時代には、人間が生きること、生が現象学のあらわにすべき事象であった。生は事実的な生、事実的な生経験、また事実性、現存在などとも呼ばれる。たとえば、一九年夏学期講義は哲学の諸問題を、即自かつ対自的な生という真の現象学的根源層に立ち返らせようとした（GA56/57, 121）。一年後のハイデガーにとっても、生が根源現象であり、アクチュアルな現存在こそが「唯一の必須な事象」（GA59, 169）である。最初のマールブルク講義（二三・二四年冬学期）でも、それ自身が歴史的である事実的現存在が主題となる（GA17, 304）。

2-2 生が隠される

ディルタイが生の謎に挑み続けたのは生が隠され究めがたいからである。

若いハイデガーにおいて、生という根源現象はまず、生の遂行によって隠されている。生は世界へと墜落し、そして「世界へと頽落した現存在においては自己自身が立ち現れていない」（GA61, 148）。これが生ないし現存在の事実性である。

次に、生は理論的認識によって隠されている。学問と哲学において、私たちは理論以前の生から理論の水準に上昇して生を認識する。その理論化・客観化の過程は、脱生化（Ent-lebung, 生の剝奪・喪失）（GA56/57, 89-91）、または生の事物化（Verdinglichung, 物象化）（GA58, 232）である。脱生化という語は、ディルタイやフッサールの体験（Erlebnis, 生の獲得）の反意語にちがいない。生の事物化によって体験という事象が失われる。

こうして、生も哲学も生という根源から離れている。一九二〇年夏学期講義は、フッサールやディルタイなどを視野に入れて、同時代の哲学の二つの問題群を、どちらも生を明示的または暗示的に志向するのに果たせないという点に着眼して解体した。二つの問題群とはアプリオリ問題群と体験問題群である。

2-3　アプリオリ問題群を解体する

アプリオリ問題群のうち、ハイデガーがあからさまに解体の的にするのはフライブルクの旧師リッカートだが、マールブルク学派や、新たな師フッサールをも射程に収めた。この三者は、「理性の普遍的でアプリオリな体系」をめざす超越論哲学であり、方法は異なっているものの、「文化哲学という理性と価値の体系」（GA59, 15）への傾向において合流しつつある。三つの超越論哲学から、アプリオリで絶対的なものと事実的で相対的なものの二元論というプラトン主義の骨格が透視できる。リッカートによると、経験に先立ち絶対的に妥当するアプリオリな価値は認識主観から独立して存在し、主観は明証性をもった判断によってこの価値を承認する。アプリオリな価値、つまり、理念ないしイデアの超時間的なこの絶対性に照らすと、「歴史的生成は相対的に映る」（GA59, 20）。

したがって、アプリオリ問題群は、自らが近づこうとしている生を、つまり「具体的で個人的な歴史的現存在における人間」（GA59, 86）を押しのける。リッカート——またフッサール——は、歴史的生という根源現象を絶対的アプリオリの犠牲に供した。

2-4 体験問題群を解体する

体験問題群に数えられる哲学者はナートルプとディルタイである。アプリオリ問題群の哲学者たちはもちろんのこと、やがてマールブルクで親しく交わるようになるナートルプでさえ生という根源から遠いが、ディルタイには生の現実に接近する傾向がある。ハイデガーはニーチェ、ベルクソン、ディルタイを名指しして、リッカートやフッサールによる非難から生の哲学をまもる。生の哲学は、「その時代において真に哲学にいたろうと欲し、アカデミックな遊戯という倒錯のなかをうろつかなかった」(GA61, 80)。ハイデガーの事実性の解釈学や生の現象学はディルタイの強い影響下にあり、体験、生の経験、体験連関、環境、解釈学などの基本語を彼に負う。ディルタイ精神科学の根本概念はエポック、世代のような作用連関であり、この作用連関の原細胞は「環境のなかに生きているかぎりの個人ないし生の統一」(GA59, 157)である。自己と環境は互いに作用しあう。当時のハイデガーは自己世界・共同世界・環境世界からなる生の世界を構想しており、ディルタイとの類縁性は明らかである。環境世界という発想の源には、ユクスキュルやシェーラーなどとならんでディルタイもいた。

その一方で、ハイデガーは往復書簡を読む以前から彼の解体を企てていた。ディルタイも、アクチュアルに遂行する現存在をつかまえきれなかった。心を外部から静的な状態として眺めるにとどまり、人間を「感情と衝動の束」と規定し、心を構成する基本的な駆動力を意志・欲求・充足にもとめた。これは心の現実を「状態や客観、ものとして」構築することにほかならない。心的なものを、精神史（自然ではないが）という、外部の気楽な場所から、状態として客観的に把握するこの傾向は、「調和的な心の状態という人間性の理想」のなかで強められ、心的なものは「一つの形態、状態として、「美的に」（調和の理想）」見られている（GA59, 166f.）[6]。

2-5　アプリオリ主義と歴史主義の手前へ

アプリオリ問題群と体験問題群との右の解体は、アプリオリ主義か歴史主義かという二者択一に惑わされない。晩年のディルタイによると、どんな宗教も理想も哲学体系も有限であり、「人間がものごとの連関を把握するあらゆる仕方の相対性」が「歴史的世界観の究極の言葉」である。同時に彼は、普遍妥当的認識を追求する哲学にも重きを置き、両者の矛盾をめぐる諸問題の解消に生涯をかけた（GSV, 9）。後期ディルタイが、アナーキーに対立し合う種々の世界観を類型化する世界観学の確立につとめたのもそのためである。

アプリオリ主義者フッサールが批判するには、自然科学という実証科学、事実学を至上視する自然主義も、経験的な精神生活という事実領域を絶対化する歴史主義も、相対主義と懐疑主義に帰着する。フッサールにとっては、歴史意識の形成が哲学の普遍妥当性に対する信頼を破壊すると言うディルタイ（GSVIII, 77f.）は、永遠かつ絶対的に妥当する哲学と歴史的な哲学との区別を知らない。[7]

ここでは、超時間的妥当性をめざす厳密な学ないしアプリオリ主義と、世界観哲学ないし歴史主義――ディルタイ自身はこのラベルを拒んだが[8]――との対立をめぐるフッサールとディルタイの応酬については立ち入らず、ハイデガーがヨルクとともにこの対立以前に帰って、ディルタイを擁護するさまをみよう。

哲学の普遍妥当性を疑う歴史意識は歴史主義で、歴史主義は相対主義と懐疑主義に陥るという「脅し」は、ハイデガーにすると、「絶対的妥当性の救済と歴史の排除」をねらっている。相対主義批判の前提をなす、理念（イデア）的なものと事実的なものとのこの二元論は、フッサール独自のものではなく、哲学の歴史全体を貫流する「まったく陳腐なプラトン主義」（GA17, 94）である。前学期にはそれを「野蛮人のプラトン主義」と呼んだ。ディルタイの教え子シュプランガーはこう書いた。「私たち――リッカートや現象学者たち、ディルタイを受け継ぐ流れ――はみな、歴史のなかか歴史を超えたところにある無時間的なものを〔…〕求める偉大な格闘のなかで合流する」。ハイデガーはそれに抵抗する。「ディルタイの本来の方向」はこういうものではないし、「こういう現象学者たちに私を数えないでほしい」(GA63, 42)。すでに一九・二〇年冬学期に、ハイデガーは、学問的哲学か世界観哲学か、というフッサールの二者択一に疑義を呈していた。生そのものの根源学である自らの学問的哲学はこの対立よりも根源的だからである(GA58, 235)。ハイデガーに先んじて、ヨルクは「哲学することを歴史化しないのは〔…〕形而上学の名残に思える」(DY, 69; GA64, 13, SZ, 402)と記していた。形而上学とはハイデガーの言う野蛮人のプラトン主義のことである。

あの二元論の基底には歴史的生ないし世界内存在がある。ディルタイが予感した生の概念を自分は世界内存在としての実存の概念でとらえた、という言明(GA24, 247)は、歴史性を特徴とする現存在がディルタイの歴史的生の延長線上にあることを自ら証している。[9] ハイデガーやヨルクは、また何ほどかはディルタイも、アプリオリ主義と歴史主義の対立の手前の歴史的生に、現存在に立ち戻る。この還帰の具体相を探るために、次節では自然科学と精神科学の二項対立について考えよう。

野蛮人のプラトン主義の二元論

アプリオリ主義(イデア的で絶対的なもの)(フッサール)か

歴史主義(事実的で相対的なもの)(ディルタイ)か

その基底

歴史的生((ディルタイ・)ヨルク、ハイデガー)

3　存在するものから歴史的なものをまもる

自然（諸）科学と精神（諸）科学の関係はどうなっているのか、精神科学の独自性をどう確保すべきか。ヨルクとハイデガーにとって、これは〈存在するもの（自然的なもの）／歴史的なもの〉という類の差異に差し戻して考えるべき問いであり、歴史的生ないし現存在が自然科学と精神科学の基盤をなす。

3－1　自然科学は精神科学の基礎である

学問における自然主義運動には歯止めがきかない（DY, 75）というディルタイの見方は、フッサール、ヨルク、ハイデガーにも共通する。それでは、自然科学と精神科学はどういう関係にあるだろうか。

ディルタイがイメージする知の地球儀は自然科学と精神科学という二つの半球からなる。自然は客観的必然性の連関であり、精神の生は自由な歴史の王国を構成する。社会的歴史的事実を分析し記述するのが精神科学である。二つの学問群は半球という比喩からすれば対等な地位に立つ。精神科学は「自然科学と並ぶ独立した全体」である（GSI, 4-9）。

とはいえ、「精神的生の事実は、人間の本性の精神－物理的な（psycho-physisch, 心－身の）生の統一から分離できない」（GSI, 6）。なるほど、私がパソコンに字を入力するとき、私は自分でキーを選ぶ。「選ぶ」と書くか「選ばない」と書くかは私の精神の自由である。だが、脳や指やパソコンが動かなければ、私はどちらも入力できない。精神の生は自然の経過に即して現れ、つねに物理的なものに依存している。それゆえ、「自然科学は歴史と体系のうえで精神科学の前提であり基礎である」（GSV, 252）。

3-2 自然科学は精神科学の基礎ではない

ところがあろうことか、ヨルクはディルタイのこの文を、「自然科学は「体系のうえで」精神科学の基礎ではない」(DY, 192f. 強調は後藤)と引用した。これはヨルクの不注意ではなくあからさまな反論である。

ディルタイは精神科学の成立根拠を、精神と精神の、また精神的生全体の同種的連関に探り当てた。精神と精神の連関は、「自分が内的に経験する事実と、私たちが他の人間の身体に置き入れざるをえない事実との同種性」(GSV, 250)にもとづく。自分の身体に似た別の存在者がいると、私は自分の内的経験、精神をその存在者に置き入れる。他者構成の難問を解決するためのフッサールの自己移入(Einfühlung)論を思い起こさせる議論である。しかしヨルクにとっては、「ルターやアウグスティヌスやパウロは、身体なしに現在し私に作用しています」(DY, 192)。それゆえ、身体的事実は精神の基礎ではなく[10]、自然科学は精神科学の基礎ではない。人間は心身の総合である。自然科学が説明する物質という土台の上に心が載っかっているわけではない。

3-3 存在するものと歴史的なものとの類の差異

自然から精神的生をまもるというこの観点から、ヨルクはディルタイを、「存在するもの[11]と歴史的なものとの類の差異を強調しなさすぎます」(DY, 191; GA64, 10, SZ, 399)と難じた。存在するものとは自然的、物理的なもののことである。自然と歴史の差異を不十分ながらもディルタイが強調したとは、自然という下部構造の上部構造として歴史の独自性をかろうじて保障したことを指すだろう。

その一〇年前に、ヨルクは「因果法則が有効なのはそれが由来する物理的要因までです」(DY, 255)と記していた。すなわち因果法則を歴史的なものに適用することはできない。物理的なものが心的生に及ぶのを斥けるには、両者の区別を、つまりは類の差異を明確にする必要がある。ヨルクがディルタイの文に「ない」を勝手に何度も書き加えた（本章注10)を参照）のはそのためであった。

3-4　歴史的生ないし現存在という基盤へ

存在するものと歴史的なものとの類の差異を十分に強調するには、自然科学を精神科学の基礎学にせず、両者を棲み分けさせてもまだ足りない。

ヨルクによれば、物理的なものと心的なもののあいだに境界線を引き、「権限を画定するのは、学問ではなく生である哲学です」（DY, 255）。自然科学と精神科学という相対立する学問にそれぞれの権限を与えているのは、生ないし生の哲学である。どの学問も生の営みであり、この営みを反省するのが、ディルタイとヨルクの生の自己省察としての哲学である。したがって、（ディルタイと）ヨルクとハイデガーが迫ろうとした、アプリオリ主義と歴史主義の対立の手前にある歴史的生ないし現存在（2-5）が自然科学と精神科学の基盤である。[12]

ディルタイ：自然は精神の基礎である　＝歴史的なものは自然的なものを基礎として独自
ヨルク　　：自然は精神の基礎ではない＝歴史的なもの（歴史的生）は自然科学と精神科学の基盤
　　　　　　　　　　——自然的なもの（存在するもの）から歴史的なものをまもる

4 歴史を生き、歴史を存在する

学問の基盤をなす歴史的なもの、歴史的生のあり方は、ハイデガーにとって、それ（もの）は存在する（ist）ではなく私は存在する（bin, 実存する）であり、それゆえ存在が問われる。歴史にふさわしいのは、ヨルクによれば歴史を対象として見ることではなく、歴史を生き、歴史を存在することである。

4－1 存在は生の派生態であり、認識することは世界とのかかわりの欠損態である

学問の基盤を歴史的生にもとめるヨルクにとって、「存在は生の派生態、生が部分的に明白になったもの」（DY, 203）である。人間が生きる生全体から、自然科学の認識する自然的なもの、存在するものという部分が派生し目に見えるようになった。精神科学の基盤はもちろん歴史的生にある。

これに呼応するように、ハイデガーでは、世界を認識することは世界内存在の一時停止という欠損態である。彼が人間の生を術語化した現存在（Dasein）とは、存在の（それゆえまた存在者の）真理が開示される場（Da, 現）を存在する（sein）ことである。現存在は、世界内存在として、つねにすでにもの（Zuhandenes, 道具存在者）やひととかかわっている。世界を認識する科学の営みは、現存在がこのかかわりをいったん中断し、認識主観として客観（Vorhandenes, 客体存在者）を考察して規定するときに成立する。世界とのかかわり、つまり世界への気遣いが科学の認識に先行するから、認識はこのかかわりの欠損態である（SZ, 61f.; vgl. GA62, 353f.）。この点は自然科学の認識も精神科学のそれも変わりはない。

４−２　それは存在する（ist）と私は存在する（bin）との類の差異——存在の問いへ

ヨルクの〈存在／生〉、〈自然的なもの／歴史的なもの〉という差異は、ハイデガーの〈ist／bin〉というそれに相当し、これらの差異は存在する（sein）という分母を共有する。

若いハイデガーは、「私は存在する（ich bin）」の意味を問う。生の遂行である「私は存在する（bin）」を際立たせ、「それは存在する（ist）」と「私は存在する（bin）」との差異に注目した。「客体存在、客観的に表象される自然のうちでの客体的出来事という意味で〈それ〔自然的なもの、客体存在者〕は存在する〉（er, sie, es ist）」（GA9, 31, 一九一九−二一年）。

この差異もヨルクの類の差異も、自然科学と精神科学という区別とは一致せず、その基底にある。〈存在するもの／歴史的なもの〉という類の差異は、ハイデガーでは、〈ist／bin〉、〈客体存在／実存〉という存在のうえでの差異である。「時間の概念」でも『存在と時間』でも、「心身の所与という全体は存在するのではなく生きるのです」（DY71; GA64, 12f.; SZ, 401）というヨルクの言葉を引用するさい、ハイデガーは、「存在する」をイタリック体で強調したうえで、「存在＝自然の客体存在」と注した。ヨルクにとって存在することは自然的な存在だが、ハイデガーの存在することは、客体存在ないしistであるだけでなく、生きることないしbinでもある。

こうした類の差異は、次にみるように、〈歴史を見る（ディルタイ）／歴史を生きる（ヨルク）〉という人間の存在の仕方の差異となる（４−３、４−４）。

類の差異	ヨルク　：　ハイデガー	それを基盤として成立する学問
自然的なもの、存在するもの——存在する	：客体的に存在する——ist	↓自然科学
歴史的なもの——生きる	：実存する——bin	↓精神科学

4-3　歴史を見る——美的態度

心の現実を「状態や客観、ものとして」把握する傾向がディルタイにあった（本書八頁）。それは、生の遂行という動態を静態化して、調和した美を外から眺め観照する態度であり、「絶望」（GA59, 131）から目をそらす。「自分自身の現存在を不安定にすること」（GA59, 171）を哲学の動機とする当時のハイデガーにすれば、「世界全体を生から理解する」（GA59, 165）というディルタイのせっかくの企ても、心を、自然という外部からではないとしても、精神史という外部から「美的に」（調和という理想によって）状態として眺める（GA59, 167）かぎり失敗するしかない。（審）美的《エステーティシュ》という語のこの批判的用法は、驚くべきことに、ハイデガーが三年余りのちに出会うヨルクの書簡とみごとに響き合う。

ヨルクが皮肉るには、歴史学派は名に反して「歴史学派ではなく、審美的に構成する尚古的学派でした」（DY, 57; GA64, 11. SZ, 400）。歴史学派の泰斗ランケは「美学者」（DY, 59）、「大きな接眼レンズ（Okular, 目）」（DY, 60; GA64, 11. SZ, 400）にすぎない。過去のものを見て感じとるだけで、「歴史を見るが、歴史を生きない」（DY, 60, 強調は引用者）。接眼レンズには、歴史が及ぼす現在・現代への批判のはたらき（1-2）によって自らのあり方（bin）が揺るがされる心配がない。歴史へのディルタイの接近も過ぎ去ったものをただ眺めて享受する審美的態度であり、自分は歴史の外部で安閑としていられる。[13)]

４－４　歴史を生き、歴史を存在する――存在することを問う必要性

歴史的なものという類にふさわしいのは、歴史を見るのではなく、歴史を生き、存在するあり方である。歴史を見るランケにとって、「消えたものは現実にはなりえません」（DY, 60, 強調はヨルク、GA64, 11, SZ, 400）。過去の遺物にすぎないからである。ところが、歴史を生きるとき、消えたはずの出来事が私に語りかけ、私の現在を批判する（１－２）。ハイデガーによると、ヨルクは歴史の根本性格が「潜勢力」にあることを洞察した。それも、「歴史考察の客観に即して学問論によってではなく」、「現存在の存在性格の認識にもとづいて」（SZ, 401）。つまり、歴史の根本性格は、それは存在する（ist）という客観的事実ではなく、私は存在する（bin）という、現存在が存在できること（Seinkönnen）にある。

したがって、「私は自然であるのとまったく同じく歴史である（bin ich Geschichte, 歴史を存在する）」（DY, 71, 強調は後藤、GA64, 13, SZ, 401）。ここでヨルクは、〈存在するもの／歴史的なもの〉という差異を際立たせると同時に、存在する（sein, ある）という出来事が対立する二項の公分母である点をも示唆している。私は、物質として自然であり客体的に存在するが、同時に心として歴史であり実存する。客観的な歴史という果てしない流れのなかに短い線分というものとして存在する（ist）のではなく、心身の総合として自ら歴史を生き、存在する（bin）。

ハイデガーが言うには、ディルタイは、「生の根本性格は歴史的に存在することだ」（GA80.1, 151）という点を強調した。これはヨルクのディルタイ把握と同じである。歴史的に存在するとは歴史を生き、歴史を存在することである。これが生の、現存在ないし実存の根本性格である。ヨルクとハイデガーのディルタイ対決の眼目は、歴史的生、私は存在する（bin）を理解するさいにも、ディルタイが、理論的・学問的認識の対象となる存在、つまり、人

間のかかわりを抜きにした客体存在、それは存在する(ist)という伝統的存在理解にとらわれたために、意に反して歴史的生を事物化する(2―2)ところにあった。

それゆえ、この伝統を解体し、存在するものから歴史的なものを、客体存在から実存を救う必要がある。そのために存在すること一般が問われる。[14)]

自然科学(しばしば精神科学も)の存在者:客体的に存在＝er, sie, es ist＝伝統的存在理解 ↓歴史を見る
歴史的生:現存在が実存する＝ich bin ↓歴史を生き、存在する

5 〈存在と時間〉を問う

〈存在するもの/歴史的なもの〉(ヨルク)、〈客体存在/実存〉(ハイデガー)という差異は、〈存在と時間〉という問いに突き当たる。西洋哲学の伝統における存在は、ハイデガーにとって、ずっと現在・現前しつづけることであり、これは死を忘れた〈存在と時間〉である。彼は、歴史的生ないし現存在に即するために、「存在は永続する現前性である」(GA22, 67)というこの伝統を解体する。現存在は、死への先駆を可能にする将来から時間となる有限な時間性である。この〈存在と時間〉によって、存在一般を時間的に解釈する〈存在と時間〉がめざされた。

５－１　永続する現前性という〈存在と時間〉

早くも初期フライブルク時代の生の現象学ないし事実性の解釈学が〈存在と時間〉の間近にいた。「事実的な生は、自らの存在が具体的に時間となるなかで自らの存在を配慮して気遣っている」（GA62, 349, 一九二二年）。それでは〈存在と時間〉とはどういう問いか。

プラトン主義のイデア的なものは永遠に、つまり無時間的・超時間的に現在する。神も自然法則も、あらゆるところに永遠に現在する。これに対して、時間の流れのなかで生成消滅する個物は真実には存在しない。西洋哲学を支配してきたこの存在理解を、ハイデガーは「永続する現前性（beständige Anwesenheit, ずっと現在・現前しつづけること）」と呼んだ。これは〈存在＝不断の現在〉という〈存在と時間〉である。「存在＝永続する客体存在」（SZ, 96）という『存在と時間』の等式はその別の表現であり、どれも時間にもとづく存在理解である。

歴史意識に立つディルタイに絶対的妥当性の観念で対抗するフッサールも、それと知らずに、永続する現前性というギリシャ以来の伝統的な〈存在と時間〉の、言い換えれば陳腐なプラトン主義の支配下にある。

５－２　死、有限な時間性、時性《テンポラリテート》

だが、人間は不死の神ではなく有限な存在者である。人間が有限（endlich）であるのは、今が無限に続く時間のなかでいつか生命活動が止まるからではなく、自分の死という終わり（Ende）に向かってそのつど走る（vorlaufen, 先駆する）からである。現存在の存在の意味（存在することの理解を可能にしているもの）は時間性である。将来から時間となる有限な時間性、「既在しつつ現在化する将来」（SZ, 326）という時間性である。死という自分の可能性（通常の意味では未来）へと先駆し、自分がいまも既に存在している事柄（通常の意味では過去）を引き受けつつ、現在の状況を見つめること、それが時間性である。〈存在と時間〉とはまず、〈人間の現存在＝時間性〉ということである。[15]

この時間性はまた「存在理解を可能にする、現存在の時性《テンポラリテート》」(GA24, 429) でもある。実存はもちろん客体存在も道具存在も現存在の時間性ないし時性にもとづいてのみ理解できる。〈存在と時間〉とは第二に、〈存在すること一般は時的だ〉ということである。

5-3　死を隠す永続する現前性を解体する

歴史意識は歴史主義と懐疑主義に帰するという脅し(本書九頁)が生まれる理由も見当がつく。「人々はディルタイを歴史主義という概念に押し込めて相対主義の幽霊を恐れる」(GA59, 154)。「そういうひとは、現存在をこっそり見て不安に襲われる」(GA17, 99)[16]。絶対的でイデア的なものへの信、観想する生、理論的認識は永続する安定を保証するが、これは、自らの死にかかわる現存在を回避し、不安の可能性を隠すことである。永遠の真理を失えば、自分の存在や認識が動揺する。アプリオリ主義は死からの逃亡であり、永遠性は有限な時間性の派生態である。ていねいに言えば、有限な時間性から永続性が派生し、永続性から永遠性が派生した。

その点でハイデガーはディルタイに学ぶ。私たちの存在が死によって限られているという彼の洞察はハイデガーを支えた。ディルタイの「本来の哲学的諸傾向は「生」の存在論をめざしていて、生と死の連関を見逃せなかった」(SZ, 49, Anm. 1)[17]。だからこそ、ハイデガーは、若くしてディルタイをラディカルにするという課題を掘り起こし、やがてヨルクに自分と同じ志向を発見した。絶対的なものへの憧憬は、ずっと現在しつづけるという見果てぬ夢である。永続する現前性という〈存在と時間〉の伝統は死の隠蔽である。これにあらがうハイデガーは、死に向かう将来から時間となる有限な時間性によって〈存在と時間〉に挑んだ。

存在の問いなどというのは好事家の暇つぶしにも思えよう。しかし、生に対する死の関係(ディルタイ)を忘れた伝統が自然主義という激流となって襲うなかにあって、ハイデガーにとって、永続する現前性という〈存在と時間〉の解体は必須の仕事であった。

ヨルクの類の差異　　　　　　ハイデガーの〈存在と時間〉
存在するもの＝永遠に存在する自然　＝客体存在、ist ＝永続する現前性＝死の隠蔽
歴史的なもの＝歴史を存在する生　　＝実存、bin　＝将来から時間となる有限な時間性

〈存在と時間〉　　　　　　　　『存在と時間』の構成
(1)現存在の存在の意味は時間である　　：『存在と時間』第一部第二篇（既刊部分）
(2)存在一般は時的《テンポラール》に解釈できる　　：『存在と時間』第一部第三篇
解体される伝統：真の存在は永続する現前性である：『存在と時間』第二部

5-4　歴史性へ

こういう見通しのもとハイデガーは、ヨルクの助けを借りて、ディルタイ哲学の潜勢力を歴史性に見出す。『存在と時間』において歴史性は時間性のいわば具体化である。先駆において自分の死という可能性に身を開き、自分に与えられた（過去の）遺産を自ら選び、自分の時代を瞬間的に凝視するという歴史的生起（vgl. SZ, 384）、これが運命とも呼ばれる本来の歴史性である。歴史を生き、歴史を存在するとは、既在しつつ現在化する将来という時間性が時間となることである。歴史性という語をハイデガーはおそらくヨルクに負う。

ヨルクは、ディルタイにはない歴史性という言葉を用いた。「自己意識の内的歴史性」(DY, 69; GA64, 13, SZ, 401)、「意識の歴史性」(DY, 71) などがそれである。人間は、外的な歴史的出来事の悠久の流れに浮き沈みする観察物体ではない。歴史を生き、存在するという意味で、根底から歴史性の性格をもつ。「歴史性を理解しようという私たちに共通の関心」(DY, 185; GA80.1, 131, SZ, 398) という言葉で、ヨルクは、生の内的で根本的な歴史性を見つめよう、とディルタイに呼びかけた。

ディルタイは、生と死の関係に目を注ぎながらも、〈存在するもの／歴史的なもの〉の差異を軽んじ、〈それは存在する (ist)／私は存在する (bin)〉、〈客体存在／実存〉という存在の差異に気づかない。過ぎ去ったものを遠くから眺めて享受する審美的態度をすっかり脱してはいない。ハイデガーはこれをヨルクとともに見抜き、歴史を存在すること、つまり歴史性という生の根本構造にたどりついた。さらにヨルクより歩を進め、存在するものから歴史的なものをまもり、死を隠す客体存在の侵蝕から歴史性をまもるために〈存在と時間〉を問う。[18]

6　存在することの歴史——歴史を生き、存在する別の仕方

ハイデガーは、『存在と時間』期まではディルタイに似て括弧つきの「主観」から出発したが、存在の歴史の省察においてこれを断念し、生の哲学やディルタイ的なものと別れる。とはいえ、その省察も人間が歴史を生き、歴史を存在する仕方である。

６－１　ただしい意味での「主観」から出発する

一九二七年大晦日のブルトマン宛書簡は、「「人間の現存在」というただしく理解された意味での「主観」からの出発」(BH, 48) を掲げた。生を生自身から理解するディルタイにおいて、体系的精神科学は、ある人間を客観的に把握することから、普遍的法則的な関係や包括的連関を導き出す。ハイデガーなら現存在の時間性にもとづいて普遍的存在論を構成する。

ディルタイの現象性の命題によれば、「意識にとってのみ、意識のなかにのみ、対象、ものは存在する」(GSV, 90)。ハイデガーでは、「現存在が存在するかぎりでのみ、すなわち存在理解のオンティシュな(存在論の水準に達していない)可能性が存在するかぎりでのみ、存在することは「与えられる」」(SZ, 212. 強調はハイデガー)。

二人とも「主観」を基点にした。もちろん、自然と歴史的社会的世界のなかにあるディルタイの生の連関も、世界内存在であるハイデガーの現存在も、世界なしにも存在するデカルト的自我ではない。フッサール現象学にとって世界は絶対的意識の相関項でしかなかったが、そういう意識主観ではない。すべての存在者の基体に主観を置く近代主観主義を克服する意図は明白で、それゆえ括弧つきの、ただしい意味での「主観」である。『存在と時間』は、存在の問いにおける現存在の優位は「存在者のあらゆる悪しき主観化と何の関係もない」(SZ, 14) と注意していた。

だが、意識に現象する存在者や現存在に相関化される存在は、「主観」にとっての対象や対象性に切り詰められていないだろうか。そこで、『存在と時間』から約二〇年後のハイデガーは、「現存在が存在するかぎりでのみ、存在することは「与えられる」」というあの文を、「存在することの明るむ場(Lichtung, 存在に光が当たりうるところ、現)が生起する(sich ereignet)かぎりでのみ、存在することは自らを人間にゆだねる」(GA9, 336) という意味に解釈し解体する。いまや、存在することを現存在に相関させるというより、人間を存在すること(の明るむ場)に相関させる。

現存在が存在するかぎりでのみ、存在することは「与えられる」
←
存在することの明るむ場が生起するかぎりでのみ、存在することは自らを人間にゆだねる

6-2　生の哲学を放棄する――ディルタイ的なものとの別れ

ハイデガーにとって、生はもはや根源現象ではない。唯一の必須な事象は、アクチュアルな現存在から、存在することに替わる。現存在の存在理解や生から出発することはできない。生の哲学とディルタイ哲学にも関心が薄れる。三〇年代後半の覚え書きによると、「「生」の哲学にとって、存在の問いは、従来の先導する問いの真正な形態においてさえ縁遠いままである（ディルタイ）」（GA65, 218）。先導する問いとは「存在者そのものとは何か」という問いであり、存在することについての根本の問いから峻別される。ヨルクは『存在と時間』を最後に名も出されない。

最も真正な生の哲学者、ディルタイですら存在を忘れた形而上学者だと特徴づけられる。自らの初期フライブルク講義やディルタイやフッサールが体験を重んじたことにふれてハイデガーが言うには、体験はきまって、「生と生きられたことを自我に連れ戻すこと」、「客観的なものを主観的なものに還元すること」（GA12, 122）である。ディルタイは、主体が表象する対象が存在者で、存在は対象性ないし表象されることだという近代形而上学の埒内に収められた。

「主観」からの出発の断念は、「あらゆる超越論的なもの、現象学的なもの、実存的なもの、ディルタイ的なものを克服し、別れを告げる」（GA73.1, 511）。思考されるべきは、歴史的生ではなく存在すること自身である。

6－3　存在の歴史を省察する――歴史を生き、歴史を存在する別の仕方

ディルタイ的なものとのこの離別にもかかわらず、歴史を生き、存在するという姿勢は変容しながらも維持される。存在を現存在に相関させる態度が人間を存在に相関させる態度に一変する（6－1）のは、立場の逆転ではなく長い道程における一つの移行である。

ヨルクの「自己意識の内的歴史性」は、歴史を生き、存在するという自己の根本構造であり、ハイデガーの歴史性も現存在の根本構造であった。右の移行に伴って、存在するという事象は歴史的出来事となる。「存在することの歴史」ないし「存在することの歴史的運命（Seinsgeschick）」がそれである。存在は、それぞれのエポックにおいてさまざまな仕方で人間に送られ（geschickt）、変転しながら隠れつつ自らをあらわにする。ピュシス、イデア、エネルゲイア、実体、対象性、モナド、絶対的概念、力への意志等々（GA14, 11, 13）。

しかし、人間が歴史的に存在することへの関心は失せない。存在は人間の思考を必要とする。人間は、届けられた歴史的運命に応じて存在を思考する。これは歴史という遠い対象の客観的考察ではない。歴史を存在することは、いまや、存在することの歴史を追想することである。この省察は、生を生から理解せず、人間の現-存在を存在すること自身から思考する。これは歴史を生き、歴史を存在する別の仕方である。

振り返ると、ヨルクはディルタイに書き送っていた。「哲学することは生きることなのですから、それゆえ〔…〕歴史の哲学が存在するのです。歴史的でないような真の哲学的思考などもはやありません。〔…〕もしも学問に地盤があるとすれば、それは過去の世界、つまり古代世界という地盤なのです」（DY, 251: GA80.1, 157, vgl. GA64, 13, SZ, 402）。「カッセル講演」（一九二五年）の最後に読み上げられたこの一節は、生ないし（現）存在、歴史、古代世界という、ハイデガー哲学の歩み全体の――それゆえまたディルタイとの対決の――基調を自ら予言したかのようである。永続する現前性という古代以来の〈存在と時間〉の解体という主題と、生、現存在と死との関係というモチー

フは、これらと不可分な歴史的生起とともに、ハイデガーの思考の曲がりくねった道をつらぬく。

＊

自然科学が人間を対象化し精神科学を呑み込む時代にあって、ディルタイは精神の独自性の確保に腐心し、ヨルクは歴史を生き、歴史を存在する生を諸学問の基底に据えた。ハイデガーは、彼らの遺産を受け継ぎ、もののあり方と人間のあり方の存在のうえでの差異を際立たせたうえで、死を忘れた永続する現前性という〈存在と時間〉の伝統を解体し、生に対する死の関係を支える〈存在と時間〉に近づいた。次の章では、歴史を生き存在する、『存在と時間』への、そして『存在と時間』からの歩みを、『存在と時間』ないし〈存在と時間〉の反復という視点から追いかけたい。

注

1)「歴史的世界」はディルタイ用語である。『存在と時間』では二度しか現れず、そのうち一度はディルタイの書名『歴史的世界の構成』である。若いハイデガーがどれほど真剣にディルタイを読んだかについては次を参照。H.-G. Gadamer, *Gesammelte Werke*, Bd. 10, Tübingen: J. C. B. Mohr 1995, S. 8f.

2) W. Storck (Hg.), Martin Heidegger und die Anfänge der *Deutschen Vierteljahrsschrift und Geistesgeschichte*. Eine Dokumentation, in: *Dilthey-Jahrbuch für Philosophie und Geschichte der Geisteswissenschaften*, Bd. 8/1992-93, S. 163.（邦訳、M・ハイデッガーほか『ハイデッガー カッセル講演』所収、後藤嘉也訳、平凡社ライブラリー、二〇〇六年、一六三頁）。一九二四年四月一六日付ロートハッカー宛書簡。往復書簡の書評として起草された論文「時間の概念」（一九二四年）と『存在と時間』とで語られた、「ディルタイの作品に仕えるためにヨルク伯爵の精神を育てる」（GA64, 6, SZ, 404）という決意と、趣旨は近い。なお、ガーダマーの回顧によると、ハイデガーが往復書簡を読んだのは公刊前の二三年秋である（Gadamer, *op. cit.*, S. 8）。ハイデガー全集では、第五八巻から第六三巻までの初期フライブルク講義と「ナートルプ報告」（第六二巻所収）などが往復書簡を読む以前に当たる。第六四巻は論文「時間の概念」と講演「時間の概念」（一九二四年）を収める。論文「時間の概念」は『存在と時間』既刊部分との照応が明確で、『存在と時間』の「ディルタイ稿」（Th. Kisiel）、「初稿」（Kisiel, Fr.-W. v. Herrmann）と名づけてよい。ヨルクの書簡から数多く引用した同論文第一節の大部分は、そのまま『存在と時間』第七七節に組み込まれた。「カッセル講演」（「ヴィルヘルム・ディルタイの研究活動と歴史学的世界観をもとめる現代の争い」一九二五年五月）にも往復書簡の刻印は著しい。

3) 留意したい点がある。ハイデガーによると、ディルタイよりヨルクのほうがラディカルに思考するが、しかし、彼らは生き生きしたコミュニケーションのなかでともに哲学していたから、「どちらが「より偉大な人物」だったかを詮索し比べるのは、友人二人の根本姿勢を誤解することになる」（GA64, 5）。「ディルタイ、フッサール、ハイデガー」を副題とするシンポジウムで報告するハイデガー研究者は、ハイデガーの解釈学的現象学を、ディルタイとフッサールを弁証法的に止揚した哲学に祭り上げたり、ディルタイよりヨルク、ヨルクよりハイデガーが上だなどという順位づけに精力を注いだりしかねない。だが、対話や対決が相手とともに哲学することであるなら、大切なのは歴史的生（あるいは歴史性）や存在することという事象そのものが語るようにつとめることである。二人の根本姿勢はたとえば次の言葉からうかがえる。「そういう共同作業を楽しむ方が〔…〕私たちの親交に力比べを強いるよりもよいのです」（Der Briefwechsel Dilthey-Husserl, in: Fr. Rodi, H.-U. Lessing (Hg.), *Materialien zur Philosophie Wilhelm Diltheys*, Frankfurt a. M.: Suhrkamp 1984, S. 113f., ディルタイのフッサール宛書簡）。「真に生きているのは、〔…〕ものごとが語るように促す研究だけです」（ヨルク、DY, 201）。*Briefwechsel zwischen Wilhelm Dilthey und dem Grafen Paul Yorck von Wartenburg 1877-1897*, Hildesheim: G. Olms 1995 からの引用箇所は、DY とコンマのあとに頁数を付して記す。

4) W. Dilthey, *Gesammelte Schriften*, Stuttgart: B. G. Teubner からの引用箇所は、GS のあとに巻数、コンマのあとに頁数を付して記す。

5) 「私たちの批判的企てはおのずとすでに現象学である」（GA56/57, 183）。「解釈学とは解体だ！」（GA63, 105）。探究の基盤は「体系的考察と歴史的考察の対立の手前に」（GA17, 304）ある。

6) 初期フライブルク時代のハイデガーはディルタイを高く評価したが、往復書簡のヨルクの影響でこれを相対化し、その結果生まれたのが論文「時間の概念」や「カッセル講演」だ、というローディの解釈はただしくない（Fr. Rodi, *Erkenntnis des Erkannten*, Frankfurt a. M.: Suhrkamp 1990, S. 114, 邦訳、ローディ「ハイデガーとディルタイ——ハイデガーのカッセル講演をめぐって」高田珠樹、丸山高司訳、『思想』一九八六年一一月号、岩波書店、一一四頁）。初期フライブルク時代からディルタイ批判を展開していたからである。一九二四年一月四日付ロートハッカー宛書簡（本章注18）を参照。2-1から2-2にかけては、拙著『ハイデガーとともに、ハイデガーに抗して——無意味な世界における意味の誕生』晃洋書房、二〇一七年、一九-二九頁を参照。

7) 「厳密な学としての哲学」（一九一一年）。とくに、*Husserliana*, Bd. XXV, Dordrecht: M. Nijhoff 1987, S. 41-44.（邦訳、フッサール「厳密な学としての哲学」小池稔訳、『世界の名著51 ブレンターノ／フッサール』所収、中央公論社、一九七〇年、一四八-一五二頁。）

8) 「私は世界観哲学者でも歴史主義者でもありません」（Der Briefwechsel Dilthey-Husserl, S. 112）。世界観学の課題は、哲学（学問的世界観）の諸体系が多様きわまりないという歴史意識と各体系による普遍妥当性要求との矛盾を解消することにある（GSVIII, 3-9, 75-78）。「知の普遍妥当的理論が〔…〕存在する」という点にディルタイはフッサールとの一致を見る（Der Briefwechsel Dilthey-Husserl, S. 110）。そのかぎりでは、ディルタイはハイデガーによる弁護を拒むだろう（次注を参照）。

9) もっとも、ディルタイによれば、普遍妥当的真理が存在すべきなら、デカルトの方法にしたがって意識の事実から外部の現実に向かって道を開かなくてはならない（GSV, 90）。これはまさしくデカルト主義であり、アプリオリ主義に傾く。ハイデガーは反駁する。外界の事物の現存在（客体存在）の証明が欠けていることをカントは「哲学と普遍的理性のスキャンダル」（I. Kant, *Kritik der reinen Vernunft*, B 274）と称したが、しかし、外界の実在性を信じる根拠を意識に対する外界の抵抗に見出すディルタイも含め、この証明が期待され繰り返し試みられてきたことこそ「哲学のスキャンダル」だ、と（SZ, 202-206）。現存在は、外界の存在を証明する前にすでに世界の内に、もののかたわらに存在しているからである。本章の文脈に引き寄せるなら、世界内存在という存在様式が普遍妥当性の要求と相対主義という相対立する二者の基盤である。

10）これは心は物質に還元できないという意味であり、心身二元論ではない。ヨルクは精神的生の連関を、同種性ではなく帰属性（「直接の生きた帰属性」（DY, 192））に見出す。過去または現在の他者に帰属するという仕方で精神は連関し合う。したがってヨルクによると、「自分の内的作用を他の人間の身体に移し入れる」という特殊な作用は「生じない」。「精神的事実は「感覚される客観において与えられている」わけではない」、「精神的事実が物理的状態に付け加わることはなく」、「身体に現れるわけではない」（DY, 192）。私が傍点を振ったこれらの「ない（nicht）」もすべて、自然を精神の基礎にせず存在するものから歴史的なものをまもるために、ヨルクがディルタイに無断で挿入した語である。とはいえ、後期のディルタイは、自然ではなく生を理解するための生のカテゴリーを論じた。

11）原語は das Ontische。ギリシャ語の on《オン》 は動詞 einai《エイナイ》（ドイツ語の sein）の現在分詞（ドイツ語の seiend）であり、それをもとにした形容詞 ontisch を名詞化したのが das Ontische である。「存在的なもの」という訳語が当てられる場合も多い。自然的に存在するもののことである。ただし、ハイデガー固有の語法では、ヨルクとはちがって、ontologisch が存在論の水準にあることを指すのに対して、ontisch は存在者（存在するもの）にかかわる水準にあることを意味する。存在者と存在することとの存在論上の差異とは、たとえば一個のリンゴとそれが籠のなかにあることとの違いである。ヨルクの das Ontische はハイデガーでは客体存在者（Vorhandenes, 事物存在者）である。

12）往復書簡読了後のハイデガーによると、ディルタイの問題設定には歴史的なものの存在論という課題が含まれており、ヨルクの歴史理解から明瞭になるように、この存在論は「歴史科学とその客観を経由する道をとることはできない」。「歴史的なものの存在論の現象的基盤はむしろ人間の現存在のなかに与えられている」（GA64, 15）。精神科学の基礎づけないし歴史的理性批判というディルタイの仕事の意味は、ハイデガーにとっては、精神科学の認識論である以前に、歴史的生という名の現存在を解釈することにあった（vgl. SZ, 398）。

13) ヨルクはときおり形容詞 antiquarisch（骨董的・尚古的）や名詞 das Antiquarische（骨董・中古のもの）を用いる。後者は、過去のものとして見て愛でる対象というほどの意味である。これに対して、「自らの生動性にもとづいて過去の現象の歴史認識を振り返る歴史認識は、〔…〕過去に先立って現代の分析を行い、骨董・中古のものから歴史的なものをまもります」（DY, 167）。だが、マックリールによると、ディルタイの歴史理論がまず尚古的理想に動機づけられているとみなすのは誤りである。もともと『判断力批判』における美的考察の主観的で無関心な性質は受動的で静態的な状態に還元されておらず、ディルタイ自身、受動的観想という意味での「（審）美的」という語を、ヨルクやハイデガーと同じく否定的に用いた（R. A. Makkreel, *Dilthey: Philosoph der Geisteswissenschaften*, übersetzt von B. M. Kehm, Frankfurt a. M.: Suhrkamp 1991, S. 24f., 423, 邦訳、マックリール『ディルタイ――精神科学の哲学者』大野、田中、小松、伊東訳、法政大学出版局、一九九三年、一一、四一二頁）。「あらゆる関心を伴わない適意の対象が美しいと言われる」（I. Kant, *Kritik der Urteilskraft*, Hamburg: F. Meiner 2001, S. 58）という関心の排除は、ハイデガーによれば、「美しいものがありのままに存在するようにすること」、「私たちの本質の最高の努力」（GA43, 126）である。そのように理解するなら、たしかに、カント（およびディルタイ?）の美学をヨルクの意味で尚古的、審美的と呼ぶのは不適切である。「著者自身が自分を理解した以上によく著者を理解する」（GSV, 331）というディルタイ解釈学の手続きの究極目標も、ヨルクの意味で審美的ではけっしてない。

14) 世界内存在として実存する現存在がかかわり配慮して気遣うものの存在は道具存在（Zuhandensein, 手にかかわり手に対してあること、手許存在）であり、客体存在（Vorhandensein, 手にかかわらず手の前にあること、眼前存在、事物存在）ではない。実存、道具存在、客体存在という三種類の存在の多様性を時間性という一つの事象との関係で解釈する（2－1）のが普遍的存在論であり、〈存在と時間〉という問いないし『存在と時間』という書である。「ディルタイは「生」を〔…〕存在論上の無差異のまま放置した」（SZ, 209）という指摘は、ときに誤解されるように、存在論上の差異（存在することと存在者の差異）に無知だったという非難ではない。生、実存を客体存在からとらえる傾向を脱しなかったという批判であり、類の差異の強調が弱すぎるというヨルクの批評と同じである。ディルタイには思いいたらなかったが、歴史を見るのは、歴史を生き存在することの派生態、欠如的様態である。なお、『存在と時間』にいたる途上で、ハイデガーの関心は「生」から（現）存在、実存へと移行しつつあった。『存在と時間』で「生きる」や「生」

という語に距離を置く括弧をしばしばつけるのはそのためである。論文「時間の概念」（一九二四年）はまだ、生という語を肯定的に用いつつ、〈現〉存在へと溶け込ませている。ヨルクの手紙から多くを抜き書きしてディルタイとヨルクを論じる部分は、『存在と時間』でそのまま利用されたが、微細な違いがある。類の差異に関して、「時間の概念」では、「自然である存在者と歴史である存在者（生）の相異なるカテゴリー構造」（GA64, 10, 強調は後藤）とあるのに、『存在と時間』では、「自然である存在者と歴史である存在者（現存在）の相異なるカテゴリー構造」（SZ, 399,「現存在」の強調は後藤）に差し替えられた。ハイデガーによる「である」の強調は〈存在するもの／歴史的なもの〉の差異が存在のうえでの差異であること（4-2、4-4）を浮き彫りにし、同時に、丸括弧内の相違は生から〈現〉存在への関心の移動を暗示している。

15) 「人間の生は時間のなかで流れていくのではなく、時間そのものである」（GA80.1, 146）。ディルタイそのひとも、自然の出来事が生起する場としての時間と、人間の生の実体をなし内的に体験される具体的な時間ないし時間性とを区別していた（O・F・ボルノー『ディルタイ――その哲学への案内』麻生建訳、未來社、一九七九年、二一七-二一八頁）。ディルタイなりの〈存在するもの／歴史的なもの〉という類の差異である。そこでは、「私たちが自分たちの将来の目的として定めるものが、過去のものの意義の規定を制約する」（GSVII, 233）。ハイデガーに近づけてこれを言い換えれば、時間性は将来から時間となる。

16) 死すべき現存在へのこの不安について、もう少し長く引用する。フッサールたちが懐疑主義に向けた「その批判は、自分がつねになおざりにしているもの〔現存在〕をあからさまに気遣う〔…〕。〔懐疑主義に与すれば〕この不安定さのなかにある可能的な現存在が与えられると請け合うことによって、この批判は、そうした現存在に加担しないようにひそかに要求する。これが、懐疑主義に陥るというせりふで怖気づかせようと思っているすべての論証の――口には出さないものの――真の意味である。認識される認識についての気遣いは現存在することへの不安にほかならない」（GA17, 97）。

17) これに対して、『存在と時間』に先行する講義中の「生という特徴をもっている存在の存在論」（GA18, 101）ないし「生の存在論」（GA22, 182）では、生に括弧が付されていない（生から〈現〉存在への関心の移動については本章注14)を参照）。『存在と時間』のこの注では、「生に対する死の関係」、「私たちの存在が死によって限られていることは、私たちが生を理解し評価するうえでつねに決定的である」（W. Dilthey, *Das Erlebnis und die Dichtung*, 16. Aufl., Göttingn: Vandenhoeck & Ruprecht 1985, S. 162, 邦訳、ディルタイ『体験と創作（上）』柴田治三郎訳、岩波文庫、一九六一年、二六七頁）という文言も援用された。

18) ハイデガーのディルタイ対決に異議を唱え、ディルタイがオンティシュに生を理解していたことを称揚する研究者たちがいるのは無理もない。たとえば、マックリールによると、ディルタイは歴史の存在論を思弁しないが、歴史性の存在論以前の経験に取り組んだのであり、重要なのは存在論の熟考をオンティシュな関心事に結びつけることである(R. A. Makkreel, "Diltey, Heidegger und der Vollzugssinn der Geschichte," in: *Heidegger-Jahrbuch*, Bd. 1, 2004, S. 317)。

しかし、生をまさしく生として生き、理解するには、重くのしかかる伝統を解体する生の存在論が必要だと考えたのがハイデガーである。「たしかにディルタイは存在の問いを提起しなかったし、その手段ももたなかったが、彼のなかにはその傾向が生きていた」(GA20, 173)。その潜勢力を現実化するのが〈存在と時間〉という課題である。なお、マックリールなどとは対照的に、R・シャーフの研究では、ハイデガーが一九一六年から二五年のあいだに『存在と時間』におけるような解釈学的現象学者、存在論の哲学者になったのは、ディルタイ(およびヨルク)のおかげである。R. Scharff, *Heidegger Becoming Phenomenological: Interpreting Husserl through Dilthey, 1916-25*, New York: Rowman & Littlefield 2019, esp. pp. xxif. ただしシャーフは、ディルタイをハイデガーの存在論につなげるだけで、〈存在と時間〉という視点を欠く。

ハイデガーがディルタイとヨルクを受容する基本態度は、一九二四年一月四日付ロートハッカー宛書簡で表されている。「ヨルクがディルタイをかり立てたのが明らかな方向は、私が〔一九二〇年夏学期〕講義でディルタイについて述べたときに、ディルタイはけっしてそちらへは向かわなかったというコメント付きでディルタイに明示した方向と同じです。それにもかかわらず、ヨルクにも、概念的に把握する可能性や、これらの可能性をつくりだす方途が欠けています。「哲学的思考とは歴史的に思考することだ」といった意味の論評には直感的な確かさがありますが、しかし、ただしい透明性が必要であり、――そしてそのときはじめて、さまざまな困難が始まるのです」(Martin Heidegger und die Anfänge der *Deutschen Vierteljahrsschrift und Geistesgeschichte*, S. 203, 邦訳『ハイデッガー カッセル講演』一五九頁)。適切な概念(『存在と時間』では実存疇)を用意してこれらの困難に立ち向かうのが、往復書簡読解をはさんで生成した〈存在と時間〉という問い、ないし『存在と時間』という論考であった。

第2章

『存在と時間』という迷い道を反復する
——言い応じる愛へ——

噴きあげる血や、捥《も》がれた腕や、死狂う唇や、糜爛《びらん》の死体や、それらはあった
それらはあった、

原　民喜

私の思考では愛が考えられていない、などと言うひとは、『存在と時間』で死について語られたことを、まだ一度も熟慮したことがないのだ。

M・ハイデガー

訳知り顔でハイデガーについて書き散らしてきた者を困らせるメモが残されている。

私は『存在と時間』を一九二七年に出版して以来沈黙して思考しているのではない。この本そのもののなかで、またその前からずっと沈黙している。（GA16, 421f. 強調はハイデガー、一九四六年）

これから、この書物で語られなかった、ひいては考えられなかったことを、その後のハイデガーが沈黙の言語でどう語り、どう考えようとしたかに近づきたい。主な手がかりは、人知れず執筆された『黒いノート』のうちハイデガー全集第九四巻から第九九巻まで、および『私が公刊したものに寄せて』（第八二巻）である。[1)]

ハイデガーは、思索者との対話を、「話されていないことを言語から聞き取ること」（GA98, 263）と特徴づけ、この対話を自著とのあいだでも交わした。『存在と時間』ないし〈存在と時間〉[2)]という、自身に恵まれた「生涯でただ一つの思想」（GA97, 174）を迷い道と呼び、そこで語られなかったことをいくども反復した。その反復を私が反復することをとおして、ひそかな動機を浮き出させたい。それは、存在の真理が生起する（エアアイグニス）ために、したがってまたつねにすでに失われた固有なものを他者が得るために、自らの固有なものを与え失う（エントアイグニス）、つまり他者を愛するという動機である。

1 ハイデガーの変転する思考の道は存在という主題につらぬかれている。西洋の歴史のなかで存在するという出来事はずっと忘れられ、しかも暗黙のうちに現前・現在から思考されてきた。この洞察が『存在と時間』を生む。だが、この著作は〈存在と時間〉という長い道のなかの迷い道であり、存在することに通じていない。2『存在と時間』を新たに遂行する反復は、この書が時代の誘惑に勝てず、人間の存在理解の可能性の条件を超越論的に認識するという過ちをおかしたことを教える。3 その反復はこの迷い道から去らせ、存在の真理、明るむ場、つまりエアアイグニスという事象に向かわせる。4 エアアイグニスとは存在することと人間が固有なものを授け合う出来事である。この出来事が生じるために人間は存在の要求に耳を傾け、自らの固有なものを放棄する（エントアイグニス）。５　エントアイグニスは、死すべき他者という存在者が発する存在の声に応えて、死すべき人間が固有なものを他者に与え愛することである。

1　作品ではなく道

ハイデガーの思考の跡を、『存在と時間』とこれをはさむ以前と以後に大雑把に三区分し、その変容過程を存在という唯一の主題をめぐる道として振り返る。彼は〈存在と時間〉という問いを立て、『存在と時間』という作品を著すが、やがてこの書物が迷い道であることに気づく。

1-1　三つの文言、三つの時期

まず、Ⅰ『存在と時間』以前、Ⅱ『存在と時間』、Ⅲそれ以後という三つの時期から一つずつ文言を引く。

Ⅰ「私が自己としての私自身に出会うという根本経験」（「ヤスパース書評」一九一九―二一年、GA9, 29）。

Ⅱ「現存在（存在を理解する人間）が存在するかぎりでのみ、すなわち存在理解のオンティシュな（存在論の水準に達していない）可能性が存在するかぎりでのみ、存在することは「与えられる」」（『存在と時間』一九二七年刊、SZ, 212, 強調はハイデガー）。

Ⅲ「決定的なのは人間ではなく存在（Seyn）である」（一九三六年、GA82, 201）。

三つの違いは明白だろう。主題はⅠが自分自身の生、Ⅱが人間の存在理解をもとに近づかれる存在、Ⅲが存在することと自身である。初期フライブルク時代（Ⅰ）の事実性の解釈学と呼ばれる講義に感動した教え子たちは、普遍的存在論の体系的学問的著作である『存在と時間』（Ⅱ）に失望し、また、実存哲学の書としてこの本に歓呼した読者は、人間よりも存在を重視するその後の著作（Ⅲ）に戸惑わずにはいられなかった。

1-2 道——作品ではない

ハイデガー（一八八九—一九七六年）は、八六年にわたる生涯の最晩年、死の前年にようやく全集の刊行を開始した。死の二年後に出版された第一巻の最初の頁に「マルティン・ハイデガー／全集版」、次の頁に「道——作品ではない」と、震える筆跡で書きしるした。全集の各巻、またそこに収録された論文、講義録、手記等々は思考の道を歩きつづけた道しるべであり、各作品を個別に捉えてほしくない、印刷された字句に飛びつかずに、黙したことを聞き取ってほしい、という意図だろう。それでは、個々の作品はどんな道に残されていたのか。

1-3 存在することという最も唯一の主題

一九三六年七月、八月に執筆された『存在と時間』への注釈によると、「最も唯一の主題は存在（存在と時間）である」（GA82, 8）。しかも、存在することは、『存在と時間』という書物の主題であるにとどまらず、ハイデガーが歩いた道全体のただ一つの主題でもあった。『存在と時間』の準備期（一九二二年）以来の思考の根本経験は、存在そのものが忘れられているということにあった（GA97, 22, 137, 396）[3]。そうすると、右のⅠ、Ⅱ、Ⅲは存在という唯一の目的地へと伸びた道筋の三つの里程標である。

Ⅰ 私が自分自身に出会う根本経験は、「それは存在する（ist）」から切り分けられた「私は存在する（bin）」の経験であった。事物の存在とは異質な実存の経験である。

Ⅱ 人間独自の存在、実存（bin）を見るうえで事物（制作・使用されるもの）の存在（ist）に引きずられないためにも、存在の多義性と一義性を、つまり存在すること一般を問う普遍的存在論が要求される。実存（Ⅰにおける私、自己存在）ないし現存在という存在から出発する存在論である。

Ⅲ 人間という存在者（存在するもの）を軽んじるていの存在の問いである。なお、存在者と存在の区別は、たとえば、救世観音像という存在者とそれが夢殿に存在することとの違いである。

1-4 〈存在と時間〉という問いの設定

存在が忘れられてきたという根本経験は、同時に、ギリシャでは ousia《ウーシア》 すなわち存在が、parousia《パルーシア》 つまり現前（Anwesen, いま目の前にあること）であり、現在という時間様相と結びついているという経験でもあった（GA80, 223）。「存在することは現前することである」（GA98, 278）。ハイデガーによると、ギリシャ語の ousia もドイツ語の Anwesen（Anwesenheit, 英語では presence）も、日常語としては、家屋敷や地所のように「日常の現存在のなかで思いどおりになるもの、思いどおりになるように現にそこにあるもの」（GA19, 270）を指す。現前は狭義では現在を、広義では現在しないがあることを意味する。一昨日私が目にしたがいまは見えない（現在しない）ある先達の遺影は、狭義では私に現前せず広義で現前している。先達そのひとも、狭義では現前せず広義で現前している。

存在は現前だというこの洞察がハイデガーに〈存在と時間〉という問いを設定させ、『存在と時間』という書物を生み出させた。

現前（いま目の前にある）
狭義：現在：隠れずに生き生きと目の前にある
広義：隠れつつ目の前にある（例：財布中の札、遠方の友、亡き先達）

1-5 『存在と時間』という作品の道筋

この本によると、哲学は、［1］現存在の解釈学という基礎的存在論から出発する［2］普遍的な現象学的存在論であり、二部構成のこの書物には三つの課題［1］［2］［3］がある（本書二二頁参照）。

第一部は、［1］基礎的存在論（第一篇、第二篇）と、［2］普遍的存在論（第三篇）からなる。

［1］基礎的存在論では、存在するという事象をあいまいながら理解している唯一の存在者である人間を現存在と呼び、その現存在を時間性として解釈する。第一篇では、まず現存在の根本構造が世界内存在であることをあらわにし、次に現存在の存在を気遣い（Sorge）に見出す。第二篇では、本来の気遣い、本来の実存を自分の死へと「先駆する決意性」として解釈したあとで、現存在の存在の意味（気遣いを可能にしているもの）を時間性、つまり〈将来から時間となる脱自的時間性〉として解釈する。

［2］普遍的存在論（第三篇）では、現存在の存在を可能にしているこの時間性が、存在すること一般の理解を可能にする超越論的地平として機能する時性《テンポラリテート》である次第を究明する。

第二部で、［3］時性をもとに、カント、デカルト、アリストテレスに焦点を当て、気づかないまま存在を〈ずっと現前しつづけること〉（永続する現前性）として現在から理解してきた存在論の伝統を解体する。

1-6 『存在と時間』という迷い道

しかし、出版されたのは第一部第二篇まで（前半）で、［2］第三篇「時間と存在」という「この最も重要な篇」（GA49, 40）の初稿は公表されず処分された。何度か新たに執筆を試みたが、一九三二年には完成を断念した。[4] この年一〇月の黒いノートによると、『存在と時間』でしたことは多くの点で間違っていて（irrig で）本来の問いに答えられないが、それでもあの表題はただしい（GA94, 58）。また、前半というこの道がすでに迷い道（ein Irrweg）かと疑い、「何もかもさまよい（ein Irrgang）ではないのか」（GA94, 68）と自問した。五年後には、『存在と時間』の道は「必然・必須だが本来のものではない」（GA82, 16）と書く。

必須だが迷路だとはどういうことか。『存在と時間』前半という作品は〈存在と時間〉という長い必然の道の一つの小径であり、存在という事象に通じていない、ということだろう。それでは、なぜ迷い道だったのか。ハイデガーはこの書物を反復することによって、必然の道を歩き直す。

2　同じだが同じでない――『存在と時間』という迷い道を反復する

この書を将来に向かって反復するとき、それが現代と近代の誘惑のなかで、人間の存在理解の可能性の条件を超越論的に認識しようとした点で道を誤ったことが浮かび上がる。

2-1　反復は変容である

この本は第一節で、プラトンやアリストテレスに息つく暇も与えなかった存在することの問いの反復が必須だと訴えていた。反復する（wiederholen）とは過去をそのまま繰り返すことではない。そんなことは誰にもできない。そうではなく、再び（wieder）、もってくる、連れてくる（holen）、すなわち連れ戻す、取り返すことである。とはいえこれも漠としている。

キルケゴールが言うには、ギリシャ人の想起はかつてあったものを後方つまり過去に向かって繰り返すという意味で反復するが、本来の反復は過去の事象を前方つまり将来に向かって想起する。[5] 存在の問いを反復するとは、

「この問いの設定をはじめて十分に仕上げること」(SZ, 4) である。本来の実存を可能にする時間性は「既在しつつ現在化する将来」である。本来の将来は自分の死へと先駆け死を見つめる。本来の既在性は被投性〔事実性〕を引き受け、既在している諸可能性を取り戻す、すなわち反復する。過ぎ去った昔の復元や模倣ではなく、既に存在している可能性を表に引き出し受け継ぐことである。

この書物の執筆一〇年後に、存在の問いの反復はこの問いを「新たに遂行する」ことだと忠実に注解する。「反復は変容である――同じでありながら同じではない」(GA82, 16)。ハイデガーは自作についても、同じでありつつ同じでない反復を繰り返した。あの未完の著は過去の遺物ではない。『存在と時間』という作品を反復するとは、既に存在している迷い道を前に向かって想い起しながら〈存在と時間〉という道を歩き続けることである。ハイデガーは、この本で語られたことのなかで語られなかったことを、ひいては思考されなかったことを語ろうとした。それでは、もう同じでありえないこととは何だったか。

2-2 時代のメロディー――三つの誘惑

時代に合わないハイデガーとて時代の子である。一九四八年の断章にはこうある。

存在と時間。――ある不器用な男がこの道すがら、自分が考えたことを語り始めるとすればどうだろうか。男はやむなく、自分の時代のメロディーを借りて、この時代とその将来に対して、それらのメロディーとはまったく別の音に合う曲を演奏しようと試みるしかないのではないか。〔…〕この音は聞き逃され、それが響いていることさえ気づかれない。(GA97, 445, 強調はハイデガー)

聞き逃された別の音とは存在することの問い、これに合う曲とは〈存在と時間〉ないし『存在と時間』である。それでは、時代のメロディーとは何だろうか。この断章よりずっと前、一九三一年には次のようにしるしていた。

> 『存在と時間』は、その道すがら——目的地や課題ではなく——周囲の三つの「誘惑」に勝てなかった。一、新カント派に由来する「基礎づけ」の態度〔…〕、二、キルケゴールやディルタイの「実存的なもの」、三、現象学の「学問性」。（GA94, 75. 強調はハイデガー）

『存在と時間』における存在の問いは、第一と第三の影響のもと、諸学問を基礎づける厳密な超越論的学問である普遍的存在論になった。第二のメロディーに引きずられたか、存在の問いと実存の問いの不可分性に依拠し、存在の問いに実存上の優位を認めた（SZ, 13）。リッカートやフッサールの超越論哲学も、キルケゴールやディルタイの実存的なもの、生の哲学も、存在の問いという静かな音を響かせるために頼った、同時代の学問的で実存的なメロディーであった。

2-3　存在理解の可能性を超越論的に問う迷い道

時代のメロディーはすぐに消えゆくはやり歌とは限らない。超越論的主観性による諸学問の基礎づけはデカルト以来の、特に一九世紀後半から二〇世紀の動向である。実存的なものははたして一九世紀と二〇世紀だけの旋律だろうか。『存在と時間』ないし〈存在と時間〉の道を歩くために借りた三つのメロディーを集約しているのが、現存在の存在理解の可能性（可能にしているもの、つまり意味）を超越論的に問うという方向である。

1-1で引用した、II「現存在が存在するかぎりでのみ、すなわち存在理解のオンティッシュな可能性が存在するかぎりでのみ、存在することは「与えられる」」という文に端的に現れているように、存在という唯一の主題に接近するために、『存在と時間』は現存在の存在理解を拠り所にし、現存在と相関するかぎりで存在を明らかにしようとした。

存在者にとって存在は超越そのものだから、「存在を超越として開示することはどれも超越論的認識である」（SZ, 38）。むしろ現存在こそが自他の存在者の存在へと超越している。カント講義（一九二七・二八年冬学期）では、超越論的主観性による存在論的創造にさえ言及した。現存在は、存在者を創造することがないという存在者の水準での有限性と、存在を開示し理解するという存在論の水準での無限性・創造性とをあわせもつ（vgl. GA25, 417）。

だが、これは現代と近代のメロディーに依存して、あるいはその時代の制約——後年のあくの強い言い回しでは存在することの歴史的運命——のもとで、存在することという事象を語ることであった。超越論的なものは「迷い道」（GA82, 182）であり、「存在の問いを超越論的なものから取り返す必然性」（GA9, 167）に気づく。〈存在と時間〉という問いを反復し、新たに遂行しなくてはならない。

3　『存在と時間』からエアアイグニスへ

存在することの問いは、同じでありつつ同じであってはならない。『存在と時間』の反復はこの書物を離れる。行き先は存在することの真理、明るむ場、すなわちエアアイグニスである。

3-1　『存在と時間』をあとにしはじめた

ハイデガーは『存在と時間』をあとにしはじめ、その本質的な一歩は一九三〇・三一年であった（GA82, 180）。一九三〇年は、黒いノートや第八二巻でたびたび言及される「真理の本質について」が三つの稿で講演された年である。この講演では、「存在を理解しつつ存在者の開かれた場所（das Offene）へと出されているという意味での脱自的実存（Existenz）の概念が展開された」（GA82, 306）。「一九三〇年（真理講演）にはじめて、〔『存在と時間』という〕この道は通れないことがこの上なく明瞭に分かった」（GA98, 352）。しかし、存在することというただ一つの目的地にいたる〈存在と時間〉という道は捨てない。それではこの道はどこへ行くのか。

3-2　『存在と明るむ場』

その道は、存在の真理（明るむ場）へと通じ、『存在と時間』は『存在と明るむ場』に代わられる。「私の思考を形成する中心は『存在と時間』を通る道（一九二二―二三年）以来、存在の真理だが、存在の真理はまったく多様な仕方で同じものでありつづける」（GA98, 241）。多様な仕方で同じものだとは、同じでないが同じだ、ということである。存在が忘れられているという根本経験に、また、存在は現前として時間の視点から理解されてきたという決定的経験に突き動かされるハイデガーの思考の道は、存在の意味を問う『存在と時間』という里程標から「存在の真理」というそれに、同じでありながら別の道に移った。

この道では、『存在と時間』の時間はどういう事柄として反復されたか。「『存在と時間』の思考は、〈存在は現前のなかで本質となる〉という稲妻に打たれて道を歩き出し、〔のちに〕明るさへと導かれた」（GA98, 279）。現前するということは明るさ、隠れなさとしての真理のなかで生じる。この真理は、存在（者）の開かれた場所、明るむ場（Lichtung, 森の空き地、存在に光が当たりうるところ）などとも言い換えられ、存在者が、いや存在が隠れなく立ち現れているさまを表す。

この作品をあとにするのは、『存在と時間』ないし存在の意味についての超越論的な問いを去り、存在の真理つまり明るむ場に赴くことである。したがって、「「時間」という名前はいまでは存在の真理を表す「ファースト・ネーム（Vorname）」である」（GA82, 310; vgl. GA9, 377, GA14, 36, GA71, 276）。本式の名前が存在の真理で、それに先立つ名が時間であった。一九六四年にハイデガーは、もう一度『存在と時間』を書かなくてはならないとしたら『存在と明るむ場』という表題にしたいと述べたという。[6] この証言は、時間が存在の真理のファースト・ネームだったという覚え書きと辻褄が合う。

3-3 追想という反復——別の始まりに向かって

存在することの真理の思考は、一九三〇年代半ばから、ソクラテス以前からの最初の始まりの追想というかたちをとる。これは、『存在と時間』の現存在の歴史性における反復を新たに遂行する反復である。

この作品で、本来の歴史性は、先駆して自分の死の可能性に身を開き、決意性において自分の被投性に立ち返って、自分に与えられた遺産（引き渡された可能性）を自ら相続し、自分の時代を瞬間的に凝視することである。したがって、歴史は「現存在の将来に源を発する」（SZ, 386, 強調はハイデガー）。これに応じて、反復とは過ぎ去った客観的事実の模倣ではなく、将来へ向かうために、既に存在している可能性へと立ち返り、自分に伝えられた実存可能性を取り戻すことであった。

Ⅲの「決定的なのは人間ではなく存在（Seyn）である」という思考のなかで、現存在の歴史性は、存在することの歴史という同じだが同じではないものに変容し、現存在の歴史性における反復は、別の始まりを先取りするために最初の始まりを追想すること（Andenken）になる。思考するとは追想することである。Andenken はふつう、過ぎ去った出来事を記憶にとどめ、思い出すという意味だが、ここではそのまま再表象することではない。「思考するひとの思考は、（最初の始まりを）追想しつつ（第二の始まりを）考え抜いて手に入れることである」（GA94, 243）。「別の始まりをあらかじめ考えるなかで最初の始まりが想起される」（GA71, 30）。

「第二の始まり」だの「別の始まり」だのは、人類の歴史にいつか何か特別な事件が勃発し新時代が画されるという預言か予言に、それどころか誇大妄想に聞こえる。だが、最初の始まりの追想は過去の客観的歴史学的復元ではなく、別の始まりの思考も存在歴史学の客観的年表にいつか書き込まれる未来の大事件の予言ではない。ハイデガーの思考は、同時代への直接的影響も後代の人類への影響も当てにしていないし、「何らかの未来を予言せず、預言を僭称するものではない」（GA98, 261, 377, 371）[7]。

最初の始まりの歴史は、存在することの歴史ないし存在の歴史的運命（Seinsgeschick）である。存在することは人間に対してそれぞれの時期にちがった仕方で送られて（geschickt）きた。ピュシス、イデア、エネルゲイア、実体、対象性、モナド、力への意志等々。別の始まりではエアアイグニスが思考される（GA66, 87）。最初の始まりの歴史を追想するのは、存在がエアアイグニスとして思考される別の始まりを——預言するのではなく——準備するためである。

3－4　『存在と時間』からエアアイグニスへ——一九三六年夏

ハイデガーは『存在と時間』をあとにしたのちの出版物などでは、主に存在することの真理ないし明るむ場という語を用いていたが、ひそかな根本語はエアアイグニスであった。ヒューマニズム書簡（一九四六年）の自家用本には、この書簡ではあからさまには用いられないエアアイグニスこそが一九三六年以来、自分の思考の主導語だ、と注記した（GA9, 316, Randbem. a）。六二年には、「存在は、エアアイグニスとして見つめられることによって存在としては消滅する」（GA14, 52）とさえ述べた。

主著との対決を自らに課した三六年の手記によると、その本が企てたのは、本来性へと前進し、存在理解を手がかりに現（明るむ場）のなかに立つ可能性を追求することだったが、この道は歩きとおせなかった。だが別の道を、現-存在を存在のほうから見せる「真の」道を、決然として歩かなくてはならない。「現-存在はエアアイグニスからのみ自らの本質をもつ」（GA82, 155）からである。道は、『存在と時間』からエアアイグニスへ（GA82, 390）と続く。この別の道の発見をもたらしたのは三六年のひと夏の経験であった。「一九三六年夏に、場所の明るい経験が私にやってきた。私の思考はこの場所にとどまりつづけねばならなかった。その場所は、『存在と時間』で予感しながら手探りしたものだった」（GA97, 191）。エアアイグニスは、「『存在と時間』で存在の本質をさまざまな程度の明瞭さで先んじて考えたあとで、二年間の準備作業ののち、一九三六年夏に『哲学への寄与論稿』で語られた」（GA97, 176f.）。

4　固有なものを失う出来事

それでは、エアアイグニスとはどういうことか。存在することが人間を要し人間がこれに応じるという出来事、言い換えれば、存在と人間が固有なものを与え合う非対称の相互帰属である。追想するとは存在に答えること、「エアアイグニスに耳をそばだて帰属すること」（GA94, 48）である。そのなかで人間は自らの固有なものを放棄する。

4-1　エアアイグニス——〈あらかじめ失われた固有なもの〉を授け合う出来事

エアアイグニスは出来事、事件を意味する平凡な単語である。なぜこの語が、存在の真理ないし明るむ場の別名、いや本来の名なのか。「人間は存在することに固有のものとして与えられ（ver*eign*et）、存在することは人間に固有のものとして授けられる（zug*eign*et）」（GA11, 45, イタリックは引用者）。エアアイグニス（Er*eign*is, Er-*eign*is）は、存在と人間が相互帰属のなかで固有の（eigen, 自分の、own）ものを得る（er-）という出来事である。ここから三点を読みとりたい。

(1)『存在と時間』における現存在の本来性（*Eigent*lichkeit）とエアアイグニスの関連。「本来の：エアアイグニスに属し、エアアイグニスにもとづいて経験されている事柄」（GA98, 116）。こうして、本来性（自己自身にかかわっているあり方）、つまり死へと先駆する決意性は、エアアイグニス（固有なものを得る出来事）のなかに再配置される。

(2)固有のものはつねにすでに失われている。『存在と時間』において、現存在はさしあたりたいてい〈ひと〉自己のなかに自らを喪失し、自分自身に明確にかかわるありさま、本来性を失い（un-*eigent*lich）存在を忘れている。これと同じく、別の始まりが来ないかぎり、存在の真理、エアアイグニスは隠され生起しない。固有なもの（Eigenes, Eigenstes, Eigentum, 固有性）はいつも自らのもとにないという逆説がここにある。[8]

(3)あらかじめ失われた固有なものの獲得（エアアイグニス）は、存在することと人間が互いに固有なものを授け合うというかたちをとる。まず存在することが人間に呼びかけ、次に人間がこれに答えるという、存在することに強いアクセントのある非対称のかかわりをとおして、存在することと人間がそれぞれ固有のものを得ると見込まれている。

4-2　言い応じはエントアイグニス（固有なものを失う出来事）である

『存在と時間』における反復を新たに反復する追想、つまり、存在すること（の歴史）に耳を傾ける帰属、言い応じ（Ent-sprechen）（GA82, 55）は、エントアイグニス（固有なものを失う出来事）Aである。

たしかに、七〇代の講演「時間と存在」（一九六二年）によると、エアアイグニスは「自らの最も固有なものを際限なく顕現させはしない」し、それゆえ「エアアイグニスそのものにはエントアイグニス（Enteignis）が含まれる」（GA14, 27f.）。ent- は離脱や除去、対応を表す前綴りで、エントアイグニスは固有なものを失う出来事である。これは、エアアイグニスが生起しないこと、エントアイグニスBだろう。ちょうど『存在と時間』において、非真理から真理へ、非本来性から本来性への移行が志向されるが、しかし真理と非真理、本来性と非本来性は等しく根源的な現象であり、非真理や非本来性が消えはしないように。実際ハイデガーは、エントアイグニスが隠すという意味だ（GA14, 50）と注している。そうだとすると、エントアイグニスBを否定してはじめてエアアイグニスが生起する。

ところが、黒いノートに即するなら、エントアイグニスないし enteignen には、B固有性を顕現させず、エアアイグニスを生起させないという否定的派生的用法を超えつつ包み込む、A積極的で根源的な意味合いがある。エアアイグニスが生起するうえで必須の出来事としてのエントアイグニス、しかも対応の ent- を含意する、呼びかけに応答して固有なものを与えることとしてのエントアイグニスAがそれである。

十字を付して抹消されたSeyn[9]を語る言は、「答えて enteignen《エントアイグネン》する言い応じ（das antwortend enteignende Entsprechen）」（GA97, 329）である。存在と人間の相互帰属にてらせば、enteignend 以外はおよそ理解できよう。存在することからの呼びかけに応じて、向かって（ent, ant-）、言葉（Wort）を話す（sprechen）、という仕方で存在に帰属することが答える言い応じである。それがenteignenすることＡでもあるのはなぜか。言葉に対して言葉で返すことは、自己への固執を捨て、相手に応じて（ent-）固有なもの（Eigenes）を与え失う（ent-）ことだからである。これは、固有性の隠れ（エアアイグニスの非生起）というエントアイグニスＢとは異なる。

したがって、「エントアイグニスが固有性を生起させる（Die Enteignis ereignet Eigentum）」（GA98, 138）。人間が自らの固有性を放棄（Ａ）しないかぎり、あらかじめ失われた固有性を存在が得るエアアイグニスは、つまり非対称の相互帰属は生起しない（エントアイグニスＢ）。「人間と真理の壊滅」を「大きなEnteignung（エントアイグヌング）」と呼ぶ（GA97, 120）のはエントアイグニスＢという消極的用法の例である。[10)]

> エントアイグニスＡ（根源）：他が固有なもの（固有性）を得るように、自らの固有なものを放棄する
> エントアイグニスＢ（派生）：Ａが生起しないから、固有なもの（固有性）が隠される（存在の隠れ）

4-3　存在の牧人というスローガン

存在と人間とのこの非対称の相互帰属は、「人間は存在の〔主人ではなく〕牧人である」（GA9, 342）という有名な比喩で表された。不肖私を含めハイデガー研究者たちは、ときにこの手の「スローガンに〔…〕食いつき」、これを「触れ回」（GA82, 571）って平然としている。それに安んじたくないなら、人間や動物、自然や制作物という存在者にではなく、存在に言い応じて固有なものを失う（Ａ）とはどういう出来事だろうか。

5　固有なものの喪失を耐え抜く愛

現存在の根本構造を世界内存在にみて、世界が共同世界であることを強調したにもかかわらず、ハイデガーは他者の不在、愛の欠如をなじられてきた。これに抗する言葉が黒いノートにある。

> 私の思考では愛が考えられていない、と言われる。〔…〕そんなことを言うひとは、『存在と時間』で死について語られたことを、まだ一度も熟慮したことがないのだ。(GA98, 233, 強調はハイデガー)

死すべき人々の一人として、エントアイグニス(固有なものの喪失、特にA)をもちこたえ、死すべき他者に固有なものを授け、ありのままのものであるようにすること、それが愛することである。

5-1　存在の真理の壊滅と存在者の壊滅

なるほどハイデガーは、存在者ではなく存在を問い続けた。存在するという事象を忘れたありさまは、人間の怠慢ではなく歴史的運命のはずなのに難詰される。「君たちは、存在者に夢中になっているうちは存在(Seyn)の影も形も見えない」(GA98, 6)、というぐあいである。

それだけではない。第二次大戦間近に比較するところでは、存在の真理の不気味な壊滅は、「存在者のどんな壊滅——たとえば新しい世界戦争における——をも無限にしのぐ」(GA95, 371)。戦中には、「この第二次世界大戦では目に見えない荒廃のほうが目に見える壊滅よりも甚大だ」(GA96, 147)。敗戦後には、「原爆の熱波よりも破壊的なのは世界ジャーナリズムのかたちの「精神」である」(GA97, 154)。ここには、人間などの存在者に対する積極的な関係や愛の余地はありそうもない。

しかしそれらの文の趣旨は、戦争も人間もその命も些事で、肝心なのは存在の真理（エアアイグニス）だけだ、という点にはない。存在だけが大切なら世界ジャーナリズムに対するルサンチマンを書きつけなくてよい。

5-2　存在することなしには存在者とのかかわりはむなしい

存在することの歴史的運命は、現代において仕立て体制（Machenschaft, 工作機構、一九三一年、とくに三五年頃から）ないし総かり立て体制（Ge-stell, 総動員体制、四七年頃から）である。総かり立て体制という現代技術の本質動向は、あらゆるひとやものをありのままのもの（そのひと自身）としてではなく、有用か無用か有害な人的物的資源（Bestand, 徴用物資）として顕現・調達させ、人間はこの呼びかけに応召している。戦時であろうとなかろうと、存在者の壊滅をもたらしているのは総かり立て体制という存在の歴史的運命である。

そうだとすると、『存在と時間』は人間を孤立させあらゆる関係から切り離した、という常識は疑わしい。むしろ「存在なしには、共同体、あなた（Du）、自然、神へのどんなかかわりも空虚になる」（GA98, 378f.）。これらの存在者とのかかわりをうつろにしてはならない。これは『存在と時間』の素直な注釈であると同時に、それを反復する歩み全体をつらぬく動機の表明でもある。そもそもSeynとは「Seinと存在者との区別であり、この区別のなかで世界が世界となる」（GA98, 46）。そのかぎり、存在者はどうでもよいというハイデガー受容は不条理でしかない。[11] 敗戦二月《ふたつき》余り前に「存在者がどれほど暗くなっても、存在（Seyn）の光は私を取り巻いている」（HA, 123）と、敗戦二年後に「世界が暗くなっても、存在（Seyn）の光にはけっして届かない」（GA13, 76）と書こうとも。黒いノートなどにしばしば現れるdas Seyendeというyを用いた表記も、存在者が当の存在者として存在する可能性への祈りを暗示する。ハイデガーは世界が世界となるよう気遣う。

ありのままのものであらぬ ①人間は人的資源、人材であり、死すべきものであらぬ、(自他の)存在を忘却
＝自が自、他が他であらぬ ②ものは物的資源(徴用物資)でしかあらぬ

5-3 愛する＝あなたがありのままのあなたであるように願う

存在することの水準は存在者の水準に絡みつく。存在への帰属は死すべき他者がつぶやく存在の言葉への聴従である。『存在と時間』の迷い道とその反復は、エントアイグニスAにもとづくエアアイグニスをめざすことによって、存在者が人的物的資源としてではなく、ありのままのものとして存在するようにする存在の思考となる。「異邦人(よそ者)がありのままのひとであるようにする(den Fremden sein zu lassen, der er ist)」(GA53, 176)ことが思考の課題である。存在の声に「答え固有なものを与える言い応じ」としての言は、したがって、他者という存在者から届く存在の声に対する応答である。これは早くも一九二五年に、「私があなたを愛するとは、あなたがありのままのあなたであるように願う(ich will, daß Du seiest, was Du bist)ということです」(AH, 31)[12]と先取りされていた。

他者がありのままのものであることを望む以上、『存在と時間』が人間をあらゆる関係から分離すると解するのは読み損じである。一九二五年の言葉は一九四二年にはこう書き換えられた。

「愛の秘密」は「愛する相手が〔…〕本質の固有性に帰るようにする」ことにある。(GA97, 61)

それでは、ありのままであるとは、そして、他がありのままに存在するように、固有性に立ち返るようにするとは、どういう事態だろうか。これは愛し合う二人が与え合う幸福な調和だろうか。存在と人間は固有なものを互い

に授け合う（４－１）とすれば、存在することと人間は、また存在する他者と自分もウィンウィンの関係にあるように思える。「ありのまま」という常套句も、自他を優しく包み込んでくれるかのようである。

５－４　愛する＝固有なものの喪失を耐え抜く出来事

だが、生暖かいカプセルのなかで自他が甘酸っぱく抱擁し合うという愛の解釈は二重に間違っている。

⑴他者は固有なものをつねにすでに失っている。エアアイグニスではなくエントアイグニスＢ（固有なものの非生起）が生起している。より大きな力を得るためにテクノロジーによってものと人材を総動員させる総かり立て体制のなかで、人々はありのままに存在することができない。勝ち組負け組を競う大人、しいたげられる子ども、戦乱や貧困や抑圧に苦しむ人々、自他の死を忘れたひとたち等々。⑵自己も互恵関係を享受できない。ありのままのものではあらぬ他者のかすかな声に応じて、他者がありのままのものであるようにしようとつとめるかぎり、他者を愛するひとは固有なものの譲渡を要求される。[13]

> 愛するとは、エアアイグニスのなかへと貧しくなり、固有なものの喪失《エントアイグニス》（特にＡ）を耐え抜くことである。（GA98, 235, 強調はハイデガー）

他が固有性に立ち返ってエアアイグニスが生起するためには、自分のものを差し出し貧しくならざるをえない。存在と人間の相互帰属は、存在する他者とこれを愛するひとのあいだの存在の上の非対称な相互帰属となる。現前しないで現前する他者の声に聴き従うという困難な出来事がエントアイグニスＡであり、エアアイグニスを生起させうる。人間が存在するとは、死すべき他者が失われた固有なものを得てありのままのものであるように、自らの固有なものの喪失を耐え抜く出来事である。この出来事を次に原民喜について考えよう。

5-5 それらはあった、それらはあった

「死すべき人々は、〈存在としての存在に対する、本質となるかかわり〉を存在する」（GA7, 180）。人間は、死すべき者という自他の本質をみつめることによって、存在することという隠され忘れられた出来事を思考し、存在の呼びかけに応じる。

ところが、『存在と時間』などで記述されたように、人間はさしあたりたいてい死から逃亡している。まして、絶滅収容所（Vernichtungslager）における死体製造（GA79, 56）や原爆の熱波による存在者の壊滅（Vernichtung）のなかで、人々は自らの死に向き合えない。平和にあろうと戦争にあろうと、人間は、死ぬことが、つまり自らの死にかかわって本来的に（*eigentlich*）実存することができず、存在にかかわることができない。広島被爆後の原民喜は存在者の存在や、ある少女の声について書き遺した（「鎮魂歌」）。

噴きあげる血や、捥《も》がれた腕や、死狂う唇や、糜爛《びらん》の死体や、それらはあった、それらはあった、

兵隊サン　兵隊サン　助ケテ
鳥居の下で反転している火傷娘の真っ赤な泣声が僕に戻ってくる。

「それら」や少女という存在者が発する、「私はいる、私はいた」という存在の声は、存在者が存在から見捨てられている窮境（GA94, 303, 322）にあって助けを求める無言の叫びである。原爆の熱波は、字面のハイデガーとはち

がって、人間が存在するという水準、存在者と存在の区別としてのSeynの水準にある。狭義でいま目の前におらず現前しないが広義で目の前にいて現前する死んだ娘へのかかわりは、〈現前せずに現前するという仕方で存在すること〉とのかかわりであり、存在と人間の非対称の相互帰属である。

『存在と時間』の大方の読みとちがって、自らの死への先駆は、死すべき他者に、あるいは、死へと先駆することのかなわぬ他者の声に、存在したそれら、ないし「それらはあった」に連れ戻される。自らの固有性（*Eigentum*）ないし本来性（*Eigentlichkeit*）を奪われ、存在を忘れられた彼（女）らの声は、七八年経ったいままた戻ってくる。そうであるなら、「僕」にできる、「私はあなたがありのままに存在することを望む」愛のかたちは、「それらはあった、それらはあった」と言葉を返し、少女の泣き声を記憶しつづけることである。それが名のない神にこだまを返すことである（詳しくは本書第5章を参照）。大きな欠損を抱えたこの相互帰属の生起をも、エントアイグニスにもとづくエアアイグニス（の準備）と呼びたい。

エアアイグニス

助けを求める真っ赤な泣き声
火傷娘が現前せずに現前する　⇅　僕
言い応じ＝エントアイグニスA＝愛

＊

ⅡとⅢのあいだ、一九三一年一〇月の率直な覚え書きによると、「存在することの本質に言い応じる」ことが、

『存在と時間』であまりにも「実存的に」外側から叙述された「本来の実存の意味」である（GA94, 56）。この言葉をよすがとして、〈存在と時間〉という曲がりくねった道をもう一度振り返りたい。

Ⅰでは自己の存在（実存）を問うた。次いで、Ⅱの実存的・実存論的な『存在と時間』に、すなわち、存在理解一般の可能性を現存在の時間性という超越論的地平において明らかにする普遍的存在論に移った。さらに、それが迷い道であることに気づき、この道を反復しながらⅢに、つまり、存在することが沈黙のうちで人間に呼びかけ人間がこれに言い応じるという非対称の相互帰属に転じた。そしてこのかかわりは、エントアイグニスA（人間が自らの存在の固有性を与え失うこと）によって、存在（Seyn）の真理が、つまりエアアイグニス（自らの固有性を得るという存在の出来事）が生起する別の始まりを準備することであった。Seynは存在者に結びついており、存在の真理ないしエアアイグニスは、自らの固有性を他に与える存在の出来事、他者を愛することである。

Ⅰ 自己の存在（実存）
Ⅱ 本来の実存に進み、人間の存在理解の可能性を超越論的に認識
Ⅲ 存在への応答：自らの固有なものを失い他に固有なものを与える愛

私自身に出会うというⅠの出来事も、Ⅱを導く存在忘却という根本経験のもとでの本来の実存も、Ⅲ（存在者が）存在することという事態へのこの応答に向かう、つまり、自らの固有なものを失って他に固有なものを授けることに向かうための迷い道であり、それら三者は同じでありながら同じではなかった。（存在者の）存在と人間が固有なものを互いに授け合う（4－1）とは、人間の側では、他の存在者の存在に固有性を与えることによって、自らも存在の固有性を手に入れることである。だが、それは自らの欠如を満たして、何か美しい「本当の自分」を実現する

ことではない。他がありのままのものであるようにするために、自分固有のものを奪われ貧しくなることこそ、ありのままの自分となり固有の本質に立ち返ることである。私が自分自身に出会うという経験も、死へ先駆する決意性という本来の実存も、この剥奪・喪失の出来事に行きつく。

ハイデガーは、『存在と時間』という迷い道を反復しながら、固有なものを失い、現前しない他を愛するという存在の出来事へ、すなわち、存在者から響く存在の声に答えて与えるという、根本的に受動的ながら何ほどか能動的な非対称の出来事へと歩んだ。この剥奪・喪失の出来事以外に、自らの固有性の生起（エアアイグニス）や本来の実存などあろうか。この出来事は、死すべき人々の可滅的世界へみちびく（次章）。

注

1) 第九四巻から第九九巻までは一九三一年から二〇年間にわたり、第八二巻の中心を占める『存在と時間』に寄せる手記は一九三六年から一九四三年の執筆である。いずれも歿後出版された。

2) ドイツ語の »Sein und Zeit« は、『存在と時間』という書名とも〈存在と時間〉という根本問題ともとれる。両者は簡単には切り分けられず、訳語の選択は恣意性を免れない。

3) 関連する回想を挙げる。「私の思考に土台と軌道を与えた根本経験〔…〕は、私が一九一六年から、より明確には二〇年まで、「存在」、〔つまりギリシャ語の〕エイナイ（einai）、〔ラテン語の〕エッセ（esse）の本質が、それゆえまた存在と存在者の関係が考えられないままだという事実の殺到に襲われたということにある」（GA82, 219）。「一九二二年から一九二六年にかけて『存在と時間』（一九二七年）という試みが成立した」（GA66, 413）。

4) 翌年九月にはこう述懐する。「『存在と時間』前半はかつて私にとってどこかへ導いた一つの道でしたが、この道はいまではもう歩かれておらず、草木で覆われているので、私はもう『存在と時間』後半をけっして書きません」（M. Heidegger, E. Blochmann, *Briefwechsel 1918-1969*, Marbach: Deutsche Schillergesellschaft 1989, S. 54）。「『存在と時間』第一部第三篇を最終的に言い表そうとするいくつもの試み」は、「そのたびごとに失敗した」（GA82, 245）。ただし、〈道を〉間違い迷うことをただの誤謬と混同してはならない。「哲学の深さは〔…〕迷い間違う（Irren）力によってはかられる」（GA95, 16）。

5) S. Kierkegaard, *Wiederholung*, übers. E. Hirsch, Gütersloh: Gütersloher Verlagshaus 1980, S. 3.（キルケゴール『反復』桝田啓三郎訳、岩波文庫、一九八三年、八頁。）

6) G. Vattimo, “Gadamer zum Hundertsten,” in: *Begegnungen mit Hans-Georg Gadamer*, Stuttgart: Reclam 2000, S. 77f.

7) S・ヴィエタは、反ユダヤ主義者という非難からハイデガーを擁護するために、彼をユダヤの黙示録記者になぞらえる。第三帝国時代にも誰も聞く耳をもたない、歴史の「別の始まり」の預言者だという（S. Vietta, “Prophet Heidegger: Sprechform und Botschaft eines Apokalyptiker des 20. Jahrhunderts,” in: *Heidegger-Jahrbuch*, Bd. 11, 2017, S. 21-25）。ハイデガー自身、「早ければ二三〇〇年頃に、再び歴史が存在するかもしれない」云々と書きつけた（GA96, 225）。時代に受け入れられない預言者の口吻にも感じるが、しかし彼は預言者ではない。

8) エアアイグニスが固有なもの（Eigenes）を得る出来事であるのと同じく、固有なものの類語とも言うべき本質（Wesen）も永遠不変の何かではなく動詞的である（Wesung）。たとえば、「Seyn が再び wesen する（本質となる、本質的に現れる）〔…〕という事態が勝ち取られねばならない」（GA82, 120）。これはまさしく、Seyn のあらかじめ失われた本質（固有性）が立ち現れるという出来事、すなわちエアアイグニスを指す。やむなく固有性ないし固有なものと訳した Eigentum も、何か生得的で不変なものではなく、「エアアイグニスの Wesung」（GA71, 168）という動態である。

9) ①Seyn と綴られるのは、存在者から考えられる Sein（存在者性、Seiendheit）と区別するためであり、②これに十字（ばつ）を付けるのは、人間にとっての Seyn の思考しがたい遠さを表すためである。③十字はまた、四方界（天と地、神々しいものたちと死すべき人々からなる世界）をも示す。

10) D・ヴァレガ＝ノイによると、ハイデガーは「生起するエアアイグニスを、〔A〕根源的エントアイグニスとして考え直し始める（これを仕立て体制（Machenschaft〔総かり立て体制にほぼ相当するとくに三〇年代後半の語、本書二四九－二五一頁参照〕）における存在の退去〔B〕と混同してはならない）」（D. Vallega-Neu, „Die Schwarze Hefte und Heideggers seynsgeschichtlichen Abhandlungen," in: *Heidegger- Jahrbuch*, Bd. 11, 2017, S. 112）。この指摘はただしい。エントアイグニスという語を二分したのはこれに借りた。両者をA、Bで表し関係づけたのは私である。本章でエントアイグニスという語は、特に記さないかぎりエントアイグニスAを指す。ただし、Aはたしかにヴァレガ＝ノイが言うように根源的ではあるが、しかし呼応である。Aは人間の自発的なはたらきで、これが徹底しないときに存在が隠れる（B）、と解するのは一面的である。根源態と派生態は等しく根源的であり逆転しうる。固有なものがそれとして生起しないから、人間が自らの固有なものを与えない、とも言える。二つのエントアイグニスは一体の出来事である。

11) とはいえ、触れずにすませられない言明がいくつかあり、戦後および敗戦に傾く時期に特に目立つ。「原爆の熱波よりも破壊的なのは世界ジャーナリズムのかたちの「精神」である」（5－1）という言葉もその一つである。「世界ジャーナリズムのかたちの「精神」」とは存在の真理の壊滅、つまりは総かり立て体制ないし仕立て体制のことだろうが、この「精神」は、マスメディアやその人身御供と消費者という存在者の存在の水準にある。総かり立て体制は原爆の熱波から切り分けられつつそれと結びついている。存在者の水準にある原爆の熱波と存在の歴史的運命である総かり立て体制の破壊力を比べるのは、レトリックでないとすれば不適切である。このときハイデガーは、存在者が発する存在の声（5−3以下）に耳を閉ざしていないか。次のように書きつけるのも同じ所作である。真の意味での敗北は、帝国の瓦解、都市の崩壊、人間が目に見えない殺人機械によって殺されることではなく、ドイツ人が他者によって本質の自滅に追いやられ、また、ドイツ人自身が、ナチズムという恐るべき体制を除去するというもっともらしい見かけでその自滅をせきたてていることだ、云々（GA97, 156）。「目に見えない殺人機械」とはジャーナリズムのことで、ナチズムをめぐるハイデガー攻撃も含まれよう。

12) 『存在と時間』執筆中の一九二五年にアーレントに宛てた愛の手紙にある言葉で、ハイデガーがアウグスティヌスに帰する“Amo: volo ut sis”（愛する——私はあなたが存在することを望む）という定式の読解として記された。次注を参照。なお、黒いノートの編者P・トラヴニーは、第九八巻に収められたAnmerkungen VIIIに、アーレントとの再会（一九五〇年）の痕跡を探し当てる（GA98, 419）（ただし、戦中にも愛という語は書きつけられた）。そのトラヴニーは、ハイデガーにおける死の不安を対象（ここでは存在者と同じ）なき思考と捉えたうえでその克服を企てる（P. Trawny, *Heidegger-Fragmente: eine philosophische Biographie*, Frankfurt a. M.: S. Fischer 2018, S. 192f.）。しかしトラヴニーは、Seyn が存在することと存在者との区別であることを見逃がしている（vgl. GA71, 163f.）。

13) “Amo: volo ut sis”は、アーレント版では、「あなたが、最終的に〔生涯の最後に〕どういうあり方をしたことになろうと、あなたが存在することを私は望む」、つまり、「死ぬまでは誰もありのままの人間ではあらぬことを知りながら、結局はそれでただしかったということになるのを信頼する」ことである（H. Arendt, *Denktagebuch: 1950 bis 1973*, Bd. 1, München: Piper 2003, S. 276, 邦訳『思索日記Ⅰ』青木隆嘉訳、法政大学出版局、二〇〇六年、三五八頁）。ただ、アーレントのこの態度もハイデガーの平静な放ち（Gelassenheit）も、他者の苦しいありさまを放置するエントアイグニスBないし現状追認に傾いてはならない。加えられた抑圧をより小さくすることも、エントアイグニスAである。

　また、ハイデガーにとって、「最高の愛は孤独なひと同士のあいだで生起する（sich ereignet）」（GA98, 235）。ところで、レヴィナスによれば、エロスのなかで他者と融合する試みは挫折する。「愛の関係において他者性と二重性が消えることはない」（E. Lévinas, *Éthique et Infini: dialogues avec Philippe Nemo*, Paris: Fayard 1985, p. 68, 邦訳『倫理と無限——フィリップ・ネモとの対話』西山雄二訳、ちくま学芸文庫、二〇一〇年、八一頁)。そうだとすると、ハイデガーの最高の愛もまるごと現前し合うかかわりではなく、遠く隔たって現前するひとへのはるかな応答であり、愛するひとは貧しくなる。本書一二七―一二八頁を参照。

なお本章ではエントアイグニスを、失うこと、奪われること、譲渡、放棄などと表現した。これは、存在者から響く存在の声に答えて与えるという、根本的に受動的ながら何ほどか能動的な非対称の出来事をニュアンスの異なる日本語で表したものである。ハイデガー自身は放ち(Gelassenheit)を能動と受動の外部に位置づけた(GA13, 41)。エントアイグニスとエアアイグニスの訳語については本書第5章注13)を参照。

第3章　死すべき人々の可滅的な世界

他者がわが家にやって来ると、私は扉を開いて迎え入れる。
E・レヴィナス

ハイデガー哲学とは何だったのか、何でありうるのか。「死すべき人々の可滅的な世界」をめざして、ハイデガーについて、またハイデガーを頼りに論じたい。その世界のなかで、広義で現前・現在しないが狭義で現前する異他のものをありのままのものであるようにする可能性を問う。[1)]

1 存在とはずっと現在しつづけることだと解する〈存在と時間〉の伝統の解体をハイデガーは企てた。2 異他のものも私の死も現前せずに現前している。3 そのハイデガーに、レヴィナスは他を自に還元する存在論と定住民の安楽さを見たが、ハイデガーにおいて存在は隠されており、人間は存在することへの近くという失われた故郷を求めて流浪する。4 それは存在者と世界を離れることではなく、死すべき人々は、存在者がありのままのものになり、世界が世界となるように気遣う。5 人間だけでなく世界も可滅的であり、自分や世界が永続することに固執するのは不適切である。継ぎ目の外れた世界にあって、異他の存在者に扉を開きありのままのものであるようにする、という不可能な可能性が死すべき人間に与えられている。

1　〈存在と時間〉という根本問題

まず、ハイデガーの思考の道をほぼ一貫する〈存在と時間〉という根本問題について述べる。

1－1　普遍的存在論という主題

七〇代の回想によると、ブレンターノの博士論文『アリストテレスによる存在者の多様な意義について』（一八六二年）は、一九〇七年以降ハイデガーが哲学するうえでの杖となり、彼をおぼろげながらも突き動かしたのは、「存在者《オン》が多様な意義で語られるなら、存在の根本意義は何か、存在とはどういうことか」という問いであった（GA14, 93）。ギムナジウム時代から普遍的存在論がハイデガーのひそかな主題だった、というわけである。存在の多義性と一義性（統一性・単一性）を考究するのが普遍的存在論である。

1－2　生についての問いと存在についての問い

しかし、これを額面通りに受けとるわけにはいかない。『存在と時間』（一九二七年）に先立つ初期フライブルク時代（一九年戦後臨時学期－二三年夏学期）には、哲学は「事実性の解釈学」「生の現象学」などと呼ばれており、生ないし事実的な生、事実性、現存在が問われていた。これらは、人間が存在し生きているという、理論化される以前の事実のことで、やがて実存という語に代わられる。

この現存在（人間の生）は、「唯一の必須の事象」（GA59, 169）でありながら、さしあたりそしてたいていは隠されている。生の遂行によっても、さらには学問・科学、理論的認識による生の事物化（GA58, 232）によっても。言い換えれば、「私は存在する（bin）」、ないし生、実存が、事物のあり方、「それは存在する（ist）」、『存在と時間』の客体存在と同一視されてきた。

「私は存在する」という私のあり方が、ものを理解するときの「それは存在する」というあり方からとらえられ、生にふさわしくない理論的認識によって隠されている。もののあり方と生のあり方の相違を明確にしなくてはならない。生についての問いは、存在することについての問いを呼び起こす。そこでマールブルク時代（二三・二四年冬学期—二八年夏学期）のハイデガーは、哲学に、「生という特徴をもっている存在の存在論」（GA18, 101）、「現存在の存在論」（GA19, 370）、「生の存在論」（GA22, 182）という別名を与えていた。これはまだ普遍的存在論ではない。

1-3 生の存在論から普遍的存在論へ

「私は存在する」と「それは存在する」を区別する生の存在論は、次に普遍的存在論に転じた。「それは存在する」と「私は存在する」との相違は、ライプニッツで言えば理性の真理と事実の真理という区別に対応している。

ある、存在する（Sein）
- それはある、存在する（ist）（客体存在、理性の真理）
- 私はいる、存在する（bin）（生、実存、事実の真理）

ライプニッツによれば、理性の真理は必然的で永遠に真であり、その反対が矛盾を含む。「7引く3は4である」という文（命題）の反対である「７引く３は４ではない」は、矛盾を含むから不可能である。理性の真理は、超時間的ないし無時間的な永遠の真理である。ニュートンの目の前でりんごが木から落ちるという一回かぎりの現象も、それが万有引力の法則という必然的な物理法則に従って生起している以上、理性の真理の枠内に収まる。ところが、事実の真理は偶然的で結果として真であるにすぎず、その反対が矛盾を含まない。人間の行動は事実の真理である。「赤穂浪士は吉良邸に討ち入った」のは事実としてそうだっただけで、彼らは討ち入らないこともできた。ライプニッツは偶然的な真理の源を必然的な真理に求めた。[2] これは古代ギリシャ以来の、非理性に対する理性の優位という伝統にのっとっている。ハイデガーにとって、この伝統は「私は存在する」に対する「それは存在する」の優位である。哲学のこの本流――今日では自然主義――に抗して、理性の真理の領域から独立した領域として人間の歴史や精神を確保する動向もある。

しかし、二つの領域をたんに並立させるだけでよいのだろうか。二つの存在領域の区別は、種々のものが存在するなかで、そもそも存在するとはどういうことか、という問いを引き出す。これが『存在と時間』の普遍的存在論である。「普遍的」とはあらゆるもの、いろんな種類の存在者すべてにかかわる、というほどの意味である。こうして、生の存在論は、存在の多様性と単一性を考究する普遍的存在論に移行した。

1-4　〈存在と時間〉――永続する現前性の伝統を解体する

多様な存在はハイデガーにおいて時間という単一の地平で解釈される。『存在と時間』では現存在の存在（私は存在する）の意味が時間性（根源的時間（性））に見出され、時間性にもとづいて存在すること一般を解釈することがもくろまれた。これが〈存在と時間〉という根本問題である。[3]

古代哲学以来の伝統は、存在するという事象を暗黙のうちに今の連続という通俗的時間の視点から理解してきた。ヨーロッパの伝統を支配する存在把握は、ハイデガーによって永続する現前性（beständige Anwesenheit, ずっと現前しつづけること）という用語で表現される。現前性と訳したAnwesenheitは英語のpresenceとほぼ同義で、今目の前にいる、出席している、現在していることを指す。存在するとはずっと現在しつづけることである。たとえば、古代ギリシャのパルメニデスによると、存在者は存在し、存在しないものは存在しない。存在者は生成消滅することがない。生成とは存在しないものが存在者になること、消滅とは存在者が存在しなくなることだからである。パルメニデスの「ある（もの）（to eon《ト・エオン》）」は、「あったことがなく、あろうこともなく、今ある」[4]。それは不変不動の全体で、自己同一性を保ち、同じものでありつづける。すべての「あらぬ（存在しない）」、「異」を抹消するパルメニデスは、〈存在する＝ずっと現前・現在しつづける〉という〈存在と時間〉を、それと気づかずに語っていた。

これに対して、ハイデガーの根源的時間性は、現存在の存在の意味としての〈将来から時間となる脱自的時間性〉、「既在しつつ現在化する将来」(SZ, 326)であり、これは今の連続という通俗的時間の根源をなす時間である。現存在の本来性である先駆する決意性は、つまり、死という目前の事象に向かって走る決意性は脱自的時間性にもとづく。前への走りは、自らを自ら（の死）に到来・将来（Zukommen, Zukunft）させることによって、また非があるありさまを引き受ける決意性は、将来にもとづいて、自らに最も固有な既在（das Gewesene, 非があるさま）へと立ち返る（既在を反復し取り戻す）ことによって、そして決意して状況のもとに存在することは、身の回りの世界に現前するものをありのままに現在化（Gegenwärtigen）することによって可能になる。これが、「既在しつつ現在化する将来」という根源的時間である。

永続する現前性という存在理解の伝統を解体し（批判しつつ可能性を取り戻し）、存在するという多様な現象をこの根源的時間にもとづいて解釈するという〈存在と時間〉が、ハイデガーの未完のプロジェクトであった。

2　現前せずに現前する

脱自的時間性からもうかがわれるように、伝統に反して、存在するとはずっと現前・現在しつづけることではない。異他のものは、私に狭い意味で現前することなく広い意味で現前している。私の死も同様である。

2−1　異のあまねき現前性

プラトンの『ソピステス』篇で、エレアからの客人はエレア派の父パルメニデスを手にかけて、存在と非存在を結びつけ、「あらぬ」、異を導入した。

ソピストとは、あらゆる事象について真理を語るように見せかける技術をもったペテン師である。彼らはすべてを知っていると称しているが、本当はそうではない。そう見えるが本当はそうではない、それと異なるということは、パルメニデスとは逆に、「あらぬ（もの）がある」、「ある（もの）があらぬ」ということ、つまり虚偽ないし隠蔽があるということを意味する。「異の現在が〔…〕存在、現在に対してあらぬをもたらす」（GA19, 556）。おおい隠す虚偽の言葉のなかで、存在は非存在つまり異と結合する。だからこそソピストは存在可能である。異が「あまねき現前性」（ibid.）をもって同を脅かし、あるものをあらぬものにしている。

遠くの旧友はいま目の前にはおらず、狭い意味では現前していない。不在である。それでも私は彼を思い出しており、広い意味では彼は現前している。目の前にはパソコンがあり、そのかぎりでそれは現前しているが、私はそのすべてを把握してはおらず、その意味では現前していない。「あるものの現在にとっては非現前性〔現在していないこと〕が本質的である」（GA18, 311）。現前は非現前に、真理は非真理に絡みつかれている。

2-2 死という極限的な終わり

永続する現前性という観念からはみ出す端的な現象が死である。

私たちは死をいつかどこかでやってくる出来事だと思いがちである。医者は死亡診断書に「何年何月何時何分死亡」と記入する。私もいつかどこかで死ぬだろう。これは、医学・法律・社会によって定義される、生命活動の停止という意味での死亡、今の連続としての各人の時間がいつか終わるという出来事である。

しかし、ハイデガーにとっての死はそうした出来事ではない。「実存一般の不可能性という可能性」（SZ, 262）である。実存することがそもそも不可能になるにはちがいないが、この不可能性にかかわるという可能性、この「極限的な終わり（Ende）」に向かって前もって走る可能性が死である。私はいま死へと走っており、私は死を存在している（GA80.1, 142）。そういう意味で根源的時間性は有限（endlich）である。死にかかわる存在は、死という現前しない出来事が現前していることを、ひいては、永続する現前性という存在観念が死からの逃走であることを教える。「できるかぎり自分を不死にする」[5]よう求めるアリストテレスや、死を不安とは別の仕方で経験できる社会があることにかすかな期待を寄せるアドルノ[6]も、永続する現前性という〈存在と時間〉にとらわれていた。

2-3 現前しないものの現前

そうすると、絶対的に同一なものであるはずの超越論的主観性[7]とはちがって、現存在は異他のものに侵蝕されている。

死にかかわる存在という本来の〈存在できること〉を証しする良心という現象においても、現前しないものが現前している。現存在はさしあたりたいてい、〈ひと〉（das Man,〈みんな〉）という自己のなかに自らを失っている。「〈みんな〉そう言っている」などとおしゃべりして、自分の発言の責任を転嫁する先の〈みんな〉がそれである。

その〈ひと〉自己に対して、最も固有な自己に向かうよう沈黙のうちに語るのが良心である。それでは呼びかけるのは何者だろうか。「「それ」が呼ぶ。思いがけなく、それどころか意に反して」。あまりに異様であるため「それ」という非人称の代名詞で指すほかない。したがって、「呼び声は私のなかから、そのくせ私の上に降りかかってくる」(SZ, 275)。「どの現存在も連れている友の声」(SZ, 163)になぞらえられることもある。良心の声は異他のものでありながら広義で現前している。呼び声は現存在のなかの他者である。

総じていえば現存在は、世界内存在として、自分固有の死、良心、他者、(生きものを含む)ものという異他のものの現前、十全に現前することない現前に襲われている。異があまねく現前し、私の自己同一性を揺るがしている。

3　失われた故郷を求めて

現前しない異他のものの現前に着目するハイデガーのなかに、ユダヤ人レヴィナスは、他を同化する全体性の哲学と、定住民族の安定した世界を見た。だが、ハイデガーにとって、存在するという事象はつねにすでに隠されており、彼の求める故郷は存在への近くというもはや現前しない、あるいは一度も現前したことのない場所である。

3－1　他を自(同)に還元する存在論

ニーチェが言うには、認識とは「異他のものを既知のものに還元する」[8]ことであった。知るとは未知の対象を知ること、自分に対して現前していないものを自分に現前させることである。対象は、私の知識(先入見)に合わせて変えられ、むりやり現前させられる。ありのままにあることができない。私は他者を自分の物差しではかる。未知の既知への還元は、レヴィナスの場合「他の同への還元」[9]と表現された。彼にとって、西洋哲学は他の同（自己）への還元を骨格とする存在論の歴史であり、ハイデガー存在論はいわばその正嫡である。そこでは他の他性は奪われて全体性のなかに吸収され、他は自同的なもののなかの他になる。

レヴィナスが存在論に対置するのは、人間である他者の現前によって私の自発性が問い質される倫理[10]である。他者の現前とは私に対してまるごと現前することのない現前、自への還元を拒む現前、現前せずに現前することである。他の自への還元を存在論と呼ぶのはなぜだろうか。レヴィナスは、この還元を成立させている自の優位を、他者から何も受けとらないという自由、「自同的なものにおける永続性（permanence）」とも特徴づけた。[11]存在するとは自己の存在への固執であり、存在論とは他の他性を奪い同に吸収し全体化する営みである。ハイデガーこそ永続する現前性という〈存在と時間〉の虜だ、ということだろう。

3-2 存在しようとする衝迫

こういう批判を展開するとき、レヴィナスの念頭には、「どんなものも〔…〕自らの存在を持続しようと努力する（in suo esse perseverare conatur）」[12]というスピノザの命題があった。ここでかりに努力すると訳した conatur という語は、たとえば真面目な受験生が生来の怠け心を克服しようと懸命になることではない。神を原因とする内的な衝迫ないし傾向性のことである。「自らの存在を持続しようとせずにはいられない」と訳すべきかもしれない。レヴィナスは、人間の自己保存の原理を「存在しようとするコナトゥス（努力・衝迫）（conatus essendi）」と名づけて、ハイデガーにもそれを見つけた。[13]

この点はアドルノも似ている。ハイデガーの本来性（Eigentlichkeit, 自分が自分に帰属していること）の概念は、「自己を暗に自己保存の教説で定義することによって、同一性の伝統をくじけずに継続する」[14]というアドルノの鑑定は、他を同化する全体化の哲学の伝統にレヴィナスがハイデガーを位置づけたのと同じである。

二人にとって、ハイデガーは、現前しない異他のものの現前を認めずに、自分の存在のうちにとどまろうとする衝迫に突き動かされたスピノザ流自己保存の哲学者であった。ハイデガーは現前性としての存在を告発しながらも依然として現前性の哲学に属している、[15]とレヴィナスは言う。

3-3　定住農耕民

〈存在論＝全体性の哲学＝現前性の哲学＝エゴイズム〉という枠組みのなかにハイデガーを収めるレヴィナスは、その視点から、彼を土地にしがみつく定住民族の哲学者として批判した。

技術によって全地球を征服しようと競い合う現代世界にあって、ハイデガーは、テクノロジーをテクノロジーたらしめている総かり立て体制[16]が、存在者を資源として顕現させるだけで、ありのままのものとしてあるようにしないと危ぶんでいた。ある地域は鉱石を発掘するよう仕向けられ、土地は鉱床として顕現する。「土地は鉱石へと、鉱石はたとえばウランへと、ウランは原子エネルギーへと立てられ調達され、原子エネルギーは破壊か平和利用へと解放されうる」(GA7, 16)。人間もまた、有用か無用な人材、ターゲットとなる消費者のような人的資源として存在するにすぎない。

そういう彼は、レヴィナスにすれば、自分の土地に執着し、異他のものの現前に目を閉ざす農民である。「西洋の歴史全体がそうであるのと同じく、ハイデガーは、他者との関係は大地を所有し大地に家を建てる定住諸民族の歴史的運命のうちで演じられるものだと考える」[17]。世界は私たちの生を脅かす。寒暖や雨風があり天変地異も起こる。そこで地上に家を建てて住まいし、衣をまとい、糧を得て、不安定な安定をかろうじて保ち、私は自分の同一性を確保する。この動きを、レヴィナスは「世界の他性の自己同一化への転換[18]」と記述した。

それは、ハイデガーの四方界（Geviert）にも当てはまりうる。一九四〇年代末から、ハイデガーは、世界が四方界として世界となることについて語った。これは、「四方界を取り集め、それとして生起させ、しばしとどまらせること」（GA7, 176）、あるいは、「天空と大地、死すべき人々と神々しいものたちという四方界が鏡に映し合う戯れとして、世界が世界となること」（GA79, 74）と描写されている。四方界では、世界の他性が人間を脅かすことはなさそうに見える。

レヴィナスはこの四方界を「恥ずべき唯物論」と難じた。唯物論（マテリアリズム）とは、「中立的なものの優位」のことであり[19]、ハイデガーについては、存在者の上に存在という中立的で中性的なものを置くことである。レヴィナスが存在者というのは人間、それも他者というけっして現前しない人間のことである。星や空や大気、山川草木、またものという非人格の中立的な存在が与えられているだけで、苦しむ他者という存在者を感受しないことが唯物論だと片づけられるゆえんだろう。四方界という謎めいた世界は、放浪する民を追放する定住農耕民のあがめる偶像だ、と言わんばかりである。

3-4　異民族の存在を忘却する

実際、ハイデガーの視野の狭さは否定できない。

彼はギリシャ的なものとゲルマン的なものに特権的地位を与えた。すべての真正な言語はそれぞれ程度を異にしながら哲学し、その度合いは「民族の実存の深さと力」によって測られるが、深く創造的な哲学的言語はまずギリシャ語に指を屈し、これに肩を並べられるのはドイツ語しかない（GA31, 50f.）。

ハイデガー哲学はしばしば、老荘思想や禅仏教といった東アジアの思想と比較研究される。存在することの明るむ場（Lichtung, 存在に光が当たり照らし出しうるところ）を天照大神と同一視する日本人（HL, 189）[20]さえいた。しかし、ハイデガー自身が注意するには、現代の技術的世界の転換はそれが由来する西洋の伝統を自分のものにすることによってのみ準備でき、東洋の世界経験の受容によってではない（GA16, 679）。ギリシャ－ゲルマン枢軸の称揚はラテン－ロマンス語の軽視と表裏をなしており、彼は、「フランス人が考えはじめるとドイツ語を話す」（ibid.）と断じた。こうした所作は、幼稚な自己中心性と偏狭な自民族中心主義《ナショナリズム》であり、現前しないものが現前していることを忘れている。

異や非現前に注目しているにもかかわらず、天地のあいだの静穏な生活を自明な基盤としているとすれば、もしそうだとすれば、その存在論は、非定住民族の現前しない現前を忘れた、他の自への還元、あるいは自らが存在することへの固執でしかないだろう。「西洋の思考はつねに世界の異他性と世界の別のあり方を止揚しようとつとめた」[21]というアーレントの洞察はハイデガーについても当てはまるだろう。

3-5　土着性の虚偽

たしかに、現代都市文明に対するハイデガーの違和感は明らかである。標高一一五〇メートルの山小屋に住み、郷里の寒村を足しげく訪れた。ナチス参入の年、一九三三年秋の「創造的な土地——私たちはなぜ田舎にとどまるか」では、喧騒のなかで仕事に追われる都会人の世界と、厳しい自然に囲まれ土地に根ざして暮らす寡黙な農民の世界を対比している。ベルリン大学からの二度目の招聘を知った山小屋の近隣の老いた農夫は、ハイデガーの肩に手を置き、小さく首を振って、だめだ、と無言で伝えた。彼の技術論も、根なし草のような現代技術を呪い、昔はよかったと嘆いているかのようである。

ユダヤ系の都会人、アドルノは、そういうハイデガーに、「土地にいつづけるのを自分の労働形態から強いられた人間」が洗練された社交的人間に抱く憎悪、「土着性の虚偽」を読みとった。社会発展の一局面での安定した職業と現代におけるその無力さが、純粋な人間の本質に仕立てられて肯定され不滅のものにされる、とイデオロギー批判を繰り出した。時代に取り残された田舎者のルサンチマンだ、ということだろう。[22]

ハイデガーの思考が土着性を是とし、外来のものや漂泊を非とするという側面をもつことは否定できない。早くも二九・三〇年冬学期講義では、「哲学とは本来、郷愁、いたるところで家郷にあろうとする衝動だ」というノヴァーリスの言葉を糸口に選んだ。「根源的」というハイデガーお好みの単語もアナクロニズムではないだろうか。

3-6 一度もいたことのない故郷へ

これに対して、『存在と時間』では、死の不安という根本気分が、世界の無意義性を暴露し、無気味さ、家郷にいるようにはくつろげないこと（Unheimlichkeit, das Unzuhause）（SZ, 189）を開示していた。「故郷の喪失が世界の歴史的運命である」（GA9, 339）という戦後すぐの有名な発言も、自同的で永続するものへの郷愁の深さを物語ると同時に、それがもはや現前しないという冷静な洞見をあらわしている。

『存在と時間』の時間論では、既在（過去）は新たに取り戻されるものだから、永遠に現在する故郷などない。むしろ、「自らの最も固有な由来――両親の家と故郷と青少年時代――をまもり、同時に苦しみながらそれから自分を切り離すこと」（GA66, 415）をハイデガーは選んだ。彼は「異他のものと自らに固有のものとの対決」（GA53, 61）を促し、ドイツの外部を流浪するようドイツ人に命じる。戦時中に要求されたこの対決を異民族の排斥や外国への侵攻と読むのは牽強付会である。

しかも、失われた故郷とは、長ずるに及んで離れた父祖伝来の土地では必ずしもない。「帰還とはしかし、私たちがまだ一度もいたことのない場所への帰還である」（GA97, 35）。故郷はつねにすでに失われており、だからこそ郷愁が思考へとかり立てる。[23] 故郷とは歴史的に住むことの故郷であって、「存在することへの近く」である。人間はそこに至る途上にある（GA9, 344）。土着性の虚偽をそこからあばくのは無理がある。存在することへの近くが故郷であり、ところが存在するという事象は、西洋の歴史ではソクラテス以前の思索者を除くと忘れられつづけてきたとすれば、誰もこの故郷に住まいしたことがないだろう。故郷とは各人が生まれ育った土地ではない。

それでは、存在への近くという故郷をめざすとは、存在者や世界を捨てることだろうか。そうではない。

4　世界が世界となる――存在者がありのままのものであるように

自己か世界かという二者択一にもかかわらず、死すべき人々は、存在者がありのままのものになり、世界が世界となるように気遣う。

4－1　自己か世界か

ハイデガーは世界と公共性に背を向けているかのようである。〈ひと〉という自己はあれこれの存在者を気にかけている。給与や年金、食べ物やファッション、世間体。ところが、もはや存在できなくなる可能性としての死に向かって走るとき、ものや他者は重みを失う。

死の不安は現存在を単独の自己（solus ipse）として開示する。これが「実存論的「独我論（Solipsismus）」」（SZ, 188）であり、次のように語られた。「世界は後退し崩れ落ちて無になる。死の可能性が意味するのは、私がいつか世界から去るということ、世界がいつかもはや何の意味もなくなるということである」。そのとき「現存在は、自分と世界のどちらか一方を選択するという仕方で、一瞬一瞬態度を決定することができる」(GA80.1, 144)。選べるのは自己か世界か、あれかこれかである。もしそうなら、ハイデガーの関心は自分の存在にしかなく[24]、その哲学は自己保存の存在論なのではないか、という疑いがよみがえる。

4-2　世界が開示され気遣われる

その二者択一は、公共性（Öffentlichkeit 公衆、世間、世論）についての否定的言明にも表れている。日常の自己である〈ひと〉（〈みんな〉）は、特定の誰かでも全員の総計でもない誰か、誰でもそれであるが誰一人それではあらぬような中性的な誰かである。ハイデガーはこの〈ひと〉を「公共性」と呼びかえ、こう述べた。「公共性はすべてを暗くしておきながら、そうやって覆い隠したものが周知で誰にでも近づけるものだと吹聴する」(SZ, 127)。

けれどもこれは公共性そのものの断罪ではない。自己か世界かという二者択一は、自分の死を忘れ〈ひと〉自己を存在する日常の自己に対して、いったん世界を捨てるように命じるが、そのあとで世界は別な相貌で現れる。実存論的「独我論」は、他者やものへの通路を閉ざすどころか、世界内存在としての自分自身へと導く。決意性のなかでは、「道具的に存在する「世界」が「内容面で」別の世界になるわけではなく、他者たちの輪が取り替えられるわけではない。けれども、道具存在者を理解し配慮して気遣う存在や、顧慮して気遣う、他者たちとの共同存在は、いまや最も固有な自己でありうることによって規定されている」(SZ, 297f.)。現存在自身が開示されるだけでなく、道具的に存在する「世界」や他者のありようが、これまでとは別の仕方で開示され気遣われる。

4-3　存在者がありのままのものであるようにする

隠蔽したものは周知で誰でも近づけると吹聴するとは、〈みんな〉が、自己を本来の自己——死へ先駆する決意性――として存在させないがゆえに、他者がありのままの他者（本来の自己）として存在するようにせず、ものがものになるようにしていないということである。隠蔽されているのに誰でも近づけるように見えるのは、現前していないのに現前していると偽っているからである。その意味で、「公共性はすべてを暗くする」という「皮肉で依怙地な響きのある言明」は「現状の最も簡潔な要約」だ、[25]というアーレントの批評は的確である。

すでに一九二五年に、ハイデガーは、アーレントに宛てて、自分たちにできるのは「存在するものが（ありのままのもので）あるようにする（sein lassen, was ist）」ことだけだ、と書き送っていた（AH, 29）。存在者がありのままのものであるようにするという動機が、世界への気遣いがハイデガーの思考の道をつらぬく。本来の自己への変容も、ものへの配慮や他者への顧慮が別な仕方で規定されることも、この動機の現れである。この変容が、公共性によって暗くされたすべてのものに光を当てる。これはものがものとなり世界が世界となるという出来事の原型である。われを忘れる対象でも徴用物資でもあらぬもの、私に同化されず〈ひと〉自己でも人的資源でもあらぬ他者、それらが指向されていた。

４－４　世界が世界となり、ものがものとなる――コペルニクス以前の天と地

とはいえ、世界が世界となるだの、ものがものとなるだのと言われても、ちんぷんかんぷんである。「天空と大地、死すべき人々と神々しいものたちという四方界が鏡に映し合う戯れとして、世界が世界となる」とはどういう事態だろうか。ハイデガーは、柄つき壺というものを例に挙げた。

ワインや水を注ぎ入れ保ち注ぎ出す壺の本質は、注ぎ捧げるところにある。ワインや水には地と天の婚礼がしばしとどまる。天から地上に降る雨が水となる。ワインは、空の陽光と土の養分や水分が農民の手を介して育てたぶどうの実からつくられる。ワインや水は人間の喉を潤し神々に捧げられる。ものがものになるとは、大地と天空、

死すべき人々と神々しいものたちという「四方界を取り集め、それとして生起させ、しばしとどまらせること」(GA7, 176)である。それはまた世界が世界となることでもある。

まだ、すっきりしない。以前私は、四方界を石牟礼道子に近づけて考えたことがあった。

昭和初期の不知火海の人々にとって、山には山の神がいて、川の神にもなる。神は春の彼岸に川を下り、秋の彼岸には山に登る。「やまももの木に登るときゃ、山の神さんに、いただき申しやすちゅうて、ことわって登ろうぞ」と父は幼女に教えた。女の子にとって、「父の背中におんぶされてひろがる世界は、山川や海や、天地のことにぞくし、母の背中におんぶされてつながる世界は、人界にぞくした」。魚は「天のくれらすもん」だから「天の魚」であり、海は漁師の「わが庭」だから「地の魚」でもある。死がこの世界に忍び込んでいる。彼女は、千年も万年も生きられないと教えられて「人間てなぜ死ぬの」と自問する。こうした世界は四方界に似ていて、まだ総かり立て体制に組み込まれていなかった。[26]

年寄りで田舎者の私でも、もうこうした世界に生きてはいないが、それでも、こういう世界があったこと、自分のなかにその澱が沈んでいることは感じる。コペルニクス革命によって、不動の大地は宇宙を浮遊する地球という天体になり、人間も宇宙の中心から放逐された。科学と技術に依存しながらこれらを呪詛するのは愚かである。しかし同時に、私たちは相変わらず、科学以前の天空の下、大地の上を、コペルニクス以前の大地をも生きている。「日の出」「日の入り」という言葉を平気で使う。山の端から上る太陽を拝まないまでも、その厳かさや崇高さに打たれる。サン＝テグジュペリの星の王子は、星から星へと旅するコペルニクス以後の人間なのに、ある小惑星で、沈む太陽を日に四四度も見た。

日の出と日の入りを眺めているとき、神々しいものたちは現前せずに現前しているだろう。死の影も差している。王子は花のはかなさを知り、蛇にかまれて死ぬ。天の下、地の上でそのつどのあいだ現前することを運命づけられた人間だからこそ、私たちは、神の死後にも、夕陽が神々しく落ちるのを見ずにはいられないのだろう。

5　継ぎ目の外れた世界で異他のものに扉を開く

世界は死すべき人々の生きる世界であり、しかもその世界自身も可滅的で、永続への固執は不適切である。世界の継ぎ目・関節は外れており、人間がしばしのあいだという適切さに転じるとは、この世界にあって、異他の存在者に扉を開きそれがありのままのものであるようにする、という不可能な可能性である。

5-1　しばしのあいだという適切さ

永続する現前性という伝統的な〈存在と時間〉の解体を自らに課したハイデガーは、自己保存の哲学者ではなかった。死にかかわる存在を自分の命を延長しつづける衝迫と見なすのはレヴィナスの曲解である。存在することへの近くという故郷を失っているとは、しばしとどまるというありようから離れ、したがって自他の存在者がありのままのものとしてあるようにしないことである。

ソクラテス以前のギリシャ人において、ピュシスはエオン（存在すること、存在するもの）を表す語で、その本来の意味は、「自らのそのつどの限界のなかへとおのずから立ち現れ、そのなかにしばしとどまるもの」（DE, 138）という点にある。桜のつぼみが花開き、しばしその状態を続け、そして落ちるさまを思い描けばよいだろう。デーロス島が少しずつ現れる様子を船上から眺めたハイデガーの挙げる例では、「山並みと島々、天空と海洋、植物と動物が、純粋に自らのうちにまもられ隠されながら立ち現れること」（GA75, 231）、これがピュシスである。非現前から現前へ、現前から非現前へという運動のことである。あらゆる存在者がこのピュシスという出来事ゆえに存在している。

したがって、彼によれば、アナクシマンドロスのアディキア（通常の訳では「不正」）は、存在するもの、「そのつどのあいだのものたち（die Je-Weiligen）」が「恒常的持続（永続）に固執し、ディケーに、つまりしばしのあいだという適切さ（Fug der Weile）に転じない」（GA5, 359）ことであった。「現前するもの（存在者）はアディキアのなかにある、すなわち継ぎ目が外れている（aus der Fuge）」（GA5, 354）。スピノザの自己保存、ないし存在しようとする努力は、永続への固執という不適切さであった。あの苛烈なアドルノでさえ、死に向かって走ることは「自己放棄という最も極端な可能性を開示し、こうして、そのつど得られた実存への固執をことごとく打ち砕く」（SZ, 264）というハイデガーの記述に、自己保存の原理についての批判的反省につながるものを認めたほどである。[27]

5－2　世界は滅びる

永続する現前性の解体は世界の可滅性をも含意している。アーレントにとって世界は人々のあいだにあり、あるいはこのあいだであって、耐久性をもち永続できる。だが、四方界としての世界は死すべき人々だけでなく天地自然をも包み込み、しかもそのつどのあいだのものである。

死の定めを受け入れるのは容易ではない。「死すべきものの本性は、できるかぎり永遠に（aei《アエイ》）存在し不死であろうとつとめる[28]」。プラトンの国家篇で言えば、個体としての死を生殖によって生き延びるために異性の肉体に執着する農工商民も、死後も続く名誉を得るために命を賭ける軍人たちも、永遠のイデアを認識してイデア界という魂の故郷に帰ろうとする哲学者たちも、結局は誰もが。

アーレントも例外ではない。彼女は、永続性（permanence, Beständigkeit）ないし不死性を、永遠性（eternity,

Ewigkeit）から区別した。後者は、観想する生が対象とする超時間性であり、前者は、古代ギリシャ・ローマで自由な市民、複数の人間が政治的行為と言論によって形づくる公共領域が時間内でずっと存続することである。個人の死を超えて世界はずっと続き、個人の偉大な行為は忘れられない。私たちの死はのちの世代の記憶に残ることによって埋め合わせられると言う。

　しかし、個人も人類も地球もそのつどのあいだだけ存在するということをこのように否認するのは、おそらく防衛機制でしかない。自然界の種々の存在者も、私たち一人ひとりも、私たちが作ったものも、共同体や人類の記憶も永続しない。どんな存在者も、非現前のありさまから、地上ないしこの世界――人間もいれば生物も無生物もいるこの世界――にやってきてしばし隠れつつ現前し、いつか現前しなくなる。世界も滅びる。そのつどのあいだのものたち、死すべき人々は、自らの永続に固執せず、しばしのあいだという適切さに転じるようにつとめることができる。

5-3　世界の継ぎ目が外れている

けれども、現前するものは継ぎ目・関節が外れていて、四方界としての世界は世界とならず、存在者はありのままのものではない。人間はしばしのあいだという定めから逸脱している。現代技術の本質である総かり立て体制は戦時と平時を問わない。ものは資源であり、人間もたんなる人的資源と化し、死すべきものであることは隠されている。「農耕はいまでは機械化された食糧産業になった。本質においてはガス室や絶滅収容所における死体製造と同じもの、諸国の食糧封鎖と同じもの、水爆製造と同じものである」（GA79, 27）。すべての存在者が資源となる動向が地球を覆い、死に向き合って天地のあいだで生きる漁民たちは消えようとしている。絶滅収容所では貴金属や毛髪が価値ある物資として徴用され、労働資源にならない人間はガス室に送られた。

世界は継ぎ目・関節が外れているか外れそうな世界（"a world that is or becoming out of joint"[29]）である。母が去り残った父に殴られ食うや食わずで育つ女児は、夜を恐れ、幽霊を怖がり、世界を憎む。ルサンチマンはその子を終生支配するかもしれない。水俣病に汚染された不知火海ではかつての世界はほとんど失われた。四方界としての世界はもはや世界とならない。

5-4 他への一方的贈与

そうだとすると、世界が世界になるようにするとは、世界の終末を少しでも先延ばしすること、たとえば持続可能な地球をつくり、世界戦争を阻止することだけではない。むしろ、自らがしばしのあいだという適切さに転じ、しばしのあいだ存在する他のものが、あまりに遠くあまりに近いがゆえに名のない神になぞらえられるような異他のものが、ありのままのものであるようにすることである。

ハイデガーはアナクシマンドロスのアディキアを「継ぎ目が外れている（aus der Fuge）」と解釈した。現前するもの（存在者）の本質は Un-Fuge（継ぎ目が外れていること、非接合）にあり、Un-Fuge とは「たんに永続するものという意味での（しばしの）あいだ（Weile）に固執する」、「他のものがしばしのあいだ存在することを意に介さない」（GA5, 354, 356, 359）ことであった。

そのつどのあいだのものは、このアディキアに関してディケーを与えなくてはならない。アナクシマンドロスの記した、アディキアのディケーを与えること（didonai dikēn [...] tēs adikias）とは、ハイデガーの解釈では、継ぎ目・接合を、したがって適切さ（Fug）を与えることである。ニーチェやディールスのように、「自らの不正の罰金・懲罰を払う（Buße zahlen, Strafe zahlen）」とは訳さない（GA5, 356, 361）。

ディケーを与えるというこの行為を、デリダは、まずハイデガーに即して「罰や支払いや贖罪によって正義をお返しすることではない」と説明した。そのうえで半歩進み、「返却も計算も会計もない贈与」と解釈した。法は、犯した罪に応じて刑罰を科し、与えた損害を相当する金額で賠償させる。計算と返却である。ところが、ディケーを与えることには会計がなく、それどころか「負債も罪状もない贈与」である[30]。負い目があるから相手に返すわけではない。デリダにとって、法や道徳の彼方のこの贈与は、「他への関係という無限な非対称[31]」である。自己から他への一方的贈与だけが真の贈与である。

それは、本章の文脈に引き寄せるなら、可滅的で継ぎ目の外れた世界のなかにあって、自らが現前しつづけることへの固執を抑制し、しばしのあいだという適切さに変わり、現前しないで現前する異他のものに扉を開き贈与する、つまり、ものがものとなり、存在者が当の存在者として存在するようにするという不可能な可能性である。

> 自らの現前性に固執し、他が他、自が自であるようにせず、資源にし、世界を征服　→継ぎ目の外れた世界
>
> ↓
>
> しばしのあいだという適切さに転じ、存在者が当の存在者として存在するように贈与　→世界が世界になる

私たちは、自分が現前しつづけるために、異他のものをつねにすでに同化し現前化している。人間やものをただの資源にし、自他の人間が死すべきものであることを忘れている。あるいは、それに気づいても、その代償を人間たちの終わりなき世界にもとめる。だが、永続する現前性という伝統的存在観念に反して、世界は死すべき人々の可滅的な世界である。

異他のものはまず人間である他者である。いま目の前にいる他者、遠くにいる他者、すでに死んだ他者、未来の

世代の他者。この人々は現前せずに現前している。次に生きものたちやものも。ひいては天と地もしばしのあいだ現前し、非現前に戻る。

私たちは、自分が永続することに固執し継ぎ目の外れた存在の仕方をしており、それら異他のものの存在を忘れ、世界の継ぎ目が外れていることを忘れる。しかしそれでも、自分が存在者がありのままのものとして存在するようにしていないことを、存在の忘却を思い出すことはできる。異他のものは現前せずに現前している。私の家の扉をたたいた未知の客も、忘れられた女も、病床にあるどこかの少年も、今朝私が食した動植物も、草原も断崖も空も海も星も。もちろん、誰にでも何にでも扉を開けることはできない。家をすっかり開けば素性の知れない人間や動物であふれかえり、私たちは存在できなくなるだろう。他の同化は不可避である。けれども、しばしのあいだという適切さに転じる不可能な可能性は与えられている。

＊

死すべき人間たちの可滅的な世界はこのように織りなされている。ハイデガー哲学の可能性の一つは、しばしのあいだという適切さに従うことによって、現前せずに現前する異他のものがありのままのものとして存在し、継ぎ目の外れた世界が世界となるよう気遣うことにある。彼自身はこれを、「自らに固有のものを自分のものにすることは、異他のものと対決し、客として歓待して対話することとしてのみある」(GA53, 177)と言い表していた。次の章では、ハイデガー哲学のこの可能性について、ヘルダー言語論解釈という場面で考えたい。

注

1) 現在（Gegenwart）と現前（Anwesen, Anwesenheit）はいま目の前にあるという意味でほぼ同義だが、現前は広い意味では非現在・非現前（Abwesen, 不在）を含む。現在しない事象も広義では現前し存在している。土砂に埋もれた家屋も私の死も、狭い意味では現前・現在せず隠れているが、広い意味では現前している。「存在するとは〔広義で〕現前することである」（GA51, 112）。

2) *Die Philosophischen Schriften von G. W. Leibniz*, hrg. von C. I. Gerhardt, Bd. VII, Berlin: Weidmannsche Buchhandlung 1890, S. 303.（邦訳、ライプニッツ「事物の根本的起原」清水富雄訳、『世界の名著25 スピノザ／ライプニッツ』所収、中央公論社、一九六九年、四九六頁。）

3) 現存在の存在を根拠づけている脱自的時間性は、「存在理解を可能にする、現存在の時性《テンポラリテート》」（GA24, 429）でもある。実存も、客体存在（表象され認識されるものの存在）も、道具存在（現存在が科学以前にかかわっているものの存在）も、つまり存在一般が、現存在の時間性ないし時性にもとづいてのみ理解できる。しかし、『存在と時間』第一部第三篇も、その新たな仕上げを試みた一九二七年夏学期講義『現象学の根本問題』も、存在の時的《テンポラール》な解釈を完遂できなかった。

4) Parmenides, Fr. 8. 5.（邦訳『ソクラテス以前哲学者断片集 第Ⅱ分冊』所収、藤沢令夫、内山勝利訳、岩波書店、一九九七年、八六頁。）

5) Aristoteles, *Eth. Nic.*, X, 7, 1177 b 33.（邦訳、アリストテレス『ニコマコス倫理学（下）』高田三郎訳、岩波文庫、一九九四年、一七六頁。）

6) Th. W. Adorno, *Jargon der Eigentlichkeit: zur deutschen Ideologie*, Frankfurt a. M.: Suhrkamp 1964, S. 128.（邦訳、アドルノ『本来性という隠語』笠原賢介訳、未來社、一九九二年、一八五頁。）

7) だが、フッサールの超越論的主観性でさえ、その究極の根源とも言うべき生き生きした現在は、「とどまる今」と「流れる今」の統一として、絶対的な自己同一性であることができなかった（K. Held, *Lebendige Gegenwart: die Frage nach der Seinsweise des transzendentalen Ich bei Edmund Husserl, entwickelt am Leitfaden der Zeitproblematik*, Den Haag: M. Nijhoff 1966, S. 135, 邦訳、ヘルト『生き生きした現在』新田、小川、谷、斎藤訳、北斗出版、一九八八年、一九〇頁）。

8) Fr. Nietzsche, *Sämtliche Werke*, Kritische Studienausgabe, Bd. 3, München: dtv 1980, S. 594.

9) E. Levinas, *Totalité et infini: essai sur l'extériorité*, The Haag: M. Nijhoff 1984, p. 16.（邦訳、レヴィナス『全体性と無限（上）』熊野純彦訳、岩波文庫、二〇〇五年、六八頁。）

10) *Ibid.*, p. 13.（邦訳、六二頁。）
11) *Ibid.*, p. 14.（邦訳、六二頁。）
12) Spinoza, *Ethica*, Pars III. Prop. VI.（邦訳、スピノザ『エチカ（上）』畠中尚志訳、岩波文庫、二〇〇五年、一七七頁。）
13) E. Levinas, *Entre nous: essais sur le penser-à-l'autre*, Paris: B. Grasset 1991, p. 187.（邦訳、レヴィナス『われわれのあいだで――《他者に向けて思考すること》をめぐる試論』合田正人、谷口博史訳、法政大学出版局、一九九三年、二三五頁。）
14) Adorno, *op. cit.*, S. 113.（邦訳、一六一頁。）「スピノザ以来哲学は自己と自己保存との同一性を意識してきた」（*ibid.*, S. 112, 邦訳、一六〇頁）と言うアドルノは、哲学の歴史を、他の他性を抹消し自との同一性に還元する全体化の歴史と見なすレヴィナスに近い。「パルメニデスからスピノザとヘーゲルまで肯定されている単一性」（Levinas, *Totalité et infini*, p. 75, 邦訳（上）、一九八頁）。また、アーレントによれば、プラトンからハイデガーまで、複数性は人間の主権を妨げるから斥けられてきた（H. Arendt, *Denktagebuch: 1950 bis 1973*, Bd. 1, München: Piper 2002, S. 80f., 邦訳、アーレント『思索日記Ⅰ』青木隆嘉訳、法政大学出版局、二〇〇六年、一〇九頁）。
15) Levinas, *Entre nous*, p. 193.（邦訳、二四二頁。）
16) 存在するものを、認識の対象（Gegenstand, 主体に対して立っているもの）というより、資源（Bestand, テクノロジーによる注文（bestellen）に応じて立っているもの、徴用物資）としてあらわにするように人間を仕向けるのが、テクノロジーの本質、すなわち総かり立て体制（Ge-stell）である。
17) Levinas, *Totalité et infini*, p. 17.（邦訳（上）、六九頁。）
18) *Ibid.*, p. 8.（邦訳（上）、四九–五〇頁。）
19) *Ibid.*, p. 275.（邦訳『全体性と無限（下）』熊野純彦訳、岩波文庫、二〇〇六年、二五四頁。）本書第5章注23)を参照。
20) レーヴィットが「神道を奉じるひと」と呼ぶこの人物を、『ハイデガー＝レーヴィット往復書簡 1919-1973』の編者A・デンカーは久松真一だと推定している（HL, 297）。
21) Arendt, *op. cit.*, S. 279.（邦訳、三六一頁。）
22) Adorno, *op. cit.*, S. 49f., 56.（邦訳、六九–七〇、八〇頁。）
23) F・ダステュールは、故郷にいるというありさまは所与の状態ではなく獲得すべきものだと考える点で私と同じである。四方界は異教的だと批判するレヴィナスを、彼女は一神論の自民族中心主義者《ナショナリスト》に近づけさえする。ただ、人間は存在者の主人ではなく「存在の牧人」だ（GA9, 342）と言うハイデガーは人間の「遊牧民的」性質に賛成している、という擁護は、ひいきの引き倒しであろう（F. Dastur, "Levinas and Heidegger: Ethics or Ontology?," in: J. E. Drabinski, E. S. Nelson (eds), *Between Levinas and Heidegger*, State University of New York Press 2014, pp. 150-152）。

24) 実際、彼はずっとそう批判されてきた。たとえば、彼に最初に教授資格論文を提出したレーヴィットは、当の論文で、『存在と時間』における共同世界としての世界が実存的には非本質的だと指摘した（K. Löwith, *Sämtliche Schriften*, Bd. 1, Stuttgart: J. B. Metzler 1981, S. 96, 邦訳、レーヴィット『共同存在の現象学』熊野純彦訳、岩波文庫、二〇〇八年、一九五頁）。ハイデガーの「共闘者」だったヤスパースは、ハイデガーには「コミュニケーションがない――世界がない――神がいない」と書きつけた（K. Jaspers, *Notizen zu Martin Heidegger*, München: Piper 2013, S. 33, 邦訳、ヤスパース『ハイデガーとの対決』児島、立松、寺邑、渡辺訳、紀伊國屋書店、一九九九年、五一頁）。どちらも、実存論的分析論は共同世界について論じるが、実質的・実存的には独我論だ、という批判である。

25) H. Arendt, *Men in Dark Times*, New York: Hartcourt Brace 1995, p. ix.（邦訳、アーレント『暗い時代の人々』阿部齊訳、ちくま学芸文庫、二〇一四年、一〇頁。）

26) 石牟礼道子『椿の海の記』日本図書センター、一九九九年、七、二九頁を参照（強調は引用者）。拙著『ハイデガーとともに、ハイデガーに抗して――無意味な世界における意味の誕生』晃洋書房、二〇一七年、一八六頁を参照。

27) Adorno, *op. cit.*, S. 131.（邦訳、一八九頁。）

28) Plato, *Symposion*, 207 d 1-2.（邦訳『饗宴』、『プラトン全集5』所収、鈴木照雄訳、岩波書店、一九七四年、九〇頁。）なお、ハイデガーは、aei《アエイ》を「永遠に」としてではなく「つねに」（不断に、永続して）として理解する。

29) H. Arendt, *Between Past and Future*, New York: Penguin Books 2006, p. 90.（邦訳、アーレント『過去と未来の間』引田隆也、齋藤純一訳、みすず書房、一九九四年、一二五九頁。）これは、ハムレットの "The time is out of joint" の変奏である。

30) J. Derrida, *Spectres de Marx*, Paris: Galilée 1993, p. 53.（邦訳、デリダ『マルクスの亡霊たち』増田一夫訳、藤原書店、二〇〇七年、六八―六九頁。）デリダは、ハイデガーのアナクシマンドロス解釈に言及するさい、アーレントと同じく、しかしおそらくアーレントの「世界の継ぎ目が外れている」のことは知らずに、ハムレットの "The time is out of joint" と重ねた。

31) *Ibid.*, p. 48.（邦訳、六二頁。）ただし、デリダにとってはこの非対称はハイデガーの思考を超える。またレヴィナスは、存在に固執するハイデガーが、Un-Fuge に言及する箇所では、倫理の優位性に突き当たっていたと述べた（Levinas, *Entre nous*, p. 187, 邦訳、二三五頁）。これらは、ハイデガーによる永続する現前性の解体にてらせば誤解である（本書、まえがき、ii-iii頁を参照）。他との極度の非対称は、ハイデガー、レヴィナス、デリダに共通であり、どういう他なのかをめぐって道は分岐する。他は、ハイデガーにとっては存在者が存在すること、レヴィナスでは自分以外の人間、デリダでは他なるものすべてであった。さらに、レヴィナスやデリダのように自他の相互関係を、関係ではない関係に向けて完全に否定することについては、本書一二八頁でささやかな疑問を呈する。

第II部

世界を気遣う

――名のない神にこだまを返す――

第4章 応答する言語
――ヘルダー言語起源論解釈を手がかりに――

家畜がその機械全体で苦しんで洩らす「うう」といううめきでさえ、心に入り込まないひとが誰かいるだろうか。

J・G・ヘルダー

自然全体が言語をもたないが、それでいて、自然の働きほど、全体としても微細な点でも、私たちに深く入り込んで「話す」ことのできるものはない。

M・ハイデガー

言語を語るとはどういうことだろうか。人間特有のふるまいで、人間同士が音声や文字や手の動きなどで意思疎通をとることだろうか。雲雀がさえずり狼が遠吠えするのとどう違うだろうか。

人間はロゴス（言語・理性）をもつ動物・生きもの（zōon logon echon《ゾーオン・ロゴン・エコン》）である。他の動物に対する人間の種差を言語ないし理性に求める古代以来のこの定義は、西洋哲学の歴史に大きな影響を及ぼしてきた。一八世紀後半ドイツのヘルダー言語起源論によれば、思慮深さ（Besonnenheit, 熟慮）という意味での理性が言語を発明し、これが動物とは異なる人間の本質をなす。

この歴史のなかにあって、ヘルダー言語起源論を批判しつつ受容し、言葉が人間をもつという方向への転換を模索したのがハイデガーである。この受容はどういう内実で、どういう含みをもちうるのか。ハイデガーにとって、静寂のなかで話す存在の言葉に応答するのが人間の言語である。言葉が人間をもち、人間だけが話す。その存在の言葉は、存在者（存在するもの）が語る存在の言葉、存在者のありさまを隠しつつあらわにする言葉となる。だがハイデガーに反して、言葉を語る存在者は人間だけではない。木々はざわめき、蟬は啼く。そのなかで際立っているのがある種の人間、ハイデガーの用語では現-存在である。

１ヘルダーによると、ロゴスをもつ動物である人間は、動物として感覚の言語をもつと同時に、人間固有の理性の言語をもつ。２ハイデガーは言語と人間の本質を探究し、聴覚中心のヘルダーの言語を、（耳を）澄ますこととしての言語にいたる途上に位置づけた。３彼のヘルダー解釈は、存在の沈黙の言葉とそれへの応答に言語と人間の本質を見てとる。言葉が人間をもつ。４存在の言葉は（存在者の話す）存在の言葉であり、人間は遅れながら言葉を返し、他者と対話する。５現-存在ではない存在者も存在の言葉を語っている。

１　感覚の言語と理性の言語

まず、ヘルダー『言語起源論』（一七七二年）[1]の骨格を粗く描きたい。人間は、動物の感覚の言語をもつと同時に、これとまったく異なる理性ないし思慮深さの言語をもつ。

1-1　言語の起源と根源

ヘルダーが論じる言語のUrsprung（起源・根源）には、ハイデガーによると二義性がある。成立（どのような過程を経て発生したか、起源）と、本質根源（本質は何であり、どこに根拠があるか）とのそれである（GA85, 153）。言語起源論という語がいきわたっているように、成立過程が問われることが多い。近年、霊長類の音声や小鳥のさえずりからヒトの言語の起源と本質を探る研究は日進月歩である。生物学や認知科学から見れば思弁でしかないだろうヘルダー言語論も、起源と根源の二義性をもちながら前者に強く傾いた。

ヘルダーにとって、人間の言語の起源・根源には三つの可能性がある。①神の賜物か、②人間の動物的本性からか、③人間の理性的本質からか。先達ジュースミルヒの言語起源論『最初の言語は起源・根源を人間ではなく創造主からのみ得たことを証明する試み』（一七六六年）では、神が人間に完成した言語を授けた。言語は神だけに起源がある。

1-2　感覚の言語と理性の言語

ヘルダーが選ぶのは右のうち第三の可能性である。言語は人間の発明である。人類が一つの集団ではないように、言語も一つではありえず、地域と時代でさまざまな民族語が形成されてきた。それらの言語は動物の言語の延長線上にはなく、言語の根源は人間の理性という本質にある。

ヘルダー言語起源論は二重構造をなす。第一に、「人間は動物としてすでに言語をもつ」（US, 5）。叩かれた犬は痛みと驚きで鳴き声を上げる。彼の擬音語ではクンクン泣き（wimmern）、うめく（ächzen）。人間もこの自然の言語を動物という機械と共有する。「直接の自然法則である感覚の言語」（US, 7）は人間にもあり、人類の歴史の起源にある。それは苦や快をあらわす音である。しかも動物たちはその音によって共感し合う。人間の感覚の言語も他者――たとえかたわらにいなくとも――に宛てた感覚の表明である。

だが、ヘルダーが言うには、コンディヤックやルソーが人間の言語の起源を感覚の叫びに見たのは誤りであった。第二の、人間固有の人為の言語があり、これは感覚の言語から独立しているからである。理性ないし思慮深さの言語がそれである。その意味で人間は「唯一の言語被造物」である（US, 24）。

人間の言語		
	感覚の言語（動物の言語）	動物という機械
	理性・思慮深さの言語（人間固有の言語）	自由な人間

言語起源論の、それゆえまた言語のこの二重構造は、次のように「一般的な動物のエコノミー（家政・経済）」（US, 31）にもとづく。

ヘルダーは、人間を含む動物一般について、生活圏の広さと、感覚器官の鋭さや本能の確かさとのあいだに反比例の関係を推測した（US, 27）。生活圏の狭い動物ほど感覚が特定のものに集中し鋭敏であり、反対に人間は生活圏は広く世界全体に及び自由に動くが、その分、感覚や本能、衝動は分散され弱い。人間の非力さは乳児を思い浮かべれば明白である。「新生児は、感覚する機械の叫びを除くと口がきけない」（US, 29）。そればかりか何もできない。裸で自然にさらされた人間は無力である。

この困窮を補償するのが、「思考という唯一の積極的な力」すなわち「理性」（US, 32f.）である。人間は本能に従う動物、感覚する機械ではなく、思慮深い生きものである。思慮深さとしての理性は、自らが認識し意欲し働いていることを知る力である（US, 35）。[2] これは人間に固有の働きであり、人間は思慮深さを自由に働かせて言語を発明した。したがって、言語も、思慮深さとしての理性と同じく人間の本質をなす（US, 39）。

ヘルダーは、人間の言語の起源を動物の感覚の言語に探り当てる一方で、動物と人間の相違を段階の違いではなく「本質の相違、〔…〕別の存在の仕方」（GA85, 15）に見出した。ロゴスをもつ動物という人間の伝統的定義をこうした仕方で変奏した。

1-3　言語の発明——内的言語と外的言語

本来の言語である理性の言語はどのようにして発明されたのか。

無数の形象が人間の感覚器官を通り過ぎる。思慮深さはその一つに注意を向け、それがほかならぬこの対象だというしるし（Merkmal）をはじめて識別し認める。白く、柔らかく、もじゃもじゃしたもの、羊がメエと鳴く（Blöken）。メエと鳴くこの響きが内的なしるしとなる。羊がまた来てメエと鳴くと、人間はそれを再び認め「内面でメエと鳴く」。思慮深さによって、この響きが最初の名前、記号、言葉（内的な、しるしの言葉（Merkwort））となる。このとき、言語が人間にとって必然的に発明された（US, 41f.）。

次に、「メエと鳴く」という内的言語の言葉は、伝達するために音声という外的言語の言葉となる。言語を発明したのは口腔器官ではなく、思慮深さ、理性である。「生涯口のきけないひとも人間であった」（US, 43）。こういうひとも「健常」者も言語を話す人間である。言語の発明と理性の使用はともに根源的である。言語は人間の魂の感覚器官となり、同時に他者と結びつく手段にもなる（US, 54）。

内的なしるしの言葉――内面で響くBlöken（メエと鳴く）――理性の働き&言語の発明
外的な伝達の言葉――Blöken（メエと鳴く）という外的音声

1-4　聴覚が言語の器官である

こうして、言語（たとえば「メエと鳴く」という内的な言葉）は、理性が響き（メエ）をもの（羊）のしるしとして刻印することによって生まれた。それでは、音を出さない対象を魂が命名するさいのしるしはどこにあるのか。

ヘルダーが言うには、人間は「思考する統合感覚器官（sensorium commune）[3]」である。「どの感覚器官の根底にも触感（Gefühl）があり、多種多様な感覚を結びつける」（US, 69）。人類の幼年期には視覚でさえ最初は触感であった。刺激が目に突き当たるからである。

しかも触感は聴覚にごく近く、触感の特徴づけ、たとえば「固い（hart）」は、これに触れて感じているかのようなゴツゴツという音を出している。この音に近い触感が一つのしるしとなって「固い」という内的言語となり、これが音声となって外的言語の言葉が生まれる（US, 71f.）。人間によって見られ触れられる自然は音を響かせている。稲妻は音を出さないのに「ピカッ」と光る。それゆえ、聴覚が他の感覚器官を媒介する中間器官である。「多様なものを、しるしという一つのものによって〔聴覚をとおしてそれとして〕認める。この承認が言語となるから、聴覚こそ言語の器官である」（US, 75）。

したがって、ヘルダーにとって、人間の自然本性は「言語にいたる織物」にあり、人間は「思慮深さと言語の生き物」である。「統一と連関、比《プロポーション》と秩序」からなる「壮麗な建築」である（US, 77f.）。人間というロゴスをもつ動物はこのように称揚された。

2　言語の根源――（耳を）澄ます

ハイデガーが問うのは言語の本質根源という意味での Ursprung である。言語の本質を問うことは人間の本質を問うことである。ヘルダーで言語の中心に位する聴覚は、感覚器官としてではなく、（耳を）澄ますこととして解釈される。

2-1　ヘルダー言語起源論の根底へ

ハイデガーは、一九三九年夏学期にヘルダーの言語起源（根源）論をめぐる上級ゼミナールを行った。演習を準備するための手記と演習の記録が全集第八五巻に収められている。ヘルダー言語起源論と対決する彼の関心は言語と人間の本質の探究にある。哲学の営みから独立して存在する言語という客体を研究する気はない。

種々の言語起源・根源論において、①言語が神の授けたものであるにせよ、②動物の言語の進化（ヘルダー以後の用語だが）の結果であるにせよ、「どちら〔の見方〕も形而上学的であり――〔人間と動物、神は〕客体存在者とこの客体存在者をもたらす原因」（GA85, 28）である。客体存在者（Vorhandenes, 事物存在者、手前存在者）は、手の前に、手とかかわりなくあるもの、人間との交互作用とは無関係にそれ自身として存在するもののことで、認識の対象として想定されるのはこの存在者である。「「客観」という存在様式としての客体存在と存在とを同一視する〔…〕存在概念の支配を崩すこと」が『存在と時間』全体の努力であった（GA80.2, 665）。②のように、神の天地創造をビッグバン以来の宇宙と地球の歴史に線状化する場合にも、動物も人間も、ひいては神も、原因と結果の自然的連鎖の一つの環であり、客体存在者である。③言語が人間の所産である場合にも人間は原因という客体存在者である。

それゆえ、ヘルダーが言語の起源・根源を三者択一で問うとき、この問いは、「因果関係で思考する、説明の問いから規定されている」（GA85, 81）。言語起源論の第二部で彼が言語生成の歴史学的考察を企てたのも同じである。

ヘルダーは、人間を客体存在者として客観的に考察する説明の問いの伝統に制約されていた。だが、ハイデガーが言うには、「言語は、歴史の文化創造過程のなかで行われた発明ではけっしてなく、歴史の可能性の根拠である」（GA39, 75）。名指しこそ避けているが、これは事実上ヘルダー批判である。伝統に抗して、ヘルダーの言語論（言語の本質の定立）を「それがもとづいている根拠に、しかしそれとして見ることが、まして問い知ることができない根底に連れ戻す」（GA85, 27）必要がある。ヘルダー言語論の根拠をなすのは何だろうか。

2-2　（耳を）澄ます——聴覚ではなく

ヘルダー言語起源論の根拠へのこの還帰を跡づけるために、ヘルダーの聴覚論のハイデガーによる読み直しに注目したい。

ヘルダーでは、聴覚は諸感覚器官の中間にあって諸感覚を統合する器官であり、言語の器官である（1-4）。見られ触れられる自然も、声を出していないのに音を響かせている。視覚はもともと触感・触覚だったし、触感は「ゴツン」のような音を出している。「どの触感も、まるで手で触れて感じているような音を出す」（US, 71）。ウィトゲンシュタインの「ツルツルした氷」や「ザラザラした大地」も。理性・思慮深さは、その音に注意を向けしるしを見つけて内的な言葉で呼び、音声を発して外的な言葉を生み出した。

ところがハイデガーは、この議論が耳で聞くことを感性の中央に据えたとは考えない。ヘルダーの表面上の記述とはちがって、音を出すというしるしは他のしるしに優越するわけではないし、音を出さないしるしが聞くことから説明されてはいない（GA85, 205f.）。中心を占めるのは聴覚器官ではなく、「注意を向ける（Aufmerken）、耳を澄ます（Horchen）、聞き知る（Vernehmen）という意味で耳を澄ますこと[4]」（GA85, 203）である。

耳を澄ます（Horchen）においては、この訳語に反して、耳という感覚器官も音声も本質的ではない。ときおり私が（耳を）と丸括弧で挟むのはそのためである。聴覚「障害」があろうとなかろうと、（耳を）澄ますことも澄まさないこともできる。耳で聞く、知覚するという通常の意味より「もっと深い意味で聞き知ることである聞くこと」のなかでこそ、音と響きがそれとして立ち現れる（GA85, 109）。

メエと鳴く音波が鼓膜を刺激しその興奮が大脳皮質の聴覚中枢に伝えられたから、耳を澄ましてその声に反応するのではない。まず（耳を）澄ますから、メエと鳴くのが聞こえる。「言語を作るのは口腔の組織ではない」（US, 43）。聴覚を生まれつきもたないか、生後ほどなくして失ったひとも、発声器官に障害のあるひとも、思慮するかぎり言語を話す。それゆえヘルダーは、「感性一般の領域を去って、思慮深さ、理性の規定のなかで動く」（GA85, 203）。[5] ハイデガーにとってのヘルダーは、視覚と聴覚の優劣や根源性を比較しはしない。すべての感覚から、（耳を）澄まして聞く働きとしての理性に戻る。顔を凝視するのも聞くことである。

それにもかかわらず、ハイデガーによると、ヘルダーの問題設定は近代的で、「主観性−理性」（GA85, 109）という枠組みを出ていない。その批判の趣意は、彼の理性（Vernunft）がより深い意味で聞き知ること（Vernehmung）ではなく、存在者をあくまで対象・客観として表象する超越論的主観性ないし理性という認識能力であり、言語は人間という動物のエコノミーの補償装置にすぎない、という点にあろう。ハイデガーは、ヘルダーの聴覚中心の理性の言語を、（耳を）澄まし、聞くこととしての言語に立ち返る途上に位置づけた。

3　静寂の響きに言い応じる

聞くことに着眼するハイデガーのヘルダー解釈は、存在することの静寂の響きである言葉に（耳を）澄まし答えるところへ進む。それは、言葉が人間をもつのに応じて、人間が現-存在であること、現（存在することの明るむ場）を存在することである。存在への聴従と応答が言語と人間の本質である。

3-1　存在の無言の声に耳を澄ます――現-存在

ハイデガーは自問する。「耳を澄ますのは、しるしに注意を向けること――理性なのか。それとも、静寂を黙すること（Erschweigen）[6]――現-存在なのか」（GA85, 128）。選択肢の一つ目はヘルダー、二つ目はハイデガーである。ヘルダーの未開人や子どもの理性は、耳を澄まして「メエと鳴く（Blöken）」というしるしに注意を向け、また音を発しない別のしるし（白い、柔らかい等々）に注意を向けて、「おや！　お前はメエと鳴くやつだ〔やつである〕！（Du bist das Blökende!）」という言葉を発する。しかしハイデガーによると、この文で真に語られているのは、メエという音を音声で再現することではなく、メエと鳴くものが「存在する（Ist）」ことである。ヘルダーの内的言葉はある存在者のしるしであり、しるしを作るとはその存在者を現出させることである。特定の鳴く存在者を当の存在者として（on hē on《オン・ヘー・オン》, 存在者を存在者として）言表する。言語は、存在することの根本把握に根ざして、「存在者に対する人間の関係を確定する」（GA85, 215, 強調は引用者）。ヘルダーの理性・思慮深さは「存在者をそれとして把握すること」であり、ロゴスは「存在者をそれとして――つまり存在者性を――聞き知ること（Vernehmen）」（GA85, 21）である。「メエと鳴くもの」とはメエと鳴くという仕方で存在するもののことである。

ハイデガーにとって、「メエ」というその音に耳を傾けて、「おまえはメエと鳴くやつだ」と、あるいはむしろ「おまえは、メエと鳴くという仕方で存在する」と語るのは、人間、それも現-存在に限られる。人間だけが存在の明るむ場（Lichtung des Seyns, 存在に光が当たりうるところ、林間の空き地）、つまり現（Da）を存在できる。耳を澄ますのは静寂を黙することであり、現を存在することである。ほのかな声を聞きとるためには、喧噪から静寂に立ち戻り、自らも黙さなくてはならない。これはもう一度ヘルダーに近づけて書き換えられる。「聞き知るという深い意味での理性（Vernehmung）の最も深い本質は、現のなかに立つこと（Inständigkeit im Da）である。／耳を澄ます――静寂を存在すること（die Stille-sein, 静寂であること）として！」（GA85, 126）。現のなかに立つとは、存在の「静寂の響き」（GA12, 27）に（耳を）そばだてることである。

3－2　存在の言葉への応答

言葉はしたがって存在「の」言葉である。言語の本質の本来の根源は存在にあるがゆえに、存在「の」言葉である（GA74, 153, GA85, 89）。これを、存在という主体が言葉という客体を生産するイメージでとらえてはならない。それではまるで、ある技術者集団という主体がヒトクローンを客体として作製するように、存在様という偉大な存在者が何らかの機関か道具を駆使して言語という存在者を人間のなかに生み落とすかのようである。

言葉は存在そのものに属するとも、言葉は存在そのものの明るむ場だとも言われる（GA74, 72）。沈黙のなかで言語が語るときに、存在するという出来事が生じ、人間は、これに答えて語るとき現‐存在となり、存在することの明るむ場に立つことができる。あるいは、この出来事全体が、存在することであり、存在の言葉であり、人間が現を存在することである。「死すべき人間たちは言語に応じて話すことによってのみ話す。／言語が話す」（GA12, 30）。

言語の本質は、「存在すること〔…〕への聴従（Zugehörigkeit, 帰属）」（GA85, 55）にある。あるかなきかの存在の声に、人間が耳を澄まし、応じて話すことである。これはそのまま人間の本質でもある。

言語と人間の本質

言語が話す　⇅　人間が応じて話す
存在の言葉（Wort）　⇅　人間の言葉（Antwort, Verantwortung）

３－３　言葉が人間を「もつ」

言葉が人間、現-存在を「もつ」（GA74, 100）という奇妙な言い回しも、この出来事を指している。言葉というご主人様が人間という対象を召使のように所有するわけではない。人間が「言葉に運ばれる者」（GA85, 89）であるのは、言葉ないし存在という巨人の肩に担がれる小人だからではない。存在することの静寂が言葉となって人間に語りかけ、人間はこれに言葉で答えるからである。人間が言語という所有物を操作し意思疎通の手段に利用するという見かけ、人間は言語をもつ動物だという観念は、忘れられたこの非対称の関係のうえに成り立つ。

言葉は存在の言葉であり、言語が話すから人間が言語を話す。人間の言語は「言葉に答える言葉（Antwort）」である。「表現」[7]ではなく、「答える責任（Verantwortung）」であり、答えるようゆだねられている（Überantwortung. 応答の委託）（vgl. GA74, 71）。死すべき人間たちは、存在することの静寂の響きに答えて話す。

それにしても、存在の言葉に応じるとはどういう対話だろうか。ハイデガーの思考が「忘我的（ekstatisch）」ではないエクスタシス（Ekstasis, 存在の明るむ場に立ち出でる実存）である（GA74, 160）なら、したがって、存在が巫女か誰かにとりついてお筆先を書かせ異言をこぼれさせる神のような存在者ではないとすれば、人間たちはどのようにして言語に応じて話すのか。存在の言葉が人間をもち、人間の言葉がそれに応答するとはどういう事態なのか。

4　（存在者の話す）存在の言葉へのずれた応答

存在者とそれが存在することは厳格に区別される。しかし、存在することが存在者を存在者にする。存在の言葉は（存在者が発する）存在の言葉である。人間はこの言葉に遅れて応答し他者と対話する。

4-1　存在者と存在の差異

散る花びらと花びらの散ることとが違うように、存在者と存在することとは異なる。これはハイデガーの発見であった。掘割に浮かぶ桜の花びらは存在者であり、ある仕方でそこに存在している。ハイデガーは存在を存在者から見ないで、存在するという事柄それ自身として考え、Seyn という古語で呼ぶ。言葉は、「対象つまり存在者の言葉ではなく、存在すること（Seyn）の言葉」（GA85, 118）である。存在することと存在者がこれほどかけ離れているとすると、この二つは互いに無縁なのか。

4-2　存在への応答は（存在者の語る）存在の言葉へのこだまである

いや、存在するとは存在者が存在することである。Seyn とは「存在者と存在の区別」（GA98, 46）であり、両者は結びつきながら分かれている。存在は善玉で存在者は悪玉だなどという粗雑な二元論はハイデガーにはない。そんな二元論なら、存在と存在者が存在者という同じ水準で天使と悪魔かうさぎと亀のように争っていることになる。

彼の関心は（存在者が）存在することにある。「存在者が」に付した丸括弧は、アクセントが置かれないことを示す。存在するという出来事がはじめて存在者を当の存在者にする。存在することが、存在の言葉が、この「存在者に〔たとえば花びらという〕特定の意義を授け」（GA74, 121f.）、この存在者が存在者であるようにする。「言葉がはじめて現前すなわち存在することを授け、存在することのなかであるものが存在者として現出する」(GA12, 214)。存在する——おのずから立ち現れてしばしとどまりやがて消え去る——のでなければ、ソメイヨシノの花弁はあの花弁でありえない。それなのに存在者が存在することから見捨てられている(GA6.2, 320)、ということがハイデガーの根本経験であった。存在者たちのただなかに投げ出された人間は存在者が存在することをまもらなくてはならない。

沈黙の言葉に応じる言語は存在者が存在することをめぐっている。一九五二年にフライブルクで「戦時捕虜たちは語る」という展覧会が催された。ハイデガーはある日の講義で、「この無言の声を聞き、内なる耳から二度と失わないために」観に行くよう、学生たちに勧めた(GA8, 161)。存在の沈黙の響きへの応答は、ここではドイツ兵捕虜という存在者の声ならぬ声にこだますることである。[8] 存在の言葉は人間に存在者が立ち現れるのを可能にし、人間は、存在者が当の存在者であるようにせよという命令に聴き従う。存在の静寂の呼びかけへの言い応じは存在者の存在の言葉への返答となる。言葉が人間をもつとはこの呼応の出来事である。

存在の言葉が人間をもつ

(存在者が語る)存在の言葉　⇅　人間の言葉

戦時捕虜の無言の言葉　⇅　ハイデガーの言葉

4-3　異質な他者との対話——他者への遅れた愛

ところで、存在の呼びかけと人間の答えは、存在者が存在することをめぐる人間と人間の対話となりうる。これは、楽しく語り合い言論を競う水平的なコミュニケーションではない。対話は、非対称の「語りかけ（Zuspruch）の変容」（GA74, 111）である。存在の静寂の言語が人間に語りかけ、これに応じて人間が話すのと同じように、ひととひととの対話も「人間たち相互（*Zu*-einander）の最も静かなかかわり（ただのMit-einanderではなく）」（GA74, 111, イタリックはハイデガー）である。Mit-einander（互いに相手とともに、一緒に）とZu-einander（互いに相手に向かって）の相違は、気の置けない仲間との対称性と、異質な他者との非対称性のそれである。仲良く手をつなぐ――いさかいもその変様である――のがMit-einanderであり、不意の語りかけとそれへのずれた答え、言葉に答える言葉が互酬性のないZu-einanderである。[9]

したがって、『存在と時間』の「他者とともに存在する」[10]は、「他者の呼びかけに応じて存在する」に深められた。他者への応答は他者を愛することでもありうる。ハイデガーは、誰にも知らせずに綴った黒いノートのなかで、「愛の秘密」は「愛する相手が〔…〕本質の固有性に帰るようにする」ことにある（GA97, 61, 一九四二年）、と書き込んだ。存在の言葉に応じるついでに、お気に入りの人間とも関係する余地を自分に残しておくのではない。存在の言葉への応答はすなわち他者を愛することである。そうだとすると、存在の無言の語りかけの具現としての他者との対話は次のような欠損したかたちをもとりうる。

> 虫の息で彼等は横《よこた》わっているのであった。私達がその前を通って行くに随ってその奇怪な人々は細い優しい声で呼びかけた。「水を少し飲ませて下さい」とか、「助けて下さい」とか、殆どみんなが訴えごとを持っているのだった。（原民喜「夏の花」）

小声で訴えるのは被爆した人間たち、存在者である。その声の一つ一つに耳を傾けられない語り手も被爆した存在者である。「水を少し飲ませて下さい」という言葉は、苦しみ渇く自らの存在、ありさまをめぐる言葉であり、（存在者の語る）存在の言葉である。彼（女）らは、別なあり方も可能だったはずなのに、存在することから見捨てられ、ありのままに存在することができない。語り手は、瀕死のひとたちの存在の言葉に、まれに水を渡すというあり方で答えるにしても、結局は事後にこの文を書きしるすという仕方でしか応じられない。

存在の言葉とそれへの応答は、他者が、ときには不在の他者や死者が存在するようにする、他者との非対称の対話の言葉となる。「生キノビテコノ有様ヲ伝エヨ」という「天ノ命」（原の原爆被災時のノート。遅れを暗示する強調は引用者による）のもとに書かれた文章は、他者が話す存在の言葉への遅れた応答である。「スベテアッタコトカ　アリエタコトナノカ」（「夏の花」）という詩句も、（存在者の語る）存在の言葉に応じる言葉である。

非対称のずれた対話

存在の言葉	⇅	人間の言葉
（他者の話す）存在の言葉	⇅	自分の言葉
被爆した広島のコノ有様	⇅	生キノビテコノ有様ヲ伝エル

4-4　人間が言葉をもつ、言葉が人間をもつ——広島

ヘルダー言語論解釈を試みた一九三〇年代後半のハイデガーは、西洋の伝統的形而上学から、存在することとの歴史の思考への移行のさなかにあった。この移行を言語と人間のかかわりに即して図式化すれば、人間という動物が言語をもつことから、言語が人間という現-存在をもつことへの道行きである。広島を語る言葉の竹西寛子による

対比はこの移行とパラレルである。

被爆した広島を言う言葉がある。〔人間が言葉をもつ〕

被爆した広島が言わせる言葉がある。[11]〔言葉が人間をもつ〕

一つは、人間という主体が広島という対象を表象しておしゃべりすること、もう一つは、広島のコノ有様が呼びかけ人間がそれに言い応じることである。

5　声を発するものたち

存在の声を発する存在者をヘルダーやハイデガーが人間に限定するのは、（存在者が）存在することの忘却である。人間ではない存在者も定かならぬ存在の言葉を語っている。

5-1　犬吠え様の叫び声

感性から、思慮深さという意味での理性、ロゴスに向かうヘルダー言語起源論は、ハイデガーによって、存在することの明るむ場に立ち出でる現-存在として、つまり言語が話す言葉に応じて話すこととして読み解かれた。それは、ロゴスが人間をもつことである。言葉が人間をもつとは、人間を「その規定（Bestimmung, 使命）のなかへ規定すること」であり、「そのように規定するものは存在のひっそりした声（Stimme）である」（GA74, 122）。（存在者による）存在の無言の声に耳を傾け言葉を返すのは人間固有の使命である。

たしかに、豚には生や死、存在や非存在などという高等観念はないだろう。食用豚が殺される前にキーキー言うのは、「引っぱられたり、たたかれたりするからだ」（宮澤賢治「ビジテリアン大祭」）。ヘルダーでは感覚の叫びにすぎず、動物という機械の音である。厠《かわや》にいた男が頭上に原爆の一撃を加えられて「眼の前に暗闇がすべり墜ち」たときに「思わずうわあと喚」く（原「夏の花」）その声も、思慮深さの言語とも存在の言葉とも無関係な感覚の叫びだろう。ある種の有機水銀によって発語を奪われた人間は、「医学的記述法によると〝犬吠え様の叫び声〟を発する」（石牟礼道子『苦海浄土』）。それも、ヘルダーにおいてはただの感覚の言語、ハイデガーにとっては非言語にすぎまい。まして、死骸の「痙攣して天を掴もうとする指」や「盛りあがって喰《は》みだす内臓」（原民喜「鎮魂歌」）は、存在することを何も語っていないだろう。

もしも「動物や植物のように言語のないところでは、生命は豊かなのに存在はあらわにならない」（GA39, 62）のなら、そうだろう。まして、生命が貧しく消えているところでは存在は隠されてさえいないだろう。

5-2　存在の声を発するものたち

本当だろうか。それらの存在者は存在を静かに語ってはいないのか。

叩かれた犬は現-存在とはちがって存在者を存在者として受けとれない。しかし、何かに、叩くという人間の存在の仕方や、それを許容する世界のありように呼びかけられて、うめき声で響きを返してはいないか。言語の本質は、「世界を明るくし隠しつつヴェールをかぶせて引き渡す」ところにある（GA12, 188）。ハイデガーに反して、もの言えぬ病人もニャーニャー鳴くだけの黒猫もおぼろげながら世界を人間に引き渡す。「石が割れて叫び出す」（原「夏の花」）のも存在へのやまびこである。人間の現-存在だけが言葉によってもたれているという、選ばれてあることの恍惚と不安は、重度「障害」者殺傷事件加害者の自負に似て、（存在者の語る）存在の声に耳を塞いでいる。加害者は、「しゃべれない」施設入所者を次々と包丁で刺した（二〇一六年七月二六日、相模原市）。「しゃべれない」ひとも静寂のうちで語っているのに。いやむしろ、「この世界には静寂のなかでしか聞こえない言葉がある」（石原燃）のに。

動物の感覚の最も繊細な弦はかき鳴らされてこだまに呼びかける（US, 6）。ヘルダーのこの隠喩は、機械音や、「感覚をもつ機械の自然法則」（US, 19）を指すよりは、自然の存在者も、人間の現-存在を予感させる仕方で、存在の無言の響きを語っていることを意味しうる。そうだとすると、存在することと言語という点での動物と人間のあいだの溝はハイデガーの推定より狭くて浅い。自然の言語と人間の言語は、ともに（存在者が）存在することのかすかな声である。人間の言語を省察するために動物の感覚の言語から出発するヘルダーにあっても、自然全体が音を出している。感性的人間である「未開」人は、高い木のみごとな梢がざわめくのに感嘆して「生きた神性だ！」とひれ伏す（US, 61f.）。ハイデガーも、動物が言語のなかに存在しておらず、存在することが動物には閉ざされているという立場を堅持する一方でこう述べていた。「自然全体が言語をもたないが、〔…〕それでいて、自然の働きほど、全体としても微細な点でも、私たちに深く入り込んで「話す」ことのできるものはない」（GA39, 76）。動物どころか自然全体が分明ではない何かを私たちに語っている。

世界と人間のありさま　⇅　存在者が語る存在の言葉、こだま
　人間が犬を叩く　⇅　犬がうめく
　原爆が投下される　⇅　石が割れて叫び出す
被爆した広島のコノ有様　⇅　原民喜が言葉を返す

＊

どんなものも存在の沈黙の言語を話している。天に選ばれた詩人も、言語中枢を損傷した人間も、キーキー鳴く豚も、融解する氷河も答えて話している。それらの言葉は、因果関係で説明できる機械音であるだけではない。世界と私たちのありように対する、（存在者の発する）存在の呼びかけである。ヘルダーやハイデガーもそれらを何ほどか聞いていた。現-存在でもありうる人間は、自分に届く存在者の存在のひそかな声に耳を澄まし、ずれながらも応じて語ることができる。人間のこの応答は、マイスター・エックハルトとハイデガーの放ちの構造にてらして再考するなら、名のない神にこだまを返すことである（次章）。

注

1) 底本としたのは、J. G. Herder, *Abhandlung über den Ursprung der Sprache*, Köln: Anaconda 2015 である。引用箇所は、**US** という略号を用いてカンマのあとに頁数を付して記す。この書の訳語と訳文は次の邦訳に負うところが大きい。『言語起源論』宮谷尚実訳、講談社学術文庫、二〇一七年、『言語起源論』大阪大学ドイツ近代文学研究会訳、法政大学出版局、一九七二年、『言語起源論』木村直司訳、大修館書店、一九七二年。

2) 理性は感性と対立する何かではなく、「感性的で、認識し〔…〕意欲する自然本性〔…〕というあらゆる人間諸力の仕組み全体」（US, 32）である。したがって、ヘルダーを感性／超感性というプラトン主義の伝統に押し込めるのは賢明でない。後述する **Vernehmen**（本章2-2、とくに注4)）を参照。

3) ハイデガーの解釈では、第一に、**sensorium**（感覚器官）は感じること（Fühlung）、感性であり、これはたんなる受容性ではなく、「〔押し寄せる多様な諸感覚という〕外部のものへ離脱しつつ〔それらを〕集約するはたらき」である。第二に、この **sensorium** はそれ自身が **commune**（共通・共有の）器官である。すなわち集約し統一し、したがって中間・中心（Mitte）をもつ。**commune** には、押し寄せる感性的・感覚的な多様を集約し統一する紐帯をなすという意味に加えて、伝達することによって他の魂への扉となるコミュニケーションを生むという意味がある。第三に、**sensorium commune** の中間・中心をなすのは聞くこと、聴覚である。聴覚は触感という粗い感覚と視覚という細かい感覚との中間に位置して両者を結び合わせる。触感・触覚と視覚という二つの感覚器官の――ヘルダーではすべての感覚器官の――この中間の位置は、ヘルダーによって六つの観点から理由づけられた。⑴聴覚が感覚する外の領域の広さ、⑵聴覚の明晰さと判明さ、⑶聴覚の活発さ、⑷聴覚とそれが感じ取ったものの作用の時間持続、⑸聴覚の表現欲求、⑹聴覚の発展段階（GA85, 119-123; US, 72-77）。

4) 私の言語能力の乏しさだけでなく、事象そのものの困難さのゆえに、この訳文は適切さを欠く。**Aufmerken, Horchen, Vernehmen** という動詞は、もともと感覚器官と深い関係にある。**Aufmerken** はしるしとなるものに注目し、聞き耳を立てること、**Horchen** は耳をそばだてること、**Vernehmen** は音や声を聞き取ることである。ところがハイデガーはこれらすべてを感覚から切り離し、いわば比喩的に使っている。ただし彼にとってはこちらの用法が根源的で、感覚器官に限定する方が派生的である。また **Vernehmen** はへルダーが人間の自然本性とする Vernunft（理性、ギリシャ語では nous《ヌース》）の動詞形であることに留意したい。nous の動詞形 noein《ノエイン》も denken, to think の他に、vernehmen, to perceive by the eyes などと訳され、たとえばアーレントは to perceive, to hear という訳語を当てている（H. Arendt, *Men in Dark Times*, New York: Harcourt Brace 1995, p. 165）。

5) そのくせハイデガーは、「生まれつきの唖者は何かを語れないが、それゆえまた沈黙する（schweigen）こともできない」、「何も語らないこととしての沈黙は〔…〕本来の事柄を語ることさえできる」（GA39, 71f.）と平然と記した。一つ目の引用文は錯誤を犯している。聾唖者も本来の事柄を語り黙し、したがって沈黙のなかで本来の事柄を語ることができる。ここでハイデガーは口腔組織から出る音声を言語と取り違えている。ハイデガーにおける聞くことの優位、そしてそれが聴覚器官を、内耳も外耳も必要としないことについてはデリダも注目している（J. Derrida, *Politique de l'amitié*, Paris: Galilée 1994, p. 356, 邦訳、デリダ『友愛のポリティックス2』鵜飼哲、大西雅一郎、松葉祥一訳、みすず書房、二〇〇三年、一九九頁）。

6) 広義の沈黙を言い表す三つの語について、ある箇所では次のようにしるされた。Verschweigen（黙秘する）は語れる事柄を何らかの理由で語らないこと、Schweigen（話せない）は語りたいのに語れないという無能力、Erschweigen（黙する）は語られない事柄をそれが語られない理由・根拠をまもるために語らないこと、静寂への聴従ゆえに語らないことである（GA74, 152）。ハイデガー自身、いつもこれらの用法に従っているわけではないが（前注を見よ）、この箇所の Erschweigen はその意味で理解できる。

7) 内面を外界に押し出す表現（Ausdruck）などというものは内と外、主体と客体という図式にもとづく。主客関係は世界内存在ないし現を存在することの派生態である。

8) そうだとすると、ハイデガーは、（ドイツ人捕虜とは別の存在者の）存在の言葉を聞き損なっていなかったか。自国の戦時捕虜たちの声にならない存在の声への応答は、第二次世界大戦の犠牲となったそれ以外の人間たちの無言の言葉に耳を傾けることにつながらなくてはならない。次注を参照。本書第9章5、6では、ユダヤ人の話す存在の言葉をハイデガーが聞き逃したことについて論じる。

9) これはレヴィナスの隔たった時（dia-chronie, 隔時性）に近い。レヴィナスにとって、他者が命じた過去とそれを聴きとる私の現在とのあいだに、想起・再現前化による合致・共時化は成立しない。この隔たった時においては、「現在は想起できない過去の痕跡でしかない」（E. Levinas, *Autrement qu'être ou au-delà de l'essence*, Dordrecht: Kluwer Academic Publishers 1988, p. 113, 邦訳、レヴィナス『存在の彼方へ』合田正人訳、講談社学術文庫、一九九九年、二一四頁）。ただし、一九三四・三五冬学期講義の次の言葉は、

Zu-einander の私の解釈と齟齬するだろうか。「前線兵士たちの戦友としての結びつきの根底にあるのは、犠牲の死の近さが各自をまず同じ虚無性のなかに置き、それゆえこの虚無性が無条件な相互帰属（Zueinandergehören, 一体性）の源となったという事実である」（GA39, 72f.）。一人ひとりが死という無にかかわって存在することによって、互いに向き合い、耳を傾け合う共同性が成立した、という意味である。私自身は、⑴ Zueinandergehören をも、幸運な一体性（syn-chronie, 共時性）としてではなく、他と自との非対称のずれた関係として理解したい。⑵敵の前線兵士相互にも同じ Zueinandergehören を、⑶ひいては敵味方である前線兵士たちのあいだにもそれを認めたい。ハイデガーは、もしもこれを受け入れないとすれば、敵兵たちという存在者が存在することを忘れ、その無言の声を聞き逃している。

10）ハイデガーの（言語の）思考にことさら共同性の契機を補うのは滑稽である。G・コヴァクスは、ハイデガーのヘルダー言語起源論解釈を縷々解説したあとで付言する。ハイデガーの言語経験は対話ではないから、「他者とともに存在するという経験が存在の経験に参与する」と新たに考える「転回」が必要だ、と。コヴァクスによると、ハイデガーの言語経験は言語の根拠の深みと高みに到達する「垂直的」なものではあるが、「水平的」では、つまり真に対話的ではない。「現存在が相互に向かい合わない」。しかし、人間の相互帰属は存在への帰属から人間を切り離すわけではない。そこでコヴァクスは、「他者とともに存在するという経験が存在の経験に参与する」と大胆に考える「転回」を提案する。現-存在は存在の歴史の言語という深みの次元にとどまることはできず、ハイデガーが無視した「社会的政治的要求」にも焦点を合わせなくてはならない（G. Kovacs, “Heidegger in Dialogue with Herder: Crossing the Language of Metaphysics toward Be-ing-historical Language,” in: *Heidegger Studies*, vol. 17, 2001, pp. 62f.）。『存在と時間』の公表以来途切れなかった批判が、ヘルダー言語起源論解釈という場面で蒸し返されている。だが、『存在と時間』でも現存在は、もののかたわらで他者とともに存在する世界内存在であった。本文と前注で言及したように、その後、ひととひととの対話は Mit-einander から Zu-einander に深められる。存在への帰属・応答はそのまま人間という存在者の存在への帰属・応答である。

11）『自選 竹西寛子随想集1』岩波書店、二〇〇二年、八八頁。竹西によると、「被爆した広島を言う言葉は、さまざまな目的をもって、今後いっそうせわしく賑やかに交換されるであろう」が、「「夏の花」は、被爆した広島が言わせた言葉で成り立ち、意味づけられていない広島を残し、そのことによってまさに存在の表現に与り得ている」（同、九五頁、強調は引用者）。存在の表現に与るとは存在の言葉に言葉を返すことである。

第5章

名のない神にこだまを返す
――マイスター・エックハルトとハイデガー――

神はあらゆるもの、あらゆる場所に等しく存在する。
マイスター・エックハルト

こん山には水神さんの居らすと。水俣病で死んだすべての魂たちよ、出て来てくれんな。
杉本 栄子

放ち（Gelassenheit, Lassen, 放下《ほうげ》、平静）という言葉をともに用いる中世のマイスター・エックハルトと二〇世紀のハイデガーに目を注いで、人間やものという、名を呼びがたい神々しいものたちに理由なくこだまを返すあり方を手探りしたい。エックハルトの突破もハイデガーの放ちも世界へと反転し、世界は世界となりうる。

1 ハイデガーは、存在者を対象として表象し人的物的資源として用立てる近・現代の「計算する思考」に、存在することの明るむ場に身を放つ「省察する熟考」を対置した。2 ヴェルテはトマスを形而上学克服の限界に位置づけたが、ハイデガーにとって、トマスの神は第一の存在者という形而上学の神であり、エックハルトの名のない神ないし神性は存在者より高次の何かである。3 エックハルトに従えば、真の神は根底なき根底（深淵）であり、神も人間もなぜ（根拠・理由・目的）なしに存在し働く。ハイデガーにおいて、存在は根拠・根底なき根底であり、人間もなぜなしに存在するときに、この根底である明るむ場に立つ。4 なぜなしの生はこの世とその存在者を放つ。また、神性という根底へ自らを放ってあらゆるものを突破し（エックハルト）、エアアイグニス（存在の明るむ場、固有性を得る出来事）のなかへと自らを放つ（ハイデガー）。5 突破は流出に答えるこだまであり、エアアイグニスのなかへの放ちは存在の呼びかけに応じるエントアイグニス（固有性を失う出来事）である。しかも、呼びかけと応答のずれは避けられない。6 名のない神は人間やものとなり、そして、神々しいものたちは人間やものに反照する。世界を離脱する突破、そして、エントアイグニスは世界へと反転し、神々しさをおびた人間やものの呼びかけに理由なくこだまを返す。資源ではなくありのままのものであるようにする（sein-lassen）ようもとめる呼びかけに、ずれながら。そのとき世界は世界になりうる。

1　計算する思考と省察する熟考

ハイデガーによれば思考には二種がある。一つは計算する思考、一つは省察する熟考である（GA16, 519f.; GA13, 62）。

1-1　計算する思考

存在するもの、存在者は、近代では認識し表象する（vor-*stellen*, 前に立てる）主体に対して立つ対象（Gegen-*stand*）として現れ、現代では用立てる（*bestellen*）働きによって立つ資源（*Bestand*, 徴用物資）として顕現する。世界戦争やパンデミック対策や企業間の総力戦では、テクノロジーを用いて、兵器や食糧、物品、資金、人員、メディア、情報などあらゆる物資を調達し補給することが鍵を握る。これが近代と現代の計算し計画を策定・実行する思考である。テクノロジーの本質は総かり立て体制（Ge-*stell*）にある。そこでは存在者はありのままのものとしては存在しない。存在者は人的物的資源でしかなく、もの（エックハルトでは人間を含む）はものとならない。

1-2　省察する熟考――冷静に放つ

存在する一切のなかで統べる意味を沈思するのが省察する熟考である。存在することが、ひいては存在者がそれとして立ち現れうるところ、つまり会域（Gegnet）ないし存在の明るむ場（Lichtung, 光が射し込みうる森の空き地）に入り身を放つ（sich ein*lassen*）態度であり、放ち（*Gelassenheit*）とも呼ばれる。この態度は、テクノロジーを賛美も呪いもせず、世界文明から一歩退く冷静さ（Gelassenheit）というかたちをとる。放ちというこの語はエックハルトに由来する。計算する思考が抗いがたく支配する時代にあって、省察する熟考はどういうことでありうるだろうか。

2　第一の存在者か、語られえないものか

トマス・アクィナスとマイスター・エックハルトは、神を第一の存在者として認識するか、人間には語れないも

のとみるか、という点で道が分岐する。

2-1　第一の存在者としての神

B・ヴェルテは、トマス・アクィナスに形而上学克服のひそかな可能性を見出した。[1] しかし、ハイデガーはこれに同意せず、ヴェルテのトマスをもっぱらエックハルトに帰した。

ヴェルテによれば、トマスは存在（すること）（esse《エッセ》）と存在者（ens《エンス》）の差異についてさえ語るが、その存在は存在者から見られた存在、存在者がある存在者であるという事実、存在者という主語の述語、ハイデガーの言う存在者性（Seiendheit）でしかない。ときおりトマスが不用意に存在と存在者を混用するのはそのためである。そのトマスで、神が存在そのもの（ipsum esse）、純粋な存在として現れるケースがある。この純粋な存在も、神という存在者の存在、つまり存在者性として思考されているのか。この疑問には二つの答えが可能だとヴェルテは言う。

答え①、トマスは多くの箇所で、存在そのものを、神という最高の存在者の存在として考える。神は自らの存在を担う存在者であると同時に、自らがそれを存在する当の存在そのものでもある。ここでは存在者と存在が一致する。神は「第一の存在者（primum ens）」、「神的実体（substantia divina）」、「自存する存在そのもの（ipsum esse subsistens）[2]」である。これはまさしく存在者性である。

2-2　名のない神

答え②、トマスには、「神はどんな類（言明様式）にもない（Deus non est in aliquo genere）[3]」というテーゼもある。ヴェルテはgeneraをArtenと訳す。ある存在者のあり方について何かを述定する様式のことであり、アリストテレスの一〇のカテゴリー、存在者一般の様式である。このテーゼは、「神はどんな様式においても存在者ではない」」、「神は〔存在者とちがって〕「存在し」ない」という意味である。それは「存在者とその存在者性の領域を超え」、ハイデガーの意味での「形而上学の領分の限界にある」[4]。形而上学と非形而上学との境目に位置する。ここではもう神を表象し言明することができない。

二つの答えに齟齬があるのを、ヴェルテは百も承知である。神は実体で第一の存在者だと述べる①は神を存在者として把握しており、これは神は存在者ではないという②の大胆な理解とは合わない。実際、『神学大全』では「存在」は二重の仕方で神に結びつけられた。魂が述語を主語に結合する命題構成という①の仕方では神の存在について知ることができ、存在の現実態を意味する②の仕方では「私たちは神の存在について知りえない」[5]し、語れない。

ヴェルテがみるには、①では存在そのものについての言明が形而上学の領域に引き戻されるが、その背後には、「神は genera のなかにない」、「神について、私たちはそれが何であるかを知りえない」という②の思想が隠れている。トマスは、ハイデガーのいう存在の歴史のなかで両義的な位置にある。トマス形而上学（①）はスコラ学の哲学になった。形而上学克服の萌芽（②）のほうを展開して形而上学を踏み越えたのがエックハルトである。言語の近づけない事象について、思考は沈黙するしかない。その前ではあらゆる像も概念も、「ついには神という語と名さえ脱落する[6]」。

2-3　存在者よりも高次の何か

ハイデガーはこの解釈に敬意を払うが与しない。「神は実体的な（自存する）存在そのものである」というテーゼと「神はどんな類のなかにもない」というテーゼは両立しない。実体は一〇の類（カテゴリー）のうちの最初の類だからである。ヴェルテが genera（類）を Arten（様式）と訳すのは無理がある。トマスの「背後に隠れた思想」と彼が呼ぶものは、トマスの思想ではない。

トマスとちがって、エックハルトは、「神に存在は帰属せず、神は存在者ではなく存在者よりも高次の何かである」(Quaestio Parisiensis I, LW V, 47,14-15) と明言したではないか。このとき彼は、存在は類ではないという指摘より以上のことを語った。[7] ヴェルテのトマスはエックハルトである。いや、エックハルトはそのトマス以上である。ハイデガーにとって、エックハルトは存在忘却の形而上学の限界を超えている、ということだろう。

3　なぜの問いからなぜなしへ

二人の中世哲学者に対するハイデガーの相異なる姿勢は、なぜの問いからなぜなしにへの彼の移行と重なる。人間はなぜなしに生きなぜなしに存在する。

3-1　なぜの問い――根本の問いから過渡の問いへ

「形而上学とは何か」(一九二九年)や『形而上学入門』(三五年夏学期講義)などで、ハイデガーは、「なぜ、そもそも存在者が存在しむしろ無ではない(何もないのではない)のか」と問うた。存在者が存在するという事実に震撼し、その根拠に近づこうとするこの問いは、最も深遠で最も根源的である。人間は、ノーと言う者でもイエスと言う者でもなく、形而上学的本質からして「なぜを問う者」であった(GA26, 280)。

ところが後年、なぜの問いは根本の問いではなく過渡の問いに変わる。[8] 「存在の真理はどういうものか」という問いが真の根本の問いである。『形而上学入門』では、なぜの問いは、存在者が存在する根拠を質す問いであり、別の存在者という原因を探してはいなかった。創造主という存在者をもち出しても答えにはならない（GA40, 5, 8）。しかし『省察』（三八－三九年）では、なぜの問いは、存在者が存在するという事実への驚きではなく、説明するなぜの問い、あらゆる存在者の第一原因を尋ねる非根源的な問いとなる（GA66, 272f.）。

説明するなぜの問いは、存在者が存在する原因、根拠を探究し、ものが認識に対して十分な根拠を渡すよう要求し、この要求を満たす対象だけが存在する（vgl. GA10, 55, 42）。だが、存在の真理、存在の明るむ場という根底にかかわる思考こそが根源的である。神を第一の存在者とみなすかぎりでのトマスは、神を第一原因という実体として提示するという仕方でなぜの問いに答えた。第一原因という神には神々しさ（Göttlichkeit, 神らしさ、神性）がまるでない（GA100, 37; vgl. GA11, 77）のに。

なぜの問い

一九二〇年代末から：存在者が存在する根拠（第一原因ではない）を問う

←

一九三〇年代末から：存在者が存在する原因・根拠（第一原因へ）を問う

3－2　なぜなしに

トマスとは対照的に、エックハルトでは（彼もスコラ学者として「第一原因」とは言うが）、神の存在と本性は「根底・根拠なき根底（abgründicheit, abgrunt, 深淵）」（Pr. 29, DW II, 84,7, Pr. 12, DW I, 194,5）であり、神はなぜなしに、根拠や理由、目的なしに働く。義人もなぜなしに働きなぜなしに生きる（Pr. 41, DW II, 289,21-24）。

『根拠の命題』（一九五五・五六年）などのハイデガーでも、存在者が存在者である根拠は存在にあり、存在自身は根拠・根底なき根底（Ab-Grund）（GA10, 166）である。存在することに理由や根拠はない。

エックハルトの刻印を受けたジレージウスによると、「バラはなぜなしにある。バラは咲くから咲く」。ハイデガーの読みでは、なぜなしにとは根拠を探さないこと、「咲くから（weil）」とは存在することという根拠に答えながらこの根拠を指示することである。人間も、「自らの仕方で――バラのようになぜなしに存在するときにはじめて、自らの本質の隠された根拠・根底のなかで真に存在する」（GA10, 53-56）。人間の隠された根拠とは、存在することの明るむ場、会域である。

4　放つ突破、そして、エアアイグニスのなかへの放ち

第一の存在者である神という実体や原因をもってなぜの問いに答えず、なぜなしに生きるあり方は、放つ突破、そして、エアアイグニスのなかへの放ちであり、この世とその存在者を放り、神性という根底へ、そして、エアアイグニスへとわが身を放る。

4-1　自我とすべてを放棄し、神に自らをゆだねる放ち――神性の根底への突破

エックハルトは我意を捨て（lâzen）、神に自らをゆだねる（lâzen）。エックハルトの放ち（gelâzenheit, lâzen）[9]はこの二つの要素からなる。すべてを放棄し、神へと自らを放つ、という分かちがたい二重の動きである。

魂はまずすべてを放る。あらゆる被造物、自分自身ないし我意を、それどころか神をさえ投げ捨てる。「第一に自分自身を捨てなくてはならない。そうすればあらゆるものを捨てたことになる」（Die rede der unterscheidunge (RdU),

DW V, 194,3-4)。「何も意志せず何も知らず何ももたない貧しい人間」(Pr. 52, DW II, 488,5-6)になる。魂は、自分とその能力、自分を魅惑するすべてのものから、神とされる神からも離脱し、それらを放る。

同時に、この放ちは真の神へ転じ、神にすべてを、自らをゆだねる(Pr. 4, DW I, 61,1)。これを文字どおり徹底したのが突破である。魂はすべてを、自分自身やものを、三位一体の神をすら突き抜けて、真の神ないし神性という根底へと突破する。根底なき根底(3－2)とはこの根底である。ものやいわゆる神からあまりに隔絶したこの場所は、「無」、「永遠な神性の隠された闇」などとも表される。

神の根底はそのまま魂の根底である。ここでは魂は神と一になりすべてが一になる。この根底では、「神が神の固有性(eigen, 固有なもの)によって生きるように、私は私の固有性によって生きる」(Pr. 5b, DW I, 90,8-9)。放つ突破によって魂と神は一になり、それぞれ固有性に到達する。

> エックハルトの放ち：あらゆるものを放る＋神(性)へと自らを放り突破する
> ↓神と人間がそれぞれの固有性によって生きる

4－2　ものに対する冷静な放ち、エアアイグニスのなかへの放ち

省察する熟考(1－2)はまず、技術的世界のいろいろなものに対して過度に依存も敵視もせずに穏やかにかかわる、「ものに対する平静な放ち」(GA16, 527)である。同時に、明るむ場に身を投じる放ちである。このようにエックハルトに似た二要素からなる。

エアアイグニス(存在することの真理)が生起するには、思考が明るむ場にかかわり入り込む(sich einlassen auf)とい

うlassenが必須である。このあり方は「エアアイグニスのなかへの放ち」(GA100, 84)とも呼ばれる。放ちは、ものから離脱し、計算する思考を放置するだけでなく、同時に、離脱を可能にする場、明るむ場のなかへ身を放つ。あらゆるものの放ちによる根底への突破が神と人間に固有性をもたらすように、技術的対象の冷静な放ちとエアアイグニスのなかへの放ちは、存在することと人間が固有性(Eigenes)を獲得する出来事、エアーアイグニス(Er-eignis)につながる。[10]

ハイデガーの放ち：あらゆるものを平静に放る＋存在の明るむ場《エアアイグニス》へ自らを放る
↓存在と人間がそれぞれ固有性を得る

4-3　意志の形而上学とその外部

とはいえ、ハイデガー自身はこのアナロジーに納得しないだろう。エックハルトの放ちに多くを学ぶ一方で、「神の意志のための我意の放擲(Fahrenlassen)」という彼の意味では受け継がない(GA13, 42)からである。実際、ハイデガーの熟読した『教導講話』は、自分をまるごと捨てて神の意志に没入するという水準にあり、自分の意志と神の意志が完全に一になるようにという祈りで閉じられていた。すべての否定が依存であるように、意志の否定は意志の形而上学の圏内にある。生への意志とその放棄の形而上学者ショーペンハウアーがエックハルトを頂点とするドイツ神秘主義に、「真の平静な放ち」、「この世のあらゆるものに対する冷淡さ」、「自分の意志を捨てる死と神における再生」を見つけたの[11]は牽強付会ではない。

だが、これがエックハルトのすべてではない。心の貧しい人は何も意志しない。神とされる神をも突破するとき、人間は、自分の意志を捨てるだけでなく、神の意志をかなえようとさえ意志しない（Pr. 52, DW II, 491,9-492,2）[12]。咲くから咲くバラも、生きるから生きる人間も意志から解放されている。

４−４　根底なき根底へ

さかのぼると、なぜの問いを形而上学の根本の問いとして最初に差し出した講演で、早くもハイデガーは、「無のなかへと身を放つ、すなわち偽りの神々から解放される（Sichlos*lassen* in das Nichts, d.h. das Freiwerden von den Götzen）」（GA9, 122, 強調は引用者、vgl. GA77, 121）ことをもとめていた。これは、エアアイグニスのなかへの放ちを先取りする一方で、エックハルトの放つ突破を引き継ぐ。この世のあらゆる神もどきから、神性の無へ、神の根底にして魂の根底である根底なき根底へ。そして、存在者を追いかけ計算する思考から、存在のヴェールである死の無を省察する熟考へ、存在の明るむ場という根拠なき根底へ。

根底なき根底への動きを見極めるために、次に神と魂、存在と人間のかかわりをもう少し考えたい。

５　流出に応じる突破、そして、エアアイグニスに答えるエントアイグニス

突破という語はいかにも勇ましい。法や掟を犯すのも、科学や戦争で難局を切り抜けるのも、突破、ブレイクスルーである。この果敢な見かけに反して、エックハルトの突破は主体的意志や決断のたまものではない。非我を克服する努力を無限に続けるフィヒテの絶対的自我などとちがって、突破は流出への呼応であり、エアアイグニス（固有なものが得られる出来事、存在の真理）のなかに自らを放る思考は存在の呼びかけに答えるエントアイグニス（固有

なものが失われる出来事）Aである。[13] しかも、呼びかけと応答の全き一は不可能でずれが伴う。

5−1　流出 —— 応じる突破

キリスト教の枠組みのなかで、エックハルトは、神が人間に、言葉（wort）であるキリストという人間になったという。この出来事は「父が子を生む」という特異な表現を与えられた。それではなぜ神は人間となったか。「私が同じ神として生まれるためである」（Pr. 29, DW II, 84,2）。同じ神として生まれるとは、神と同じく子を生むことでもある。これが魂の根底における神の誕生である。魂の根底はそのまま神の根底である。魂のなかでの神の誕生は、神による私の出産であるとともに私による神の出産でもある。この二にして一の出来事を、エックハルトは「神が独り子を私のなかへ生んだのと同じ動きのなかで、私は独り子を神のなかへ生み返す」と言い表した。ちょうど、高山に向かって「ヤッホー」と叫ぶと、「ヤッホー」とこだまが返るように（Pr. 22, DW I, 383,1-8）。

突破はこの生み返しである。そうだとすると、神による私という子の出産は新プラトン主義の流出であり、私が突破して子を生む父となるのは神の流出への生み返し、新プラトン主義では帰還である。突破は父からの働きかけに対するやまびこである。

神が私のなかへ独り子を生む　⇅　私が神のなかへ独り子を生み返す
根底における神（＝私）の誕生　⇅　根底における神（＝神）の誕生
神が流出する　⇅　魂が突破する

5-2　エアアイグニス —— 答えるエントアイグニス

エアアイグニスのなかへの放ちも似た構図を描く。ハイデガーの放ちは、存在の明るむ場ないし会域にかかわり入り込む（sich ein*lassen* auf）ことである。このsich einlassenは自らをかかわらせるという他動詞であるだけではなく、かかわらされるという受け身の再帰動詞でもある。ある場所に入るのはそこに入れられることである。「無のなかへと身を放つ（sich loslassen）」（4－4）こともこの二重性において理解できる。

そのためハイデガーは、反省する熟考の本質が「放ちのなかに入れられている（eingelassen）」（GA77, 109）点にあると注した。文法用語を借りれば状態受動である。明るむ場ないし会域に自ら入り込む放ちが可能なのは、そういうありさまへと呼びこまれ放られているからである。言い換えると、「人間と存在は固有のものを互いに譲り合って（übereignet）いる」（GA11, 40）。この交互の働きが、とくに存在の人間への働きかけがエアアイグニス（固有なものを授け合う存在の出来事）である。übereignenという動詞は、あるものの固有なもの（Eigenes, 固有性）を他のものの固有なものに移す動きを意味する。したがって、エアアイグニスのなかへの放ちはエントアイグニス（Enteignis, 固有性・固有なものを与え失う存在の出来事）Aと呼ぶことができる。エアアイグニスにはエントアイグニスAとBが結びつく（A、Bという符号は二義性ゆえに私が勝手につけた。本書第2章4－2を参照）。エアアイグニスが生起するには、人間が会域に帰属し、固有なものを放棄しゆだねるエントアイグニスAが必要である。エアアイグニスが現-存在を根拠づけ、現-存在がエアアイグニスを根拠づける（＝エントアイグニスA）という転回の関係（GA65, 261）、交互の働きが成立しないことがエントアイグニスBである。エントアイグニスAが生起しないとエントアイグニスBが生じる。

エントアイグニスＡ：エアアイグニスが生起するように、固有なものを与える
エントアイグニスＢ：エアアイグニスが生起しない

反省する熟考の言は、「離脱する思考の本質」であり、存在ないしエアアイグニスに「答えて固有なものを与える《エントアイグネン》言い応じ（das antwortend enteignende Entsprechen）」（GA97, 329）である。答える（antworten）、固有なものを与える（enteignen）、言い応じる（entsprechen）は一つの行いを指す三つの語であり、ant- も ent- もまず、…に対して、というほどの意味である。答える（antworten）は、エックハルトの神が言葉（wort）を生むのに対して魂が言葉（wort）を生み返すように、言葉に対して言葉を返す、言い応じる（entsprechen）ことである。[14] enteignen はエアアイグニスに答えて自らの固有なものを渡すことである。

放ちは存在者が存在するようにする放ち（sein-lassen）であり、これは人間の態度であるとともに「存在の最も深い意味」（GA15, 363）である。神が私のなかに子を生み、私が神のなかへ子を生み返すように、存在が人間をなかに放ち（einlassen）、人間が応えて自らをなかに放る。流出に応じる突破は、エアアイグニスのなかへの放ち、エアアイグニスに答えるエントアイグニスＡである。[15]

流出する　⇅　突破する
(wort を) 生む　⇅　(wort を) 生み返す
「ヤッホー」と叫ぶ (Wort)　⇅　「ヤッホー」と返す (Gegenwort)
存在が人間を明るむ場に einlassen する　⇅　人間が明るむ場に自らを einlassen する
存在が人間に übereignen される　⇅　人間が存在に übereignen される
エアアイグニスが生起する　⇅　エントアイグニスが答える（エントアイグニスＡ）
存在が人間を放る　⇅　人間が存在者を放り、自らを存在のなかへ放る（４－２）

５－３　こだまする貧しさ――なぜなしに

神性と魂、存在と人間が固有性・固有なものを授け合うのは取引や交換ではない。二人が「私が自分のために何も望まなければ、神が私のために望んでくださる」(RdU, DW V, 187,6-7)、そして「真に貧しくあることは、それ自身豊かであることだ」(GA73.1, 880) と言うのは、等価交換ではないか。「本当の自分」を奪われる代償として、あの世かこの世での返却を神か存在に託すのか。だが二つの文は、自分のために何も望まず、貧しくなるために貧しくなることを強調する修辞である。根拠や理由、目的を問わないなぜなしのあり方は取引から離脱する。

バラはなぜなしに、おのずから花びらが開く。思考を運命づけられた人間はしかし、バラとまったく同じ仕方でなぜなしに存在することはできない。それでは人間がなぜなしに存在するとはどういうことか。

「子は父を父自身のために愛する」(Daz buoch der götlichen troestunge, DW V, 42,16)。そうだとすれば、なぜなしに愛するとは流出した源のために愛することである。流出したから突破する。声が響いてきたからやまびこを返す。

何かに呼びかけられたから応答する。それが人間なりの仕方でなぜなしに存在することである。

　呼びかけに答えるのは、豊かで幸福な本当の自己を実現するためではない。むしろ、呼びかけに応じて固有性を引き渡すなら、自らの固有性を失う。エックハルトは、固有のもの（eigenschaft（我執）、proprietas）を捨てるよう繰り返し命じ、この放ちを福音書にしたがって「心の貧しさ」と呼んだ。それはハイデガーではエントアイグニスAである。[16] エントアイグニスのエント（ent-）という前綴りは対応だけでなく、第二に分離や剥奪をも意味する。

　固有なものの喪失が固有なものの生起である。人間が呼びかけに理由なく応じる贈与によって、父または存在することが固有なものを獲得する。人間自身も、与えることによって貧しい自分という固有性を得る。ただし、交換を骨格とする関係――すべての関係は交換である――をレヴィナスやデリダのように完全に否定できるか、簡単には決められない。他を援助することは自らが援助されることであり、これは援助される他の荷を軽くする。その意味も含んで、ひとは「私たちは貧しくなった、豊かになるために」（GA73.1, 880）という機序のなかにいる。被援助者にそれと気づかれない援助者もソーシャルワーカーも親もそれと同じである。

5-4　ひび割れずれた一つの出来事

そうだとすると、神が子を生み私が子を生み返すという出来事も、存在と人間の相互帰属も、二つの極からなる一体性である（二極はこの出来事以前にそれぞれ即自的に存在するわけではない）。この一体性は永遠の一ではなく、ひび割れずれて出来する。

　エックハルトにとって、神の天地創造は「永遠性の第一の単一の今」のなかで行われており、行われたし、行われるであろう（Expositio libri Genesis, LW I, 190,1-4）。神と合一している人間には「苦しみも〔時間の〕経過もなく一つの同じ永遠がある」（Pr. 2, DW I, 34,6-7）。

しかし、神と魂、存在と思考のあいだに裂け目と遅れは避けられない。呼びかける「ヤッホー」と答える「ヤッホー」は一つの現在を構成しない。「結合を拒み一つの全体に仕立てられない〔…〕隔たった時（diachronie）」[17]、それが時間である。すべてが一になる神の現在は非現在に侵蝕される。それゆえハイデガーは、過去と未来を止揚して存在者全体の存在をとどまる今（nunc stans）において経験するキリスト教とその神秘主義から、またインドの瞑想から遠ざかり、存在者の現前性を既在・現在・将来という三様態において経験した（GA89, 664）。固有性も固有なものを得る生起、エアアイグニスであり、固有性が生起しないエントアイグニスBがつきまとう。本質も本質となるという動態（Wesung）であり、非本質がまとわりつく。存在と人間の至福の一や永遠の今はない。隠れなさと隠れ、真理と非真理は等しく根源的である。

エックハルトの一も一であり続けられない。亀裂の入った出来事を、単一の今と表現しただけである。もともと一九二四年、存在の問いを立てる若いハイデガーはエックハルトの新刊の三部作に魅了された。三部作への全般的序文の第一のテーゼ「存在は神である（Esse est deus）」は、実体概念を神に適用することを解消して、「存在の時間的動詞的意味」を指示したからである。[18]唯一の永遠の今はとどまる時間ではなく、「力動的で動く時間、新しい存在がたえず流れ込む時間」[19]である。とどまる今はひび割れている。

たしかに、エックハルトの「あの一者〔神〕のなかではすべての多様性は一である」（RdU, DW V, 202,9-10）。だが、天変地異も戦争も生み出され存在するこの世界の内をしばし存在している人間が無の根底へと突破して神性との一にとどまり永遠の今を寿ぐのは、生み出された他の存在者の存在の忘却である。「海の彼方の一度も会ったことないひとにも、自分のかたわらの親しい友へと同じくよいものを与えねばならない」（Pr. 5b, DW I, 87,11-88,2）。全き一は、遠くで飢え渇く他者の存在を忘れてはじめて生起する。流出なしに突破がありえないように、すべての多様性なしに一はありえない。多が一の多であるように、一はつねにすでに多である。

6　名のない神にこだまを返す

世界を放ることによって、突破、そして、エントアイグニスは、無名の神性または神々しいものたちに向かって自らを放ち、しかも世界へと反転する。エックハルトではすべてのものは神である。ハイデガーにとって、死すべき人々と神々しいものたちが天地のあいだで鏡に映し合うとき、ものがものとなり、人間ものも神々しさを照り返す。突破、そして、エントアイグニスは、ありのままのものであるようにする（sein-lassen）ようもとめる人間やものの呼びかけに、理由なく、ずれながらこだまする。

6-1　ものか神性か、世界か神か

ものから離脱し、存在者を支配する意志を放ることによって、一人は神性へと突破し、一人はエアアイグニスのなかへ自らを放る。

神が死んだのは、「私が全世界とすべての創造されたものに死ぬためである」（Pr. 29, DW II, 84,2-3）。世界とものに死ぬとはそれらを離脱し放つことである。そして、死へとかかわることによって、「世界は崩れ落ちて無になり、〔…〕いま私がすがり気遣うすべてのものが無意味になる」。現存在は各瞬間において、自らと世界のどちらを選ぶかを迫られる（GA80.1, 144）。のちには、神は私たちの前から逃亡しているのか、私たちはそれを真に経験するのか、ということが「唯一の問い」（GA66, 415）である。この経験は世界という空虚な無を捨て自らをとることであろう。

ものか神性か、世界か神か、あれかこれかなのか。

６－２　世界へと反転し、存在者が存在者であるようにする

しかし、放ちはこの世界を嫌って超え出るグノーシス主義ではない。

エックハルトのものは神が出産した。「すべてのものは神のなかで等しいし、しかも神自身である」（Pr. 12, DW I, 199,6）。ハイデガーにとって、存在することは、存在者が存在することの根拠であり、存在者が――対象や資源としてであれ――存在者であるようにしている。ものに対する冷静な放ちは技術的対象に対するイエスにしてノーである。技術的世界を逃れて竹林に隠棲はしない。

それゆえ、世界の放ちと神性への突破（エックハルト）は神から流出した世界へと反転し[20]、人間はなぜなしの行為を命じられる。ものの放ちと明るむ場への放ち（ハイデガー）も世界に向き直り、「世界が世界となるように（明るむ場の）なかに立って放る」（GA77, 151）。存在のエアアイグニスは存在者の到着であり、存在の最も深い意味は*Lassen*、つまり、存在者が存在するようにする（sein-lassen）ところにある。花咲く木が前に立っているのに、「私たちはこれまで一度もその木がそこに立つようにした（stehen-lassen）ことがない」（GA8, 46）。たとえそうだとしても、存在することの思考は、「存在者がありのままに存在するようにする（Das Sein-lassen des Seienden, wie und was es ist）」（GA66, 103）放ちの思考である。「ありのままに」はエックハルトにおける「神の子として」に相当する。さらに、「存在は神である（Esse est deus）」というエックハルトのテーゼ（５－４）は、das Sein »istet« Gott、つまり「存在は神が神であるようにする（das Sein läßt Gott Gott sein）」と解釈され、このistは「他動詞的で能動的」である。神が「神である」ことを可能にするのは存在することである（GA15, 325）。神だけでなく、すべての存在者がそうである。存在は存在者をそれが当の存在者として存在するよう放つ。そこでハイデガーはたとえば柄つき壺という存在者、ものを取り上げて四方界を語った。

エントアイグニスＡは「四方界という一つの事象へのエントアイグニス（Enteignis zur Einfalt des Gevierts）」（GA100,

279）である。ハイデガーはときに~~Sein~~や~~Seyn~~のように十字を付す。この十字は、四方界、つまり天空と大地、死すべき人々と神々しいものたちという四つのものの統体を示す。十字はまた、存在することは私たちが表象する対象ではないという抹消記号でもある。存在が隠された計算する思考においては、世界は四方界の戯れとしての世界とならず、ものはものとならない。宇宙も陸海もただの資源として存在し、神々しいものたちは早くから姿を消した。人的資源としての人間も、自他の死を見つめられないかぎり、死すべき人々というよりいつか死亡する生きものでしかない。「もの－四方界を固有性のなかへ生起させる（Ereignen des Ding-Gevierts in das Eigentum）」（GA73.2, 1447）という出来事をハイデガーが思考するのはそのためである。

天空からの陽光を浴びて農民の手で大地に育った葡萄の実は、ワインとなって壺というものに入れられ注ぎ出される。死すべき人間たちはこれを飲み、神々しいものたち（神や仏などという仮の名を与えられる）に供える。これら四つのものを「一つのものとして取り集めること、それが壺の本質が本質となることである」（GA7, 175）。

こうしてものがものとなり、四方界の戯れとして世界が世界となる。エアアイグニスが生起する。そのためには、四方界という一つの事象へのエントアイグニス、ないし、エアアイグニスのなかへの放ちが必須である。たとえ、計算する思考が歴史的運命として送られている時代に、こうした世界がおとぎ話に感じられようと。

6－3　名のない神、そして、神々しいものたち

流出した神ないし神性、そして、神々しいものたちとはどういうものか。大衆向けプラトン主義であるかぎりでのキリスト教や二世界説の神もどきでないとすれば、何のことだろう。エックハルトの神は名前をもたず、人間には知りえない（2－2）。ハイデガーの神々しいものたちは名を呼びがたい。「いまなお私たちは神々しいものをあえて語ろうとできるだろうか、言葉で名を呼びかけて」[21]。いま私もしているように、deus や Gott、神や仏という

名で呼び何かを語るのは、自分がこしらえた神に仕立てる偶像崇拝である。

神という仮の名を与えられているのは、個々の他なるものである。「他者とは神ないし誰でもよいひと、〔…〕任意の特異性である」[22]。どの人間もものも、泣きやまない赤ん坊も、裏をみせ表をみせて散る紅葉も、知られず語られえない他者にして神である。すべてのものは、不安のなかで滑り落ち離脱され放られるべき無であると同時に、名のない神である。

これは、あらゆるものがいまその存在するとおりの姿で神であるという単純な汎神論ではない。[23] ゆえなくして――各種科学は原因を説明するが――罵声を浴びせられる幼児はそのままで神であることはない。それは神の生んだ子でありながら、ありのままのその幼児、神の生んだ子ではない。親も、生み返す神として浴びせたのではない。ひとの命を奪った濁流は、人間中心主義者《ヒューマニスト》であらざるをえない人間にとって神々しくない。被造物はそれ自身では創造主ではなくただの無である。ハイデガーの神（々）は逃走している。

6-4　名のない神に言い応じる

人間ものものそのままでは神々しくない。それゆえ、世界へと反転した放ちは、子なる神を生み返し、名のない神である存在者がありのままに存在するようにする。

「人間とものに注ぐどんな光のなかでも超越からの光が照り返している」[24]。この超越は、天上かどこかに存在する永遠の存在者ではなく、神性とも呼ぶべき純粋な無である。「天空と大地、死すべき人々と神々しいものたちという四方界が鏡に映し合う戯れとして、世界が世界となる」（GA79, 74）。そうだとすれば、死すべき人間が神々しいものたちの光をかすかに反射し、自らも神々しさをほのかにおびる。山には水神さんがいて、死んだ魂たちが現れて水神さんを感じとるとき、その神々しさが魂たちに映じ、魂たちのありさまは水神さんにうつる。これを恥ずべき唯物論や偶像崇拝とは呼べない。

神性へと突破し、固有のものを存在（エアアイグニス）へと放棄し（エントアイグニスA）、次に世界へと転じて、ものを生み返し、ありのままのものにするのは容易なわざではない。総かり立て体制の時代には、過労死寸前の労働者と近くにいるひととのずれ、時の隔たりが広がる。それでもものたちという名のない神は死すべき人間に語りかけている。

エックハルト　神が流出する ⇅ 人間があらゆるものを放る＋神（性）へと自らを放り突破する

←

神はあらゆるものに等しく存在する ⇅ 人間が海の彼方の見知らぬ人にもよいものを与える

ハイデガー　存在が人間を einlassen ⇅ 人間が存在者を平静に放る＋存在の明るむ場へ《エアアイグニスへの》自らを放る《エントアイグニス》

←

存在が存在者を（神をも）sein-lassen ⇅ 人間が存在者を sein-lassen（存在するようにする）

←

四方界（~~Seyn~~）の戯れとして世界が世界になり、ものがものになる

第一原因という哲学者の神も、現世や来世で報いてくれる神も捨てられるべき偶像である。名のない神はあらゆるもの、あらゆる場所に同じように存在する。あらゆるものは、死者の魂も橋も、神々しいものたちを鏡のように映し出し神性をおびる。

＊

流出した神の子の生み返し、エアアイグニスへのエントアイグニスは、用立てられる人的物的資源でしかありえないものがありのままのものであるようにすることである。名のない神であるそれらのものたちは、命をはぐくみ死に至らせる天と地のあいだで、人間に沈黙の言語で呼びかけている。それにこだまする生み返しないしエントアイグニスは、次にみるアーレント（およびハイデガー）の言葉では世界への気遣いである。

注

1) B. Welte, *Gesammelte Schriften*, Bd. II/1, Freiburg: Herder 2007, S. 296-306. ヴェルテはハイデガーと同郷のカトリック神学者で教え子でもあった。一九七六年一月、死の間近いことを悟ったハイデガーは彼を自宅に招き、遺言を伝えた。息を引きとったのは五月二六日である。

2) Thomas Aquinas, *Summa contra Gentiles* I, 14; *Summa Theologiae* I, q. 14. a. 4; I, q. 4. a. 2.（邦訳、トマス『神学大全2』高田三郎訳、創文社、一九六三年、一五頁、『神学大全1』高田三郎訳、創文社、一九六〇年、八六頁。）

3) *Ibid.*, I, q. 3. a. 5.（邦訳『神学大全1』六五頁。）

4) Welte, *op. cit.*, S. 301.

5) Thomas, *Summa Theologiae* I, q. 3. a. 4.（邦訳『神学大全1』六一頁。）

6) Welte, *op. cit.*, S. 305.「神には名がない」（Pr. 17, DW I, 284,4）。Meister Eckhart, *Die deutschen und lateinischen Werke*, hg. im Auftrag der Deutschen Forschungsgemeinschaft, Stuttgart: Kohlhammer からの引用箇所は、説教番号または論述名、次に DW または LW、さらに巻数、頁数、行数を付して記す。神に名がないのは、神などのような名を呼べば、神そのものではなく、人間が自分の視点からとらえ表象したもの、神もどきの偶像でしかなくなるからである（本章6－3を参照）。

7) M. Heidegger, B. Welte, *Briefe und Begegnungen*, Stuttgart: Klett-Cotta 2003, S. 28f. 晩年のこのエックハルト理解は、早くも一九二七年夏学期講義と三一年夏学期講義で述べられていた。エックハルトによると、「存在」は〔被造物を語る〕有限な述語であり、神については「存在」を語れないから、神はそもそも「存在し」ない（GA24, 128; GA33, 46f., 強調は引用者）。ハイデガーの死後、ヴェルテは彼の疑義に再反論した（Welte, *op. cit.*, S. 84-92, 邦訳、ヴェルテ『マイスター・エックハルト――その思索へ向かって思索する試み』大津留直訳、法政大学出版局、二〇〇〇年、九五－一〇五頁）。トマスも、（とくにラテン語著作の）エックハルトも、実体のカテゴリーを神に適用する。エックハルトは『出エジプト記注解』で何度か実体のカテゴリーを神に帰した。しかし二人とも、一〇のカテゴリー、言明様式が、したがって実体のそれが神に適用できないと説く。トマスは「神について、私たちは、それが何であるかを知りえない」（Thomas, *op. cit.*, I, q. 3, 邦訳、四九頁）と記し、ドイツ語説教のエックハルトは神は無に等しいと極言した。

実体という最も重要なカテゴリーの導入は両者に共通するが、エックハルトは最終的にはドイツ語著作でそれを、したがって形而上学を克服し、「無に等しい〔…〕神の純粋で未分の現在」（Welte, *op. cit.*, S. 91, 邦訳、一〇三頁）へと突破した。

8) Vgl. J. Greisch, "›Warum denn warum?‹: Heidegger und Meister Eckhart: von der Phänomenologie zum Ereignisdenken," in: N. Fischer, Fr.-W. von Herrmann (Hg.), *Heidegger und die christliche Tradition: Annäherung an ein schwieriges Thema*, Hamburg: F. Meiner 2007, S. 129ff.

9) **lâzen (lassen)** が完了分詞 **gelâzen (gelassen)** に変化する用例も多い。これが名詞化した **gelâzenheit (Gelassenheit)** という語は、初期の『教導講話』における「真の離脱ないし放ち」（DW V, 283,8）という一か所しかない。

10) A・ハースによると、エックハルトの放ちは「先入見を放り去って（hinter sich lassen）根源的な開かれた場（Offenheit）のなかに立ち入る」という意味である（A. M. Haas, T. Binotto, *Meister Eckhart - der Gottsucher: aus der Ewigkeit ins Jetzt*, Freiburg: Kreuz 2013, S. 110）。この解説はハイデガーの放ちにもそっくり当てはまる。

11) A. Schopenhauer, *Die Welt als Wille und Vorstellung*, 1. Bd. 2. Teilbd., Zürich: Diogenes 1977, S. 478f.（邦訳『ショーペンハウアー全集3　意志と表象としての世界正編(II)』斎藤・笹谷・山崎・加藤・茅野訳、白水社、一九七三年、三六六頁、「意志と表象としての世界」西尾幹二訳、『世界の名著 続10 ショーペンハウアー』所収、中央公論社、一九七五年、六七二―六七三頁）。

12) 「義人は意志をおよそもたない」（Pr. 6, DW I, 102,12-13）。J・キャピュトー、O・ペゲラー、W・バイアーヴァルテス、ヴォルツ＝ゴットヴァルト、I・A・ムーアなども、このエックハルトを意志の形而上学の外に置く。また、ハイデガーのエックハルト理解の変化を見る必要もある（2―3でみた晩年の肯定的解釈と本章注7)を参照）。

13) 存在が人間の本質に移動し、人間の本質が存在に引き渡されるという一体の出来事、すなわちエアアイグニスは、ともに全体をかたちづくり帰属し合うようにする（Zusammengehören*lassen*）（GA11, 47, 強調は引用者）ことである。ハイデガーのこの lassen は、エックハルトとハイデガー自身の放ちを意識していよう。明るむ場のなかへと放たれる（eingelassen）から、そのなかへ自らを放ち（einlassen）、存在に帰属するようにされるから、そこに自らが帰属するようにする。技術的世界に帰属させられるゆえに、そこから冷静に距離をとるという意味で lassen する。やまびこに似た構造をもつこうした種々の lassen ないし gelassen の集合態（ge-）が Gelassenheit である。そうしてみると、ハイデガーの思考の核心をなす人間の Gelassenheit の類義語は Inständigkeit（存在の明るむ場に立つこと）、Ek-sistenz（存在の明るむ場へ立ち出る実存）、Da-sein（現を存在すること）、Enteignis（固有性を与え失うこと）、Gegenwort（応じる語）、Entsprechen（言い応じ）などおびただしい。

なお、エアアイグニス、エントアイグニスに訳語をつけないのは好ましくないだろう。無理に日本語にするなら、エアアイグニスは「固有性・固有なものが得られる（存在の）出来事」、「固有性・固有なものを看取する（er-äugen）（存在の）出来事」、エントアイグニスは「固有性・固有なものが（見）失われる（存在の）出来事」というところか。勝手な訳語をつけても戸惑わせるだけだし、エアアイグニスは「ギリシャ語のロゴスや中国語のタオと同じく、思考を導く語として翻訳不可能だ」（GA11, 45）という言葉によりかかってカタカナ語として放置したいが、多くの場合苦しい訳語をつけた。

14) 神の子の出産とエアアイグニスとのアナロジーについては、J. D. Caputo, *The Mystical Element in Heidegger's Thought*, New York: Fordham University Press 1986, pp. 162-173 を参照。

15) ハイデガーは「存在する」という動詞が「存在するようにする（sein-lassen）」という意味で他動詞的で能動的だという（6－2を参照）。放ちによる神性への突破やエアアイグニスのなかへの放ちが「自発性」と特徴づけられるとしても、この自発性はたんに能動的ではなく、こだまを返して、開かれた場に自らを放る受動的で能動的な動きである。放ちは受容（GA77, 144）でありかつ高次の能動性（GA77, 108）である。むしろ、意志の領域に属さない以上、「能動と受動の外部」にある（GA77, 109）。この特徴ゆえに、ムーアはガーダマーやデリダなどにならって放ちを中動態とみなす（I. A. Moore, *Eckhart, Heidegger, and the Imperative of Releasement*, New York: State University of New York Press 2019, pp. 97-109, p. 260, n. 7）。

フォン・ヘルマンは、ハイデガーがエックハルトの lâzen (lassen) を拠り所にして独自に展開した、五つの lassen からなる Gelassenheit の全構造を次のように一括した。「会域から生起して、表象する思考から離れる（Ablassen）のをゆるす（Zulassen）——会域が現れることのなかへ思考が自らを入れる（Sicheinlassen）ように、会域から生起しつつ入れられて（Eingelassenwerden）——会域がこのように現れることのなかへ思考がゆだねられつづける（Überlassenbleiben）なかで」（Fr.-W. v. Herrmann, "Gelassenheit im Denken Martin Heideggers," in: P. Reifenberg, R. Rothenbusch (Hg.), *Mut - Gelassenheit - Weisheit: Impulse aus Philosophie und Theologie*, Freiburg: K. Alber 2018, S. 127）。ハイデガーにてらした委細の説明は省くが、図式化すると、存在が人間を放つ（lassen）動きと、これに答えて、人間が存在者を放棄（lassen）し、しかも会域に自らを放り込む（sich einlassen）、という動きからなる。ただしフォン・

ヘルマンには、存在者がありのままにあるようにする存在と人間との働き（sein-lassen）（6－2以下）が視野に入っていない。この放ちが見えているのは、R. Schürmann, *Wandering Joy: Meister Eckhart's Mystical Philosophy*, Great Barrington: Bell Pond Books, 2001, p. 199などである。

16) バイアーヴァルテスのおそらくただしい推測によると、ハイデガーはエックハルトから、「必要でないものはすべてなくてすませられるのが真に（心・精神の）貧しい人間である」（RdU, DW V, 300,1-2; GA73.1, 878）という言葉を受容した（W. Beierwaltes, "Heideggers Gelassenheit," in: R. Enskat (Hg.), *Amicus Plato magis amica veritas: Festschrift für Wolfgang Wieland zum 65. Geburtstag*, Berlin: W. d. Gruyter 1998, S. 18, Anm. 59）。

17) E. Levinas, *Autrement qu'être ou au-delà de l'essence*, Dordrecht: Kluwer Academic Publishers 1988, p. 14.（邦訳、レヴィナス『存在の彼方へ』合田正人訳、講談社学術文庫、一九九九年、四二頁。）

18) H.-G. Gadamer, *Gesammelte Werke*, Bd. 3, Tübingen: J. C. B. Mohr 1987, S. 406. Esse est deus というテーゼをエックハルトが説明する、創世記冒頭の文「はじめに神は天と地を創造した」の注解によれば、creavit（創造した）は完了過去時制の動詞である。「神は存在であるから、神は、神のみが創造する、あるいは創造した」（Prologus generalis in opus tripartitum, LW II, 160,10）。存在するとは「はじめに創造した」ということであり、ここには動的時間的意味がひそむ。そのテーゼの est が他動詞だというハイデガーの解釈については本章6－2を参照。

　シューアマンに洩らしたところでは、ハイデガーが存在を動詞的に現前（An-wesen）として考えるようになったのはエックハルトの説教と関連がある（Schürmann, *op. cit.*, p. 254, n. 93）。時間のこのずれゆえに、ハイデガーの放ちの本質は「待つ」（GA77, 123）ことにあり、一からほど遠い。さかのぼると、一九一六年の「歴史科学における時間概念」ですでに、「時間は変化し多様になるものであり、永遠は自らを単一に保つ」というエックハルトの言葉を題辞に引用していた。自然科学の計算する思考の時間（Zeit）が等質で量的に規定できるのに対して、歴史科学の時間（Zeiten）は質的で、おのおのの時間・時代は内容の構造上別の時間である（GA1, 415, 424, 432f.）。二つの時間概念はまったく別種で、歴史の時間は変化し複数である。

19) Haas, Binotto, *op. cit*, S. 85.

20) エックハルト自身は流出より突破が高貴だと考えた（Pr. 52, DW II, 504, 4）。流出は多だが、突破ではすべてが一だからであろう。

21) Heidegger, Welte, *op. cit.*, S. 46.

22) J. Derrida, *Sauf le nom*, Paris: Galilée 1993, p. 92.（邦訳、デリダ『名を救う――否定神学をめぐる複数の声』小林康夫、西山雄二訳、未來社、二〇〇五年、八六頁。）

23) 四方界をレヴィナスは「恥ずべき唯物論（マテリアリズム）」と呼んだ。「天地のあいだで、神々を待ちながら、人間たちとともに住むなかで、存在することが明らかになる」ときには、ものおよび非人格的で中立的な存在が与えられているだけで、苦しむ他者という存在者が見捨てられるからである（E. Levinas, *Totalité et infini: essai sur l'extériorité*, The Haag: M. Nijhoff 1984, p. 275, 邦訳、レヴィナス『全体性と無限（下）』熊野純彦訳、岩波文庫、二〇〇六年、二五四頁）。人間だけでなくすべてのもの、物質が神だという流出説も、一神論者でヒューマニストのレヴィナスには汎神論に見えよう。だが、苦しむ他者も倒される一本の木蓮も名のない神であり、ありのままのものであるようにされるべき存在者である。

24) Th. W. Adorno, *Negative Dialektik*, Frankfurt a. M.: Suhrkamp 1973, S. 396.（邦訳、アドルノ『否定弁証法』木田、徳永、渡辺、三島、須田、宮武訳、作品社、一九九六年、四九七頁。）

第6章 世界への気遣い
――ハイデガーとアーレント――

世界は他者の言葉にあふれている。

M・バフチン

世界が世界となるのは気遣いのなかで生じる。

M・ハイデガー

存在するもの（存在者）は闇から登場し、しばし隠れつつあらわになり、やがて闇に消える。ハイデガーによれば、それらの存在者は存在することから見捨てられ（Seinsverlassenheit des Seienden）、アーレントによると、大衆社会の人間は見捨てられ孤立している（Verlassenheit）。存在者はありのままのものとしては存在しない。ただの人材でしかなく大衆のなかに呑み込まれている私たちも、強制収容所で名を奪われて死んだ人々も、さらには遺棄される動物も。存在を思考する哲学者や公共空間で言論を競う市民だけでなく、どんな生者も死者も、ものも、自らと世界のありよう、存在を語っている。世界内存在である人間が世界をどう気遣うか、二人の哲学者に即して考えたい。

１　永続する現前性というひそかな存在理解の伝統に反してハイデガーが人間の死の定めを熟思するのは、世界から隠れることか。２　いや、人間は死すべき人々の公共空間に導かれ、ハイデガーもアーレントも世界を気遣う。３　その世界に砂漠が広がりつつあり、前者によれば存在者は存在することから見捨てられ、後者が言うには人間は誰からも見捨てられて孤立している。自分（たち）の存在を記憶せよ、という存在者の沈黙の呼びかけが襲い、私たちは不十分ながら応答できる。４　人間は死ぬために生まれたのでも、始めるために生まれたのでもなく、ただ生まれた。声が届いたから無条件で言葉を返し、世界が世界となるように気遣う。世界への気遣いは、世界や人間の存在を永続させる努力であるより、存在を忘れられた存在者の、生者や死者の声に応じて、それらの存在をまだ忘れず、ありのままのものであるようにする愛である。

1　死の定めと世界からの隠遁

西洋哲学の伝統は、人間の死すべき運命に逆らって、永続する現前性という存在観念を暗黙のうちに前提してきた。人々に共通の壊れない世界を信頼するアーレントも例外ではない。そうだとすると、死の定めの直視は世界から逃れるよう指示するだろうか。

1-1　死の定め、永続する現前性・不死、永遠

この世の何ものも生滅変転をまぬかれない。現世とその存在者は常ならぬものである。しかし、プラトン主義の

イデア界や、種々の宗教などの死後の世界は、また数学などのアプリオリな真理も永遠だと言われる。カントは、魂を理論理性には認識できない理念として規定する一方で、実践理性に魂の不死を要請させた。私たちも、この世界も自分の生もいつまでも続くかのように思いたがる。ハイデガーとアーレントはともに、プラトン以前に始まる西洋哲学または西洋政治思想の歴史と対決するという仕方で思考し[1]、それぞれ、死すべき定めに向き合った。

西洋哲学は、ハイデガーによれば、永続する現前性（beständige Anwesenheit, ずっと目の前にあり続けること）という知られざる存在理解の歴史である（GA38, 141）。たとえばアリストテレスにとって、人間は、「できるかぎり自らを不死にし、自分のなかにあるもののうち最高のものにしたがって生きるようあらゆることをおこなう[2]」のでなくてはならない。この伝統に対置されたのが、「死にかかわる存在（Sein zum Tode）」という『存在と時間』の有名な定式であり、これを可能にするのは、自らの死という終わり（Ende）にかかわることから時間となる有限な（endlich）時間性であった。有限性を忘れるときに成立するのが永続する現前性であり、永続する現前性から派生したのが永遠である（vgl. GA39, 54f.）。

ところがアーレントは、死の定めが究極の事柄だとは認めない。ハイデガーを受け継いで永遠（超時間性）と不死（時間内の持続（HC, 18）[3]）を区別するだけでなく、永続する現前性の一つである不死をハイデガーによる解体からまもろうとする。

アーレントは、人間の生の営みを⑴活動する生と⑵観想する生に二分した。

⑴人間の活動には労働、制作、行為という三種があり、どれも不死への努力である。労働によって糧を得て、生物の個体ないし種として生き続けられる。職人の工作物や芸術家の作品などの制作物は耐久性をもち、世界の永続性（permanence, Bestand (HC, 94, VA, 112)）を支える。行為は言論と行為からなり、傑出した英雄の行為は死後もずっと記憶される。アキレウスはトロイア戦争で命を落とすが、その言行をホメロスは頌し、三千年近く経ったいまも

その名は朽ちない。アーレントにとって、不死は時間のなかの耐久性、この世界で死ぬことのない生命である。

⑵観想する生は永遠なものを思考する。プラトンは永遠不滅のイデアを、アリストテレスは自らは動かないで他を動かす永遠の神を観想する哲学者であった（HC, 12-19, 94）。

死の定めと不死との対立は世界への態度のコントラストをもたらす。『存在と時間』によると、日常の現存在（人間）は世界に頽落しているが、死への先駆によって世界は意義を失う。反対に、アーレントの世界は個人の死を超えた持続性をもちうる。

ハイデガー	有限な時間＝根源的時間性	↓永続する現前性	↓永遠性（超時間性）
アーレント	死の定め・はかなさ	↓世界と名の永続性・不死	↓永遠性（超時間性）

＊二人はそれぞれ傍線部をとくに強調

1－2　二重の公共性と大衆社会

世界に対する姿勢のこの相違は、大衆社会における公共性の二重性に関連する。

ハイデガーは、日常性を存在している現存在は誰かと問い、〈みんな〉（das Man,〈ひと〉）という独特の中性名詞で答えた。日常の現存在は、「あのひとでも、このひとでも、自己自身でもなく、幾人かでも、全員の総計でもない。「誰か」は中性的なもの、〈みんな〉である」（SZ, 126）。私たちは〈みんな〉と同じように語りふるまう。〈みんな〉は誰もが平均的《フツー》であるよう気遣う。アーレントによると、近代に発生した社会は平準化をもとめ、今日の大衆社会はその成員に、「ただ一つの意見と利害関心しかもたない一つの巨大な家族の成員であるかのようにふるまう」よう要求する。これは、「一種の無人支配（no-man rule, die Herrschaft des Niemands, 誰でもないひとの支配・統治）」、「どんな社会にも内在する画一主義（conformism, 大勢順応主義）」である（HC, 39f., VA, 50f.）。

アーレントの〈誰でもないひと〉がハイデガーの〈みんな〉に相当することは見やすい。ハイデガーは〈みんな〉の特徴をÖffentlichkeit《エフェントリヒカイト》と呼ぶ。公共性、公開性、公然、公衆、世間、世論のことである。「公共性はすべてを暗くしておきながら、そうやって覆い隠したものが周知で誰にも近づけるものだと吹聴する」（SZ, 127）。事象そのものに接近せず、何でも知っているかのようにおしゃべりする。すべて明るみに出されているかのようで本当は何もかもあいまいにされるだけである。アーレントは、ハイデガーの文を「公共性の光がすべてを暗くする」と少し変えて引用し、この皮肉な言明が「現状の最も簡潔な要約」だと評する（MD, ix）。

しかし彼女は、この公共性を、自身の意味での公共性ないし「共通な世界」から峻別する。ただ一つの意見しかない大衆社会は、複数性を特徴とする公共性、共通な世界を否定する。大衆社会では、世界は各人のパースペクティヴから見る世界ではなく唯一のものになり、それ以外の相が隠される（HC, 58）。一つの相しかもたない世界はもはや世界ではない。

ハイデガーの公共性＝〈みんな〉、世間、世論：一様性、平均化：すべてを暗くする
アーレントの公共性＝人々のあいだの共通な世界：複数性：各人と世界を照らし出す

1-3　世界から隠れる

死の不安は現存在を「単独の自己」として開示する（SZ, 188）。人々のあいだで共有される公共の事柄は何もかも

むき出しのようでいながら何もかも隠匿されており、共通な世界は現存在の頽落する世界でしかないなら、自らの死にかかわって存在する者は世界から退去するだろう。そこでアーレントは、ハイデガーの平均的日常性の分析に、哲学者がポリスと政治的な（political, ポリスの）ものに抱いた古くからの敵意を再発見した。古典古代衰退期以来の哲学の伝統は、世界から自分のなかにひきこもって政治や行為を避ける場合にのみ、自由が可能だと確信してきた（EU, 432, WP, 34f.）。そのかぎりで、ハイデガーは、哲学の伝統を解体するという自負にもかかわらず、観想する生によって世界から退く哲学者たちの嫡流である。

2　死すべき人々の公共空間

人間は、死によって単独化されるが、同時に、世界へ、死すべき人々の公共空間へ連れ戻される。ハイデガーにおいて世界内存在である現存在の存在をなす気遣いは、アーレントでは、複数性の公共空間を持続させる「世界への気遣い」となる。二人は世界を気遣う。

2-1　世界から逃れる世界内存在

誰も世界から離れて生きることはできない。日本語で言うひきこもりは、世界の内に存在する仕方の一つである。ひきこもる場所は世界の外部にはない。この世を厭い来世に望みをかけるのも世界の内で行われる。私たちは、世界のただなかでのみ、世界から隠れることができる。

近代自然科学は各自のパースペクティヴに制約されない普遍妥当的認識を誇るが、これも世界内存在にもとづく。地球を梃子で動かすアルキメデスの不動の支点の発見は、アーレントによると、「地球の外部にある点が、地球に縛られた被造物によって発見された」という難問を伴う。デカルトは、この支点を人間の内部に移し、最終的な基点として人間精神の数学的パターンを選ぶという答えを出した。こうして自然科学者は、地球の住民だという人間の条件から解放された。しかし、私たちのつかまえた「存在の究極の秘密」は「私たちの精神のパターン」にすぎないのではないか、という疑いが晴れない（HC, 284-286）。宇宙全体の数学化によって人間が自らを大地・地球から疎外する（遠のける）この出来事も、世界内存在の一様式である。『存在と時間』で言えば、世界認識は世界内存在に、厳密には内存在に「基づけられた様態」（SZ, §13）である。地球疎外は、地球上の人間が地球を、世界内存在が世界全体を認識するという無茶な離れ業である。

2-2　死すべき人々

人間は単独者であるだけではない。アーレントによると複数性は人間の根本条件の一つである。ローマ人にとって、人間たちのあいだに存在すること（inter homines esse）が生きることであった（HC, 7）。人間たちのあいだとはアーレントにおいて世界の別名である。人間は、世界の内に多くの他者たちとともに存在する。

死の定めにある人間は複数の人間たち、死すべき人々である。アーレントは、哲学の思考が世界から退くことをハイデガーについても指摘しながらも、彼が人間をギリシャ人にならって「死すべきものたち（mortals）」と呼ぶ点に着目した。彼女が言うには、この語で重要なのは死すべき定めの強調ではなく、「複数形の使用」である（EU, 443）。世界の永続性に希望をつなぐがゆえに、彼女は可死性よりも複数形に重みをかけたが、どちらも等しく大切である。私たちは、死を運命づけられた人間たちの一人である。

2-3　世界への還帰

したがって、私たちは世界からひきこもっても日々の複数性の世界に引き戻される。なるほど、アーレントによると、アウグスティヌスやトマス・アクィナスなどのキリスト教思想家たちは、プラトン主義のイデア界と感性界という二分法を、神の国と地上の国、観照する生と活動する生の対立として受けとり、政治の経験を放棄した。プラトンからハイデガーまでずっと、他者たちとともに生き実践する公共的で政治的な生が観照し哲学する孤独な生の下位に置かれ、それゆえ複数性はわずらわしいものであった（PP, 56, 86, DTI, 79f.）。ことハイデガーについてはこれは誤解を含む。死すべき人々という複数形の使用よりずっと前から、彼はこうるしていた。死の不安は現存在を「自らの世界の前に、〔…〕したがってまた世界内存在としての自己自身の前に導く」（SZ, 188）。これは人間たちの複数性を前提しており、死すべき者を世界に連れて帰る。

この点はともかく、アーレントは伝統の位階秩序を崩そうとする。政治は、「人間たちのあいだに生起し人間たちよりも持続する世界」とかかわる（WP, 105）。多数者や少数者が支配し統治するのが政治の根本形態ではない[4]。人々のあいだの世界が世界となるよう、言論を中心にして複数性の開かれた公共空間が生成し永続するようにつとめるのが政治である。

2-4　世界への気遣い

この努力をアーレントは「世界への気遣い（care for the world（HC, 254）、Sorge für die Welt（VA, 325）、Sorge um die Welt（WP, 24））」とも呼ぶ。世界があればこそ、人々は生が生きるに値すると思える（WP, 24）。永続する世界は個体の死を乗り越えさせ、生をむなしさからまもるからである。

とはいえ、近代における世界疎外――人間が世界から遠ざけられること――は世界への気遣いを不要にした。

アーレントが言うには、たとえば、資本主義の起源についてのM・ウェーバーの発見によると、（カルヴァン派が）現世で懸命に働いたのは世界への気遣いからではなく、自己への関心、魂の救済への気遣いからであった。ここでも近代人は世界から自己自身へと投げ返された（HC, 254, VA, 325）。哲学の伝統を墨守して自己のなかにひきこもるハイデガーは、世界からの疎外という点では近代の流れにも棹差していることになろう。

だが、私たちが既に知っているように、魂の救済への気遣いと世界疎外をハイデガーに見てはならない。世界への気遣いは、この言葉をそのままで使ってはいないものの彼の目立たないライトモチーフである。『存在と時間』によると、「（世界の内で出会う存在者）のもとに存在することとして、自らに先立ってすでに（世界）の内に存在すること」（SZ, 192）が気遣いである。現存在は自分のありようを気遣い、他者やものとのかかわりを気遣い、世界を気遣う。ヒトラー時代の黒いノートでは、「世界が世界となるのは〔…〕気遣いのなかで生じる」（GA94, 211）。なるほど、ある時期のアーレントにとっては、ハイデガーの死の経験は自己にのみかかわらせ、他者との共同世界からすっかり解放する（WE, 37）。彼女だけではない。ハイデガーの回想によると、「現存在はそのつど〔…〕私のものである」（SZ, 42）という『存在と時間』の言葉を、「人々は完全な主観主義、エゴイズムとして読みとった」。しかしそれは、現存在は「私自身（*mir selbst*）、あなた自身、私たち自身によってことさら引き受けられ、耐え抜かれ、まもられなくてはならない」（GA80.2, 672f. 強調はハイデガー）という意味であり、エゴイズムとは何の関係もない。

自分自身の存在を気遣うとは、マルティン・ハイデガーというかわいいボクを気遣うことではない。現存在であり世界内存在である自らを気遣うことである。ともに存在する死すべき他者や、かたわらに存在するものたちのありようを気遣い配慮《ケア》する。一方で、あなたも私たちも、どんな人間も、自分（たち）自身と世界のありさまを、目をそらすという仕方であっても気遣わざるをえない。カルヴァン派が自分の魂の救済を確信するためにのみ世界とかかわり労働したのは、自己への気遣いが命じる世界への気遣いの否定的な様態である。自分にとっての手段としてのみ他をみるエゴイズムも、世界からひきこもって他に耳を閉ざすありようも、そういう消極的な仕方で世界を気遣っている。

3　見捨てられ、存在を忘れられた存在者

人間が気遣う世界には砂漠が広がりつつある。存在者は存在から見捨てられる（ハイデガー）。誰もがどのひとからも見捨てられる孤立のうちにあり、全体主義支配のもとではとりわけ、人々のあいだの世界が失われる（アーレント）。見捨てられた人間が、存在すること、存在したことを忘れられた人間が、それを思い出してくれ、という言葉を発している。

3-1　砂漠が広がる

ニーチェのツァラトゥストラはこう語った、「砂漠が広がる。砂漠を秘めた者にわざわいあれ[5]」。ハイデガーの講義『何が思考を命じるか』（一九五一・五二年冬学期、五二年夏学期、五四年刊）は、大地の砂漠化というこの診断を受け入れる。砂漠が広がるとは、これまで育て建てたものが破壊されただけでなく、今後の生育や建設が妨げられることである。つまり、「憂慮し熟考すべき私たちの時代における最も憂慮すべき事柄は、私たちがまだ思考しないことである」(GA8, 31, 7)。ハイデガーのもっと広い文脈に置けば、砂漠化とは、存在することが忘れられ存在者が存在から見捨てられているという歴史的運命を人間が思考せず、むしろ広げることである。存在忘却の砂漠が広がるという事態を熟慮しなくてはならない。

砂漠という隠喩は、ドイツに行ったさいにこの講義に二度出席し、その後講義録を精読したアーレントを惹きつ

けた。彼女にとって、砂漠が広がるとは「世界喪失の増大」という事態である。原爆投下によって都市が消滅し、大空襲によってドイツの都市は瓦礫の山と化した。第三次世界大戦は諸国民を大量に殺戮するだけでなく、諸国民の世界を砂漠に変えかねない（WP, 181, 80）。

３－２　世界の喪失

ただ、アーレントにおいて、砂漠となって失われる世界とは制作物などの存在者の総計ではない。広島、長崎やベルリンもそうだったように、廃墟となった町並みなら復興することもでき、建築は復元できる。砂漠が広がって失われるのは、「人々のあいだの空間（Zwischenraum）」、「戦争し合う国と国のあいだの、民族と民族のあいだの空間」である。人間のいない宇宙や自然はあっても、人間のいない世界はない（WP, 122, 25）。対等な人々のあいだで言論や行為が繰り広げられなくなることが世界の喪失であり、砂漠の拡大である。

世界喪失と砂漠化は近代初頭の「世界疎外」と呼ばれる出来事（HC, §35）から始まった。たとえば、望遠鏡の発明は地球外から地球と地上の人間を見る視点を可能にした。アルキメデスの点の発見（２－１）が教えるように、地球から遠ざかる地球疎外という世界疎外は、「自然を自分の精神の条件下に置いた」（HC, 265）。ハイデガー流に言えば、近代において、世界は人間が表象し（vor-stellen, 前に立て）描く世界像となった（GA5, 89f.）。人工衛星の打ち上げや宇宙飛行も地球外への逃亡である。

この世界疎外は、世界内存在が世界と地球を表象するという無謀な企てである。近代以降、私たちは地上の世界から、ひととひととのあいだの世界から、一方で宇宙（飛行）へ、他方で自己の内面へ逃れた。近代社会の人間はただの労働する動物となり、言論と行為を競う世界から遠ざけられる。アーレントは、死の定めを超える保障を与えるあいだの空間としての世界が滅び砂漠と化すのを恐れた。

あいだの領域が干上がり砂漠が広がる現代の危険をアーレントは全体主義運動という砂嵐に見た。全体主義運動の背景には、いたるところで増大している「見捨てられた孤立」がある。孤立のなかにあっては、人間相互を結びつける共通な世界が砕け、誰もが、すべてのひとから、世の中（世界）から、ひいては自分からも見捨てられ、何も信じられない（EH, 977f.）。

3-3　孤立と孤独――全体主義支配

孤立と孤独は近いが別である。孤独な自己は自分自身と語ることができ、いわば一人が二人に分かれている。ところが、孤立した自己は自分からも見放されて自分とさえ対話できない。他者たちとの結びつきを失い孤立した人々を偽りの政治行動に動員するのが全体主義支配である。ナショナリズムは、あらゆる階級対立を超えて国民を統一する結合手段であった（EH, 977, 975, 682; LMI, 185）。「人々を結びつけると同時に切り離しもするような共通な世界をもたずに、絶望し孤立して分離のうちに生きるか、さもなければ、大衆へと一緒くたに押し込まれるしかないような人々の社会」（BP, 89f.）、それが全体主義を生んだ。

私たちは、世界のなかで他の人々と出会い自分を自分として承認されることによってはじめて孤独から救われる（EH, 977）。それができないなら孤独は孤立に転じうる。少なくともアーレントにとって、ハイデガーは、公共性を〈みんな〉という匿名の主体の支配と同一視するにとどまったかぎり、絶望的孤立を選んだことになろう。しかも彼は、この分断に耐え切れず、個を全体に同一化する全体主義運動という偽りの政治的行動にかり立てられた。孤立と孤独から脱出してポリスという複数性の空間に入る勇気をもたなかった。

孤立：すべてのひと、世界から、自分からも見捨てられ、何も信じられない
孤独：すべてのひと、世界から切り離されるが、自分自身とは対話できる

3-4　存在すること、存在したことが忘れられる

その全体主義支配の恐ろしさはおびただしい死者の数にあるのだろうか。ナチズムとスターリニズムはともに幾百万もの犠牲者を出した。私たちは、災害や戦争などでも、その重大さを死者数によってはかるのが常である。しかし、桁違いの被害者数だけが深刻なのではない。アーレントによると、殺人はある命を奪うが、そのひとが生きたという事実をこの世から除去しない。ところが、強制収容所や絶滅収容所の囚人はもはや存在していないかのように、その身に起こることはもう誰にとっても問題にならないかのように扱われる。強制収容所は死をすら名のないものにする。全体主義の恐ろしさは、ある人間がある名をもって生きている、生きていたという存在の事実を抹消する点にある（EH, 914, 919）。

そのかぎり、ジェノサイドという特有性を度外視すれば、ことは強制収容所をはみ出す。アーレントは、人々のあいだの領域としての世界への信頼が深すぎる。実際には、戦乱や災害、殺人で人知れず命も名もなくす者も、無縁死するひともいる。殺された被害者の氏名が遺族などの意思によって秘され、裁判でも記号化される事例もある。存在忘却は、ここではある人間が存在すること、存在したことが消されることである。

そのうえ、強制収容所では、「死ぬことも生きることも実質的に妨げられる」（EH, 916）。あまりに衰弱したために死の恐怖などの感情すら失って「回教徒（Muselman）」と蔑称された一群の囚人は、もう生きても死んでもいなかった。人間は死すべき者であり、生きるとは死へとかかわることである。あの「回教徒」たちはとりわけ、死す

べき者であることができなかった。悪評を買ったハイデガーの言葉では、「身の毛のよだつ無数の死んでいない死の大量の窮迫はどこにでもある――それにもかかわらず死の本質は人間にはさえぎられている。人間はまだ死すべき者ではない」(GA79, 56)。死んでいない死がありふれているか、異論もあろう。しかし、「回教徒」だけでなく、どんな人間の死も――その名が長く記憶されるだろう人物のそれでさえ――、当人が自らの死にそれとしてかかわらないなら、死んでいない死、生命活動の停止にとどまる。

ハイデガーが「存在者が存在から見捨てられること」と呼び、アーレントが誰もが世界から「見捨てられる孤立」と名づけた出来事は、全体主義支配の場で極限化されていた。平穏無事のような日常にあっても、人間は見捨てられ、自らの死に向かうことができない。死すべき者というありのままのものとしては存在せず、存在していること、存在したことが他者からも自分からも忘れられる。

3-5　存在を記憶せよ――沈黙の響きと応答

それゆえ、絶滅収容所を生き残った者は記憶し証言することを命じられる。[6] 被爆直後の原民喜も書きつけた。

我ハ奇蹟的ニ無傷／ナリシモ、コハ今後生キノビテ／コノ有様ヲ伝エヨト天ノ命／ナランカ（原爆被災時のノート）

自分のために生きるな、死んだ人たちの嘆きのためにだけ生きよ（「鎮魂歌」）

アーレントは、ドイツとソ連の強制収容所の人類史における例外性を強調する。これまで西洋世界は、どれほど暗い時代にも、私たち皆が人間であることを承認し、追憶される権利を敵にも認めてきたが、強制収容所は死そのものを無名にした(EH, 959f.)。しかし、痕跡をことさらかき消そうとした点でアウシュヴィッツは広島や長崎と異なるとはいえ、存在が忘れられるという点は共通する。存在することについての問いが西洋形而上学では忘れられてきたというハイデガーの追想は、強制収容所や被爆地やそれ以外の場所で死んだ人々が存在したことにも向けられなくてはならない。現代の日本でも、死んだことさえ、それどころか生まれたことさえ知られないひとは珍しくない。

存在することのこの追想は沈黙の響きへの応答である。アゴラは市民たちが華々しく言論を戦わせる公共空間だった。「政治的であること、ポリスのなかに生きることは、すべてが、力と暴力ではなく言葉と説得によって決定されるという意味であった」（HC, 26）。その一方で、存在と名を忘れられた死者や生者も公共空間の外部で言葉もなく語っていたし、いまも語っている。女性、こども、老人、奴隷、外国人、病人、「障害」者、失語症者、ひきこもり等々。アーレント自身、ポリスという公共空間がいつも存在するわけではなく、たいていのひとはそこに住んでいないことを熟知していた（HC, 199）。公共空間を破壊しかねないひとや犯罪者もそうである。ハーバーマスの理想的なコミュニケーション共同体の近くには発言できない市民がいて、さまざまな声を、ときに理解不可能な言葉や、むやみに攻撃する言葉を発している。バフチンが言うには、『罪と罰』の主人公ラスコーリニコフのつぶやきのなかでは、すべての声が、ソーニャの声まで鳴り響いていた。世界は他者の言葉にあふれている。聞こえるのは和解した人々のポリフォニーではなく、内部で分裂した声たちのそれである（『ドストエフスキーの詩学』）。息も絶え絶えに「薬をくれ」と頼む被爆者（林京子「祭りの場」）は、死後もなお話しかける。

私たちは数知れないそれらの声を聞き逃すのがつねである。存在者は存在から見捨てられ、共通な世界が解体して誰もが誰からも見捨てられている。ここで生じるべきは対等な市民のあいだの討論や説得だけではない。むしろ、存在の「静寂の響き」（GA12, 27）、あるいは、生きた他者、死んだ他者の顔の「沈黙の響き」[7]を聞きとり、遅ればせに応答することである。死者の苦しみと嘆きを、生き延びたひとは記憶し文字にしるす。のちの読者はその文字を読み、死者の言葉に耳をそばだて答えることができる。呼びかけと応答は、ひどくぎくしゃくしながら成立できる。

4　何のために生まれ、何のために存在するのか――世界を気遣う

存在するものはありのままのものであらず、存在していること、存在したことが忘れられている。世界が世界になるよう気遣うのは、世界や人間を永遠の存在者に近づける企てではない。その気遣いは、存在を忘れられた生者や死者、人間ではないものたちの声に答えて、存在をまだずっと忘れず、ありのままのものとしてあるようにする放ちであり愛である。人間は何のために生まれ、何のために存在するのか。死ぬためでも始めるためでもなく、ただ生まれ、ただ存在する。私たちは、理由なくこだまして世界を気遣うようそれらの声に呼びかけられている。

4-1　人間たちの住む世界へ

ハイデガーは、人間主体が世界を表象し征服しようとする近代の動向を世界像の時代（3-2）と、また、ニーチェの言葉を借りて力への意志と特徴づけた。テクノロジーをテクノロジーたらしめる本質は総かり立て体制にある。これは、あらゆる存在者を物的人的資源として用立てさせる趨勢であり、人間は有用な人的資源ないし人材であることを強いられる。アーレントの言うように、テクノロジーの本性は世界全体を意志の支配と統治権に従わせることであり、意志には破壊性がある（LM2, 178）。

そこで、一九四〇年代末からのハイデガーは、人間に疎遠ではない世界と大地に帰ろうとして、世界が世界になり（Welt weltet）、ものがものになる（Ding dingt）という出来事を思考した（世界が世界となるという言い回しは一九二九年にさかのぼる）。これは、「四方界（Geviert）を取り集め、それとして生起させ、しばしとどまらせる」（GA7, 176）出来事である。たとえば、柄つき壺というものがものとなるとき、大地と天空、死すべき人々と神々しいものたちは、しばしのあいだ四つにして一つのものとして取り集められ、鏡に映し合う。

だが、四方界など二〇世紀の神話かアナクロニズムではないか。今日、天空は宇宙か大気圏になり、大地は開発し領域を争う対象としての地球か土地になった。すべての神々は死に、人間は労働する動物か人的資源になった。しかしそれでもなお、私たちは、陽が東から上り西に沈む動かぬ大地に住み、ご来光や星空に崇高さや神々しさを感じる。ひとの亡骸をただの物体として処分せず、自他の死をおそれ悼む。「祈るべき天とおもえど天の病む」という石牟礼道子の句は世界が世界となるよう気遣う。神々しいものたちをほのかに予感し、死すべき無用な人間を尊びながら、天が仰ぎ見る天となり、地が自分たちの根ざすべき地となるよう祈る。

世界・地球からの疎外と大地の砂漠化に危機意識をもつアーレントは、もっぱら言論と行為の場、人間の公共領域としての世界だけを気遣い、砂漠の拡大に抵抗する。彼女にすれば、世界が人々を結びつけも分かちもするあいだの空間として永く続くなら、そしてその場合にのみ、人々は自分たちの生が生きるに値すると考えることができる。

4-2　意志の放ちか、新たに始める意志か

征服され疎外される世界から、人間たちが住む世界や大地への二人の還帰には、アーレントによれば、意志を拒む放ち（*Gelassenheit*, 平静さ、放下）と、自ら開始する意志という顕著な差異がある。

ハイデガーが技術の本質に向き合わせる人間の姿勢は、放ち、つまり、テクノロジーを賛美も呪いもせず、一歩退く冷静な態度であった（GA76, 303f.）。私たちは、技術的諸対象に対して、それらを利用せざるをえないかぎりでは「イエス」と、同時に、それらの虜になってものがありのままのものであらぬ現状に加担するのを拒むかぎりでは「ノー」と言う。技術的世界を肯定しかつ否定するこの姿勢が、「もろもろのものを放つ平静さ」（GA16, 527）である。力への意志に突き動かされて存在者を資源として用立てるのではなく、それがあるようにする（sein*lassen*）。あるようにすることは、アーレントの理解するとおり、支配する意志を放り捨て「存在の呼びかけに応じる思考」

(LM2, 178) である。

これに対して、彼女自身は意志そのものと手を切らない。カントの言う「時間のなかである系列を完全に自ら始める能力」(*Kritik der reinen Vernunft*, B478; LM2, 158) としての意志を重んじる。彼女が何度も引用するアウグスティヌスの言葉によると、「それゆえ、始まりが存在するために人間は創られた」(EH, 979, VA, 215, UR, 271, LM2, 18)。人間の意志にもとづく行為によって、世界は新たに始まり持続性を保つことができる。

意志をめぐるこの違いは受動性と能動性のそれでもあろうか。アーレントが言うには、ハイデガーは、ドイツ観念論にならい、「概念の虹」[8]の架け橋を渡ってギリシャ世界に戻ろうとした。意志する自我に対立する思考する自我によって作られた、「人格化された概念の幽霊じみた家郷を信頼した」(LM2, 157f.)。彼は、古代ギリシャ、とくにソクラテス以前の思考に幻の真理と故郷を見つけた。人格化された概念とは、「行為する人間の背後ではたらく存在の歴史」、あるいは思考する人間に呼びかける存在のことである。彼女によると、ハイデガーの力点は、『存在と時間』における自分自身への気遣いから、後年、存在への気遣いに移った (LM2, 179, 182)。これは静穏な生への郷愁ゆえに、人間を操る神のごときものへと存在を実体化してすがった、というありがちな誤ったハイデガー解釈だろう[9]。

こういうハイデガーとはちがって、アーレントにとって、新しいことを始める意志は、人間であることの条件たる誕生という事実に照応している。人間が世界の破滅を救う奇蹟とは「究極的には出生性という事実であり、行為の能力はこの事実に根ざす」(HC, 246f.)。これは、生まれないことには、制作によって世界に耐久性を与え行為によって世界を新たなものにすることができない、という単純な話ではない。始まりの連続性は一人ひとりの誕生によって保障されており、一人生まれてくるたびに新しい始まりが世界にもたらされ、新しい世界が始まる (EH, 979, 970)、ということである。まるで、新生児の意志がある系列を自発的に開始して新しい世界を創り世界を破滅から救う、と言わんばかりである。アーレントは、新しく始める意志を際立たせるために、人間が生まれるのは死ぬためか、始めるためか、という二者択一の問いを突きつけた。それを次に考える。

アーレントから見たハイデガーとアーレントの相違

ハイデガー　『存在と時間』：死ぬために生まれた自分を気遣う
　　　　　　↓後年：意志を放棄し、人間を操る存在を気遣う
アーレント　人間は新しいことを始めるために生まれた
　　　　　　＝誕生した各人の意志が世界を気遣って新たに創造する

4-3　人間は何のために生まれ、何のために存在するのか

生に死という限界があるという厳粛な事実はアーレントにとっては生が空虚になる事態を招きかねない。しかし、永続する世界という支えがむなしさから生を防御する。彼女にすると、死にかかわる存在というハイデガーの規定は壊れない世界に背を向けている。ハイデガーを名指さず反駁するには、「人間は死ななくてはならないが、生まれたのは死ぬため（in order to die, um zu sterben）ではなく（何か新しいことを）始めるためである」（HC, 246, VA, 316）。アーレントは、ハイデガーにおける死への先駆を死ぬために生まれたという意味に理解する。[10]

だが、ハイデガーは、現存在は死ぬために生まれたとも、死ぬために存在するとも言っていない。現存在はそのつどそのつど死に向かって、死を見つめて存在する。「私自身は、私が生きているときにこそ自分の死を存在する」（GA80.1, 142）。どこから来てどこに行くのかを知らずに存在する。バラがなぜなしに花咲き、なぜなしに存在するように、人間も理由なく存在する。死ぬために存在するのでも、始めるために存在するのでもない。むしろ私はい

ま、死という終わりを存在し、誕生という始まりを存在し、始まりと終わりとの張りつめたあいだを生きている。

人間の赤ん坊が生まれたのも、ミジンコが生まれたのも、宇宙が生成したのも、理由や目的などあろうはずがない。あるのはせいぜい原因だけである。生まれたのは始めるためだなどというのは、芥川の河童も冷笑するだろうめでたい人間中心主義《ヒューマニズム》でしかない。人間はただ生まれた。マイスター・エックハルトの義人はなぜなしに働きなぜなしに生きる。ハイデガーは存在の根拠を探さず、死の影のもとで、存在の明るむ場にひたすら立つ（本書第5章3－2）。

したがって、ハイデガーとアーレントの相違は、死ぬために存在し、神もどきへと実体化された存在（の歴史）に隷従する意志なき受動性と、ゼロから新しいことを始めるために生まれた意志的なまったき能動性とのそれではない。ハイデガーの存在は全能の神のような存在者ではないし、アーレントの自発性としての意志は無から創造する全能性をもたない。意志をめぐって鋭く対立するかに見える両者は、むしろ次のように、神々しい他者をなぜなしに愛し世界を無条件で気遣う点で、ずれながらも重なり合える。

4－4　無条件でこだまを返す——能動と受動、意志とその放ちの手前の愛

ハイデガーは、アウグスティヌスの言葉として、「私は愛する＝私はあなたが存在することを望む（amo: volo ut sis）」という等式をアーレントに伝えた。volo（私は意志する、望む）を真ん中に置くこの言葉は世界への気遣いの根本の動きでありうる。

一九二五年のハイデガーは、あの等式を意識しながら、自分たちにできるのは「存在者が（ありのままのもので）あるようにする〔放つ〕（sein lassen, was ist）」ことだけだ（AH, 29）、とアーレントに宛てた愛の手紙にしるした。意志の形而上学の克服へ移行する以前の文章だが、放ちの趣旨を先取りしている。ハイデガーの放ちは、存在者を支配する意志の放擲であり、テクノロジーから一歩退く冷静さである。総かり立て体制では人間も人的資源でしかなく、

ありのままのものではない。戦時に兵士として動員されて殺し殺されるのも、平時に人材として活用されて顕彰されときに過労死するのも、ありのままのあり方ではない。あの等式はこうしたありさまを拒む放ちの基礎をなす。

アーレントはあの等式を、他者を所有せず他者がありのままであるように願う愛の意志としてとらえた。彼女の論じるドゥンス・スコトゥスにおいて、自分が神を愛するのは神を支配するためではなく、神自身のためである。「無条件の受け入れ」である「愛」のなかで、「意志の能力は純粋な活動に変容している」（LM2, 136, 104, 144f.）。相手の言葉に目的も理由もなく従い、言葉と行為を返す。ハイデガーの放ちの源泉であるエックハルトにおいても、「子は父を父自身のために愛する」（『神の慰めの書』）。現世か死後にお返しをもらうために神を愛するのではない（本書一二七－一二八頁参照）。ここにはまったき能動性などない。

したがって、ハイデガーにおいてもアーレントにあっても、ありのままのものであらせてくれと求める相手にひたすらに応答するのが愛である。[11] この応答は、意志とその放ち、能動と受動という二分法の手前にある。ハイデガーの場合、放ちはただの意志なき受動ではなく、アーレントと同じくカントを意識して「自発性」と特徴づけられる。この自発性はたんに能動的ではなく、開かれた場に自らを放る受動的で能動的な動きである。放ちは受容でありかつ高次の能動性である。むしろ、意志の領域に属さない以上、「能動と受動の外部」にある（GA77, 144, 108f.）。

そうだとすると、アーレントの出生はただ生まれ落ちることではない。彼女が言うには、人間が一人誕生するごとに新しいユニークなものが世界にもち込まれ、新しい始まりが、新しい世界が始まる（HC, 178, EH, 957, 970）。しかし、産み落とされたとたんに命を奪われるのは、全体主義のテロルにおいてだけでなく、古今東西を問わないひどくありふれた出来事である。アーレントは「私たちのもとに一人のみどりごが生まれた」（HC, 247, VA, 317）というヘンデル・メサイアの言葉に希望を見出すが、救世主の誕生をおそれたヘロデ王はベツレヘムとその近郊の二歳以下の男児を残らず殺害させた。生まれた子たちは新しいことを始めるどころか、イエス・キリストの陰で名さえ忘れられた。母胎から産み落とされることそれ自身が歓呼して迎えられるのは世の常ではない。「あんたなんか生まなければよかった」と罵られる子どもは少なくない。アーレントのスコトゥス解釈を参照するなら、誕生とはむしろ、死すべき各人が神のような他者を新たに無条件に受け入れ応答し愛すること、それをとおして世界が新しくなることの隠喩でなくてはならない。言葉と行為によって世界のなかに自分を挿入するこの「第二の誕生」(HC, 176) こそが誕生である。

誕生を祝福された嬰児や、殺されて泣き声も上げられない新生児などの他者に応答するのは新しい世界を作るためではない。呼びかけられたから理由なく言葉を返すだけである。その結果世界が新たな世界になる。人間は死ぬために生まれたのでも、何かを始めて世界を更新するために生まれたのでもない。何のためにでもなく生まれ、存在する。呼びかけたものたちをなぜなしに愛する。無条件でこだまを返す。なぜなしに世界を気遣いケアする。

ハイデガーとアーレントの共通性：意志とその放ちの手前でなぜなしに世界を気遣う

ハイデガー：ありのままのものであらせてくれと求める他者に応答する＝愛する

アーレント：神のような他者を他者のために無条件で受け入れ応答する＝愛する

4-5　隠れつつなお現前するように

放ちと愛は、放つ愛は、世界と個人を滅びから救済し永遠に近づける試みではない。忘れられた死者と生者の呼びかけに答えて、その存在をまだ忘れず、死者と生者がありのままのものとしてあるように気遣うことである。不朽の名声が得られたところで、個人を命のむなしさからまもる力はない。人間は「個人としての死の定めにもかかわらず、自分たち自身のある不死を獲得する」(HC, 19: VA, 30, 強調は引用者)という古代ギリシャの信念に慰められるひとは、今日稀である。公共の賞賛は時間による解体からものを救える空間を構成しない(HC, 57)というのは、現代の生の根本条件であろう。

ある不死[12]という言葉はむしろ、存在したことがまだずっと忘れられないこととして解釈できる。それは、時間を超えた永遠性でもなく、いつまでも死なないという意味で永続する現前性でもない。ある不死とは、亡霊のように隠れつつ私たちになお永く現前することである。

魂よ、死者たちを忘れるな
見るがよい、死者たちはお前の周囲に漂う
わななきながら、打ち棄てられて。(フリードリヒ・ヘッベル)[13]

4-6　世界に住むものたち

天空の下、大地の上にはさまざまなものが存在する。二人の哲学者は西洋の伝統にきわめて忠実で、人間に傑出した地位を与えた。言葉を話す存在者は人間だけである。強制収容所の真の恐ろしさは、人間の人格の個体性を破壊することにあり、そこでは「結局、人間はすべて同じ野獣である」(EH, 934)。現今なら、言語中枢が機能しない人々も野獣か畜生である。

だが、存在から見捨てられた存在者は人間だけではない。叩かれた豚はうめく(ハイデガーやアーレント、ヘルダーには、動物的本能の原始的反射にすぎないだろうが)。「石が割れて叫び出す」(原民喜「夏の花」)ことさえありうる。ナザレのイエスが「もしこの者らが沈黙するなら、石が叫ぶであろう」(ルカ:一九-四〇)と告げたように。沈黙しているのは、発言できるのに座視する自由な市民だけではない。死者たちも、このようなありさまではなく生きたかった、それをずっと忘れないでくれ、と語っている。発言を許されない生者や獣扱いされる人間も、人間ではないものも存在する。まだ存在していないものたちや、何も始められずに呪われて死んだ赤ん坊も、河童の胎児のように生まれずに死んだものたちも存在する。世界はそれらの他者の分裂した言葉に満ちている。

世界を気遣うとは、それらのものたちの沈黙の声に応じ、それらがありのままのものであるようにすることである。人間が生まれたのは死ぬためでも生まれるためでもなく何のためでもない。他なるものの言葉に満ちた世界に、理由も目的もなく生まれただけである。世界を気遣うのが定めではない定めである。この定めは神や自然の摂理でも生まれながらの目的でもない。人間にはさまざまな他なるもののかすかな響きが届いていて、人間は自ら理由なくこだまを返すことができる。人間は誕生によって「自由であるように宿命づけられている」(LM2, 217)というアーレントの言葉の含意はそこにある。

世界への気遣い

ありのままのものであらしめよという声

他なるもの　⇅　自己

その声に応じて行為する＝他を愛する

←

世界が世界になる（ハイデガー）

新しい世界が始まる（アーレント）

死は各自を単独者にするだけでなく世界へ連れ戻す。世界は死すべき人々の公共空間であり、生きとし生けるものたちや、ものたちの世界である。だが、世界は世界にならずものはものにならない。個人は大衆社会ないし〈みんな〉のなかに呑み込まれ、誰からも見捨てられ孤立している。存在者は存在することから見捨てられ、ありのままのものとして存在しない。総かり立て体制の激流にあって、人間たちは、強制収容所の囚人や出荷前の大根のように、有益な人材であるかどうかを選別されるばかりで、死すべき者として存在することができない。

＊

ハイデガーとアーレントは世界が世界となるよう気遣う。その努力は、世界の持続可能性を保障するために、子々孫々ＤＮＡを複製しつづけ、人類という絶滅危惧種を保護することだけではない。「ある国民、民族とその政治体制」（WP, 89）を護持することだけでもない。かといって、永遠なものの観想によって不死にあずかることでも、言論と行為によって後世に名を残すことでもない。しばしこの世界にとどまる自他の存在者たち、ありのままのものでありたいと訴える人間やものたちに、そして、「私（たち）がこのように存在していること、存在したことを、世界がこのようなありさまにあること、あったことを、ずっと忘れないでくれ」と告げるものたちに、なぜなしに存在する人間が理由も目的もなく無条件で答えることである。次の章では、世界へのこの気遣いが特定の人間たちの存在に限定されるヒューマニズムを見つめたい。

注

1) Ｄ・Ｒ・ヴィラの適切な指摘によれば、プラトン以来の西洋哲学の存在論の伝統を解体するハイデガーの企図を、アーレントは政治思想史の場面で反復した（ヴィラ『アレントとハイデガー――政治的なものの運命』青木隆嘉訳、法政大学出版局、二〇〇四年）。ハイデガーによる歴史の解体を解体したと言ってよい。

2) Aristoteles, *Eth. Nic.*, X, 7, 1177 b 34-35.（邦訳、アリストテレス『ニコマコス倫理学（下）』高田三郎訳、岩波文庫、一九九四年、一七六頁。）

3) アーレントからの引用箇所は次の著作略号のあとに頁数を付して記す。

WE: *Was ist Existenz-Philosophie?*, Frankfurt a. M.: A. Hain 1990（邦訳「実存哲学とは何か」齋藤純一訳、『アーレント政治思想集成１』所収、みすず書房、二〇〇二年）

EH: *Elemente und Ursprünge totaler Herrschaft*, 14. Aufl., München: Piper 2011（邦訳『全体主義の起原３』大久保和郎、大島かおり訳、みすず書房、二〇一七年）

HC: *The Human Condition*, 2. ed., Chicago: The University of Chicago Press 1998（邦訳『人間の条件』志水速雄訳、ちくま学芸文庫、一九九四年）

VA: *Vita activa oder Vom tätigen Leben*, München: Piper 1999（邦訳『活動的生』森一郎訳、みすず書房、二〇一五年）

BP: *Between Past and Future*, rev. ed., New York: Penguin 2006（邦訳『過去と未来の間』引田隆也、齋藤純一訳、みすず書房、一九九四年）

EU: *Essays in Understanding 1930-1954*, New York: Schocken 2005（邦訳『アーレント 政治思想集成１、２』齋藤純一、山田正行、矢野久美子訳、みすず書房、二〇〇二年）

UR: *Über die Revolution*, München: Piper 2011（邦訳『革命論』森一郎訳、みすず書房、二〇二二年）

MD: *Men in Dark Times*, New York: Hartcourt Brace 1995（邦訳『暗い時代の人々』阿部齊訳、ちくま学芸文庫、二〇一四年）

WP: *Was ist Politik?: Fragmente aus dem Nachlaß*, München: Piper 2010（邦訳『政治とは何か』佐藤和夫訳、岩波書店、二〇〇四年）

PP: *The Promise of Politics*, New York: Schocken 2007（邦訳『政治の約束』高橋勇夫訳、ちくま学芸文庫、二〇一八年）

LM: *The Life of the Mind*, one-vol. ed., New York: H. B. Jovanovich 1978（邦訳『精神の生活 上、下』佐藤和夫訳、岩波書店、一九九四、一九九六年）

DTI: *Denktagebuch: 1950 bis 1973*, Bd. 1, München: Piper 2002（邦訳『思索日記Ⅰ』青木隆嘉訳、法政大学出版局、二〇〇六年）

4) 私たちはともすると、政治をその権力・支配・統治形態のみによってイメージする。民衆が権力をもち支配・統治するなら民主政（democracy, 民衆の権力・支配・統治）、貴族が統治するなら貴族政（aristocracy）、自分だけで統治するなら独裁（専制）政（autocracy）、という具合である。しかしアーレントにとっては、権力は人々のあいだの空間（Zwischenraum）のなかではじめて成立する（EH, 974）。統治・政府（government）は公共空間の「きわめて限られた領域」にすぎない（HC, 60; vgl. UR, 35）。アーレントの描くジェファソンにとって、アメリカ革命の、したがって共和国の究極目的は「自由が現れうる公共空間を構成すること」にある（UR, 326）。

5) Fr. Nietzsche, *Sämtliche Werke*, Kritische Studienausgabe, Bd. 4, München: dtv 1980, S. 380.

6) G・アガンベン『アウシュヴィッツの残りのもの——アルシーヴと証人』上村忠男、廣石正和訳、月曜社、二〇〇一年、三〇頁。

7) E. Levinas, *De Dieu qui vient à l'idée*, Paris: J. Vrin 1986, p. 118.（邦訳、レヴィナス『観念に到来する神について』内田樹訳、国文社、一九九八年、一四〇頁。）強調は引用者。

8) Fr. Nietzsche, *Wille zur Macht*, Stuttgart: A. Kröner 1964, S. 284.

9) ハイデガーに、存在への郷愁やギリシャ的なものへの復帰という動機があったか、存在（の歴史）が人間をコントロールする人格化された概念であるかは疑わしい。今日の歴史的現存在、つまりドイツ人は、河がその水源に戻れないのと同じくギリシャ人には戻れない。ヘルダーリーンは「ギリシャ精神ではなく、ドイツ人の将来」である（GA39, 205, 254）。「帰還とはしかし、私たちがまだ一度もいたことのない場所への帰還である」（GA97, 35, 強調は引用者）。存在することの呼びかけは人間による応答を必要としている。存在は、誰かにとりついて異言をこぼれさせる神のような存在者ではない（本書一〇一頁）。また、力点の移動については、アーレント自身、『存在と時間』は後期著作の方向を予め含む準備であり自分の思想は連続している、というハイデガーの主張が「大部分ただしい」ことも認めている（LM2, 181）。本章の文脈に置くと、存在への気遣いは、世界内存在としての自己の存在への気遣いであり、そのまま世界が世界となることへの気遣いである点に、彼の思考の一貫性がある。本書第9章1を参照。

10) ハイデガーが死だけを問題にしたのに対して、アーレントは死と終わりを軽んじ誕生と始まりにのみ重みを置いた、という通念がある。ところが、森一郎は、「終わりと始まり、死と誕生、先駆と遡行はたがいに張り合いつつ呼び求め促し合う」という緊張関係を、二人、とりわけアーレントから読みとった（森一郎『死と誕生——ハイデガー・九鬼周造・アーレント』東京大学出版会、二〇〇八年、第二部第二章、とくに二四九頁）。事柄に即した鋭利な指摘である。私のみるところ、「人間は死なくてはならないが、生まれたのは死ぬためではなく始めるためである」というアーレントの発言は、「ために」という視点に寄りかかって始まりと終わりを対比した結果、この緊張関係をいささかゆるめている。

11) 愛は呼びかけへの応答であるから、二人における愛を「相異なるもの同士の合一」として受けとる（T. N. Tömmel, *Wille und Passion: Der Liebesbegriff bei Heidegger und Arendt*, Frankfurt a. M: Suhrkamp 2013, S. 363）のはただしくない。ハイデガーもアーレントも合一という幻想を捨てている（アーレントにおいては、（恋）愛の情熱は、ひととひとを結びつけも隔てもする世界という間の空間を壊す（HC, 242; VA, 309）ものではあるが）。本書第2章注13)を参照。また、森川輝一によると、一人の子どもの誕生が新しい始まりとなるかどうかは、（性）愛によって子どもを生み出した男女の応答に、二人の自由と責任にかかっている（森川輝一『〈始まり〉のアーレント――「出生」の思想の誕生』岩波書店、二〇一〇年、三四二－三五〇頁）。魅力的なアーレント解釈である。しかし、子どもに応答すべき責任をもつ人間は両親だけではないし、子どもの誕生はアーレントに反して「愛固有の産物」（HC, 242; VA, 309）とはかぎらない。

なお、アーレントの『精神の生活』のハイデガー論によると、テクノロジーの本性が全世界を支配する破壊的意志にあるのに対して、あるがままにあるようにする放ち（Seinlassen, Gelassenheit）は存在の呼びかけに従う思考という活動である（LM2, 178）。フォルラートはここから、意志し働きかけて世界に介入することを断念し世界からひきこもる純粋な思考という、アーレントのいつものハイデガー批判の完成形態を導き出す（E. Vollrath, "Hannah Arendt und Martin Heidegger," in: A. Gethmann-Siefert, O. Pöggeler (Hg.), *Heidegger und die praktische Philosophie*, Frankfurt a. M: Suhrkamp 1988, S. 368f., 邦訳、フォルラート「ハンナ・アーレントとマルティン・ハイデガー」森秀樹訳、ゲートマン＝ジーフェルト、ペゲラー編『ハイデガーと実践哲学』所収、法政大学出版局、二〇〇一年、四八九－四九〇頁）。だが、ありのままにあるようにする放ちないし愛はひきこもりではない（本書第5章6－2を参照）。アーレントへの恋文は、彼女も住む世界から撤退するという意味合いをもたないし、どこかの隠れ家に二人で閉じこもろうという誘いでもなく、世界への気遣いに支えられている。

12) ギリシャのポリスやローマの公共的なもの（res publica）は、死すべき人々が相対的に永続する空間であった（HC, 56）。相対的永続とはきわめて長く続くことである。ある不死（an immortality, eine Unsterblichkeit）とはこの相対的永続を指し、カントなどの魂の不死が永遠を意味するのとは異なる。

13) 古井由吉『詩への小路』書肆山田、二〇〇六年、五四頁。

第III部

ヒューマニズムとナショナリズム

――世界への気遣いの限界――

第7章

そいつはただの動物だ
――ヒューマニズムとその彼方――

動物というものは一種の器械です。〔…〕死ぬのが恐いとか明日病気になって困るとか誰それと絶交しようとかそんな面倒なことを考えてはおりません。

宮澤賢治「ビジテリアン大祭」

動物と植物は食物連鎖をなしている。生きものは、光と熱、風と水をもたらす天空と大地のあいだで誕生し、食う、食われるという結びつきのなかで命をつないできた。人間も、食われる側に立つことは稀だがその鎖の環の一つである。あらゆる生きものが自らを中心にして他の生物や無生物に、おおざっぱに言えば世界にかかわっているなかで、とりわけ人間は自分たちが世界の中心を占めると信じている。自然界のピラミッドの頂点に自らを置き、万物の霊長を名乗る。

ハイデガーにとって、西洋形而上学の歴史は、「理性的動物」と解された人間が存在することという事象を忘れてきた歴史である。彼はこの歴史全体を、なかでも、理性によって存在者（存在するもの）全体の主人となろうとする近・現代の動向を「ヒューマニズム（人間（中心）主義）」と呼び、これを克服して、存在することに人間を仕えさせようとした。他の生きものにはない人間固有の使命、つまり人間の人間性、ヒューマニティは理性ではなく、存在することの牧人であることにある。したがって、人間とそれ以外の動物とのあいだには、橋の渡せない河が流れている。死すべきものは人間だけであり、存在者をありのままのものとして思考しそれがありのままに存在するようにするのも人間しかいない。ハイデガーは、人間中心主義のヒューマニズムを超えた彼方にある、いわば真のヒューマニズムを志向し、人間の尊厳を回復することにかすかな希望をかけた。

この章では、人間と動物の境界を調べるとともに、動物たちと人間たちに向かって「そいつはただの動物だ」とうそぶく各種のヒューマニズムと、その彼方について考えたい。罵られる動物や人間は、当の存在者として存在するようにされることを無言で要求している。私たちは、人間中心主義の自制によってこれに応じようとすることができる。

１ハイデガーは理性的動物という人間の定義を拒む。２人間は、近代ヒューマニズムのもとで、理性的動物として世界の支配をもくろむが、現代では徴発される人的資源になり、存在者が当のものとして存在するようにするという自らの尊厳を失う。３西洋形而上学において、人間たちと動物たちは階層秩序をなし、動物とある種の人間はただの動物と卑しめられる。４だがこの階層秩序は維持できない。人間と動物は、資源の一片《ピース》と化し当の存在者として存在するようにされていない点でひとしい。５人間は、現実的・象徴的肉食とも言うべき同化と人間化を行う一方で、人間中心主義のヒューマニズムを抑制し、人間たちと動物たちが当のものとして存在するようにしようとすることもできる。

1　人間という動物

ハイデガーによれば、人間は、伝統的に定義されるアニマル・ラティオナレ（animal rationale, 理性的動物）、つまり、最上層に理性という高度な機能をそなえた動物ではなく、ゾーオン・ロゴン・エコン（zōon logon echon, ロゴスをもつ生きもの）、すなわち、根底からロゴス（言葉、存在者を存在者として理解する能力）をもつ生きものである。

1－1　理性的動物としての人間――アニマル・ラティオナレ

人間ないしヒトが動物であることは常識で、小学生でも知っている。ヒトは、分類学では動物界・脊椎動物門・哺乳綱・霊長目・ヒト科・ヒト属のヒト種であり、数百万年前に東アフリカでチンパンジーとの共通祖先から分岐して誕生した。また、西洋思想史をさかのぼると、ギリシャ人によれば、人間はゾーオン・ロゴン・エコン、つまりロゴス（理性、言語）をもつ動物・生きもの（ゾーエー（zōē, 生命）あるもの）である。これはローマ時代にはアニマル・ラティオナレ、理性的動物と解され、伝統的人間観となった。いずれにせよ人間は動物の一種である。

ところがハイデガーは、動物に理性という種差を加えた理性的動物という人間の定義に疑いをはさむ。進化論に反対するファンダメンタリストではないから人間が動物であることは認めるが、動物性、生きものであることを土台において人間をみることは受け入れない。アリストテレスにおける人間の魂（プシュケー、生命機能）は、生物に共通の栄養摂取と生殖、動物に共通の感覚と運動、人間特有のロゴスという三層構造をなす。二〇世紀のヤスパースは、私たち人間である包括者を、自然科学の対象となりうる生命としての現存在、普遍妥当的真理に参与する意識一般、思考・行為・感情の全体性である精神、さらに自己自身としての実存という四層構造で捉えた（『理性と実存』）。これも理性的動物の変種である。いずれも人間を、それが人間であるゆえん、人間性（フマニタス、ヒューマニティ）、ハイデガーの言う現存在ないし現－存在からつかまえようとしない。

デカルトにとって生きものは機械であった。時計や噴水が人間によって作られた機械でありながら自ら動くように、人間の身体も動物の体も神の手になる機械である。[1] 近代哲学の祖であるのに、彼は理性的動物という伝統的定義を固守する。動物と人間は体が機械だという点は同じで、理性と言語をもつかどうかによって明確に区別される。理性的動物という人間の定義のもとで、伝統的人間学は、動物・生きもののあり方を客体存在（事物存在）として、またロゴスを客体存在の上に備え付けられたものとして理解する（SZ, 48）、というハイデガーの指摘はただしい。

1－2　人間と動物の根本構造の差異——ゾーオン・ロゴン・エコン

これに対してハイデガーは、理性的動物という定義も、人間を含め生きものの体は機械だという見方も斥けた。人間は理性的動物ではなく、人間の身体や動物はただの機械や物質ではない。そもそも、「人間の身体は動物の有機体とは本質的に違うものである」（GA9, 324）。それでは、人間の本質が理性と動物性の二層構造ではないとしたら、人間と動物の差異はどこにあるのか。

一九二九・三〇年冬学期講義のハイデガーの有名なテーゼによると、①「石は世界をもたない」、②「動物は世界が乏しい」、③「人間は世界を形成する」（GA29/30, 263）。世界とは、「存在者が存在者として全体においてあらわであること」（GA29/30, 412）である。①石ないし物質は存在者にかかわらないから世界をもたない。石は日の光によってただ温められる。しかし、人間と動物は存在者に対して開かれており、何らかのかかわりをもつ。②動物は世界をもち、かつもたない。働きバチは花に近づき蜜を吸う。そのかぎりで動物は世界をもつ。だが、花は花という当の存在者としてあらわになっておらず、ハチは存在者に自らかかわるわけではない。蜜と香りに誘われかり立てられてそうふるまう。「ふるまうようにさせられるという朦朧としたさまで」存在者へと開かれているにすぎない。そのかぎりで世界をもたない。すなわち、世界が乏しい（GA29/30, §59）。③人間は、そのつど近づけるすべての存在者（自分、他者、動植物、もの）にかかわっており、存在者が存在者としてあらわである。

したがって、世界をもつか、それとも世界が乏しいかの相違は、存在者を存在者として理解しているか、すなわち、それがあるということ、何であるか、どのようにあるかを、つまり存在者の存在を理解している（GA29/30, 519）かどうか、にある。「存在者としての存在者に関係する〔…〕能力」（GA29/30, 489）、これがロゴスである。『存在と時間』（一九二七年）に戻れば、理解の働きは、「何かを〔当の〕何かとして」理解するという〈として構造〉をもつ（SZ, 149）。この構造は現存在という術語を与えられた人間に固有である。同書で、アリストテレスに学びつつ、ロゴスを語りと訳し、何かを「隠れないものとして見えるようにする」ことにその核心を見出した（SZ, 32f.）のも、〈として構造〉と密接に関連している。

①石は世界をもたない＝存在者にかかわらない
②動物は世界が乏しい＝世界をもち（存在者にかかわり）、かつもたない（存在者として理解しない）
③人間は世界をもつ　＝存在者を存在者として（＝存在者の存在を）理解する＝ロゴスをもつ

そのロゴスは、人間の存在をかたちづくる重層構造の最上階の特徴ではない。人間は理性的動物ではなく、根底からロゴスをもつ生きものである。したがって、ハイデガーはゾーオン・ロゴン・エコンという人間の定義を「人間の人間性に値しない」と考えた、というデリダの読みは誤りである。ハイデガーは、人間をゾーオン・ロゴン・

エコンおよびアニマル・ラティオナレとみなす「形而上学的伝統を〔…〕批判ないし脱構築[2]」したのではない。二つの定義を一緒くたにしなかった。前者の定義を後者の意味で受けとるのは、「現存在のこの定義が取り出された現象的基盤を覆い隠す」(SZ, 165) ことであり、後者は、前者の「形而上学的解釈」(GA9, 322)、つまり、存在を忘れ存在者にしか目を向けない解釈である。

そのかぎりで、人間は動物であっても、たんに理性という高級な機能をそなえた動物ではない。人間の土台は動物性にはなく、動物と人間は根本構造が異なっている。次に、ヒューマニズムとその彼方という視点から人間性について一瞥しよう。

「理性的動物」と解される人間の二種の定義のハイデガーによる解釈

ゾーオン・ロゴン・エコン（ギリシャ）：根底からロゴス（存在者を存在者として理解する能力＝言語）をもつ

アニマル・ラティオナレ（ローマ）：動物性を土台として理性（ラティオ）という高次の機能をもつ

2　ヒューマニズムと人間性——支配者、人材、牧人

ヒューマニズム書簡（一九四七年公表）のハイデガーは、アニマル・ラティオナレという形而上学的解釈と近・現代の根本動向をヒューマニズムと呼び、その彼方を指し示す。理性的動物としての人間は、近代ヒューマニズムのなかで理性によって世界の中心に躍り出るが、自然の支配者であるはずのこの人間は、自然支配の動向に組み込ま

れ、それに隷従するただの人材というものでしかない。それらとは異なる人間性、人間の尊厳をハイデガーは、存在することの明るむ場に立ち出で存在の牧人となることにもとめた。

2-1　理性的動物による世界支配——近代ヒューマニズム

人間はヒトとしては動物だが、動物との共通性から人間を捉えるのは人間の人間性にそぐわない。アニマル・ラティオナレという人間の定義は、人間の本質の「ヒューマニズム的解釈」である（GA9, 330）。古代ギリシャ文化の復興として生まれたローマ時代のヒューマニズム（人文主義）から現代にいたるまでのあらゆるヒューマニズムは、この人間観を前提している。とくに近代ヒューマニズムは、人間を存在者全体の中心に据え、世界は、人間という主観・主体（存在者の根底に横たわる基体、subiectum）にとっての対象、人間が描く世界像となる（GA5, 93）。

人間が存在者を支配する道具が理性である。F・ベーコンにとって、人間の知は自然を支配するための力であった。ヒューマニズム書簡と同じ年に刊行されたホルクハイマーの『理性の腐蝕』によると、古代以来、世界の原理である客観的理性と人間精神の原理である主観的理性が対立してきたが、近代から後者が前者を圧倒し、「理性の操作上の価値、人間や自然を支配するうえでの理性の役割が唯一の基準となった[3]」。これは、理性による啓蒙が野蛮・非合理性に転化するという出来事である。理性の野蛮へのこの頽落は、ハイデガーの場合、「主体性の無条件な本質は〔…〕野獣性のけだものらしさとして展開される」（GA48, 267）と言い表された。

ホルクハイマー：唯一の基準は人間理性による自然支配＝啓蒙の野蛮への転落
ハイデガー　　：人間の主体性の無条件の本質は存在者全体の支配＝野獣性のけだものらしさ

2-2　人材へと事物化される人間

ところが、理性ないし知は人間を存在者全体の主人にしただけではない。人間は支配者であるというよりむしろ、自然を支配するといういわば自然な動向に隷属している。そこにあるのは、「人間の自然に対する支配と自然に対する服従との同一性[4]」である。人間はありのままの自己を存在せず、その理性は自律を放棄し、自然支配の道具、道具的理性となって、より大きな力を獲得し世界を征服しようとするやみくもな衝迫にせきたてられる。このやみくもさについて、ハイデガーは、ただ上昇するという目標しかない「無目標」(GA87, 196)と呼び、ホルクハイマーは、「人間の内外における自然の征服は意味ある動機なしに進行する[5]」と洞察した。内における自然とは、人間に内在する自然な傾向性である。アドルノが言うには、カントの実践理性による峻厳な定言命法は「絶対的なものに高められた自然支配の原理[6]」である。

　ハイデガーなら、ここから理性と動物性(感性)という伝統的な概念系を掘り出すだろうが、ホルクハイマーとアドルノにとって、内的自然は抑圧せずに飼いならすべき動物性であった。しかし、野蛮に陥るのを回避する、理性と自然の宥和は現実となっていない。

　現代人は、政官財学言論界の大立物だろうが、給与所得者だろうが、ニートだろうが、社会という機構の歯車としてしか生きられないかのようである。人間はものとなる。さまざまな哲学者によって人間の事物化(ものに変える働き、物象化)と呼ばれる事態がこれである。同様に、ハイデガーによると、現代科学技術(テクノロジー)の本質は、あらゆる存在者が資源(徴用物資)としてあらわになるように仕向ける総かり立て体制(Ge-stell)にある。自然は技術的利用の対象、「エネルギー資源という主要貯蔵庫」(GA7, 22)になる。理性によって自然を支配しているはずの人間自身も、人的資源ないし人材としてのみあらわにされ、貴重な戦力やお荷物社員になる。専業主婦や学生、子ども、高齢者もマーケティングの対象である。

2-3　ヒューマニズムを超える「ヒューマニズム」――存在することの牧人

この動向に抗するために、ハイデガーは、ヒューマニズムについて思考しつつ、それを超えることをめざし、存在に仕える牧人であることに真のヒューマニティを見つけた。

ヒューマニズムの彼方にあるのは非人間性の唱道ではない。人間の人間性と尊厳を回復する別種のヒューマニズムである。古代以来の種々の形而上学的ヒューマニズムを超える、括弧つきの極限の意味での「ヒューマニズム」は、「存在することへの近くから人間の人間性を思考する」。そこでは人間は「存在することの牧人」(GA9, 342f.)である。存在することの明るむ場（Lichtung, 存在があらわになりうる場）に立ち出で存在を世話する牧人であることが、人間性、「人間の本来の尊厳」(GA9, 330)である。有為な人材として高く評価されることではない。

ホルクハイマーとアドルノが自らの本質が内と外の自然の支配にあることを認め、この支配を緩和して、自然のなかで自分を取り戻す謙虚さをもとうとするのは、存在の牧人の社会哲学的表現である。[7] 二人は理性による外的内的自然の征服を省み、したがって人間の動物性を抑圧しない。ハイデガーにおいて人間と動物の境界線はそれよりもっと明瞭である。形而上学的ヒューマニズムもその彼方のヒューマニズムもこの境界線を疑わない。このことは、次節のように人間たちと動物たちのヒエラルヒーを暗示している。

近代ヒューマニズム	：人間という主体だけが存在者全体ないし自然を支配する＝人間中心主義
それを超える「ヒューマニズム」	：人間だけが存在することの明るむ場に立ち出でる＝存在の牧人という尊厳

3　人間と動物の階層秩序――そいつはただの動物だ

人間たちと動物たちは階層秩序のなかに位置づけられ、動物とある種の人間はただの動物と貶められる。西洋の歴史において、人間と動物と植物はヒエラルヒーをなしている。人間の内部にもしばしば序列が設けられる。動物と人間のこの階層秩序は、ときに理性の歴史的目的論のかたちをとる。その結果、動物はたかが動物と蔑まれ、ある種の人間も獣同然の扱いを受ける。ある種の人間とある種の動物のあいだで地位が逆転することさえある。

3-1　生きものの序列化

西洋史のなかでは生きものが序列化されてきた。アリストテレスにおける人間の魂の三層構造は、無機物→植物→動物→人間という位階秩序を想定していた。ローマ以来の伝統を支える、理性的動物という人間の定義も同様である。デカルトも、あらゆる先入見を排し伝統にそむく一方で、この定義を捨てていなかった。人間の身体や動物はただの物質、機械にすぎない。「最も愚かな子ども、〔…〕頭の錯乱した子ども」や、「語るための〔…〕器官を欠いた、もの言えぬ」人間でさえ、最も完全なサルやオウムに勝る。言葉を語るかぎり、「どれほど愚鈍な人間でも」、理性をもたない動物とは異質である。[8)]

あの定義を堅持するカントによると、人間は人格であって、「私たちが思いどおりにできる理性なき動物のようないものとは、位階と尊厳によってまったく区別される存在者[9)]」である。ハイデガーはこの伝統を解体し動物機械論を否定するが、それでいて石と動物と人間を世界の有無に注目して峻別した。人間と動物の階層秩序という伝統を受け継ぎ、明確な境界を想定した。動物のあずかり知らない人間の尊厳を強調する点では、カントと彼の所作はひとしい。それゆえハイデガーはリルケが「ドゥイノの悲歌」でこう歌うのを拒んだ。

生きものはすべての目で開かれたところを見る
私たちの目だけが反対を向いているかのようだ

この開かれたところ（das Offene）は、ハイデガーにとって、存在することの明るむ場と似て非なるものである。存在することの開かれた場所を「見つけられることが、人間の本質の際立った特徴であり、〔…〕動物と人間の本質のあいだの架橋しがたい限界である」。人間と動物の根本差異をリルケのように消去するのは、動物の「途方もない人間化」であり、「人間の動物化」である（GA54, 226）。開かれたところという語は同じでも、その指すものはまるで違う。存在することの明るむ場という開かれたところに立てるのは人間しかいない。それなのにリルケは動物を人間扱いした。人間を動物扱いしてはならない。

人間と動物を引き離して動物に欠けた能力を人間に認めるこのハイデガーを、デリダは西洋哲学の脱構築すべき伝統のなかに置いた。開かれたところと動物性とをつなぐリルケの主題系から距離をとることは、「人間中心主義の、さらにヒューマニズムの目的論[10]」という閉域の内側にある。ヒューマニズムを超えるハイデガーのヒューマニズムも、人間中心主義という意味でのヒューマニズムを超えていない。

3-2　人間のヒエラルヒー

生あるもののあいだに想定されるこのヒエラルヒーは、次に人間と人間のあいだにも設けられる。有色人種に対する差別や名誉白人という特別待遇はあちこちで見られた。また、ヒトラーはアーリア民族の優秀性とユダヤ民族の劣悪性を唱えた。「人間とサルの距離よりも、ユダヤ人とドイツ人の距離のほうが大きい[11]」。

ナチスが一九三三年に政権を握り、ユダヤ人迫害を推し進めるなかで、ユダヤ人フッサールも苦境に立たされた。フライブルク大学の退官後だったが休職を命じられ、大学への立ち入りも禁じられる。その彼は二年後にウィーンで、「ヨーロッパの人間性の危機と哲学」という題で講演した。実証科学ないし自然主義的客観主義は、巨大な成果を上げているものの、世界が事実上何であるかを確定するだけで、「世界とそのなかの人間の存在は真に意味をもてるのか」[12]という根本の問いに答えられない。この危機を乗り越える哲学は、フッサールにとって、古代ギリシャ以来の理性と精神の運動のテロス（目的・終極）、すなわち自らの超越論的現象学でなくてはならなかった。この運動は、「自然主義を決定的に克服する、理性の英雄主義による、哲学の精神にもとづくヨーロッパの再生」[13]だと宣言された。戦後のハイデガーなら形而上学的ヒューマニズムに分類しただろう、ヨーロッパ史の理性の目的論である。

この「ヨーロッパの精神的形態」ないし「よきヨーロッパ人」は、国家などは多様であっても一つに結合している。そのうえ「哲学は、ヨーロッパの人間性のなかで、たえず全人類の人間性を先導する役割を果たさなくてはならない」[14]。超越論的現象学は、ヨーロッパという地球上の狭く限定された地域――「アジア大陸の小さな岬」（P・ヴァレリ）、「アジアの一半島」（石原莞爾）――にとどまらない人類全体のテロスである。それでは、精神的ヨーロッパ（人）に含まれるのはどこか、誰か。イギリス自治領やアメリカ合衆国は、地図上は別だがヨーロッパに属する。ところが、「定期市の見世物のエスキモーやインディアン、ヨーロッパを放浪しつづけるジプシー」はそうではない。それなら、ヨーロッパの歴史的目的論から当面除外される人々は、（よき）ヨーロッパ人ではないが人間ではあるのか。フッサールは寛大であった。理性という語には広い意味がある。理性的動物という古き良き定義に従えば、「パプア人も人間であり動物ではない」[15]。頭の錯乱した子ども、ひどく愚鈍な人間などとデカルトが例示していたマイノリティは、ここではパプア人という名を与えられている。脱亜入欧の日本人も、名誉ヨーロッパ人か名誉人間であろう。

3-3　動物並みの人間

さらに、ある種の人間は動物並みの存在者に格下げされる。

第二次世界大戦中、米英にとって日本人は動物やサルとしてイメージされた。日本ゴキブリやドブネズミと嘲られ、英紙タイムズのコラムは、「人間か獣か?」という題で、サルか、発育不全の人間か、ヒトと類人猿をつなぐミッシングリンクか、とからかった。逆に、日本人は米英を鬼畜よばわりし、桃太郎に退治される鬼として描いた（J・ダワー『容赦なき戦争』）。動物はしょせん動物だが、そいつらもただの動物にすぎない、というわけである。現代文明に冷淡なハイデガーも、都会人をサル扱いしてはばからなかった（GA29/30, 7）。

3-4　動物以下の人間

理性の目的論のなかで、人間と動物のヒエラルヒーは部分的に崩れる。理性はヒトという種の固有性ではないし、人間のなかにも理性なき動物がいる。

動物解放の倫理学者P・シンガーによれば、動物と人間は深い溝で分かたれてはいない。人間（human being）という表現には二つの意味がありうる。一つはホモ・サピエンスという種の成員で、これを判別するには染色体の性質を検査すればよい。もう一つは人格（person）という意味である。これは、自己意識、自制心、未来および過去の感覚、他者とかかわる能力などの指標をもつもの、端的には「理性的で自己意識のある存在」のことである。シンガーは第二の定義をとる。なぜなら、第一の定義に従えば、第二の定義において人格ではない人間、つまり「深刻な知的障害のために人格では〔…〕ありえない人間」が人間とされ、一方、ヒト以外で人格をもつ動物が人間から排除されるからである。ある種のヒトには人格がなく、チンパンジーや犬、牛などには人格がある。前者を殺すことより後者を殺す方が悪い。[16] カントやハイデガーのありがたがる「人間固有の尊厳」など幻想でしかない。

ヒトを含む動物たちをシンガーが序列化するとき、理性と自己意識のほかに、もう一つ重要な基準がある。それは快苦の感覚である。ベンサムが言うには、問題は、動物たちが理性を働かせることができるか、話すことができるかではなく、苦しむことができるか、である。シンガーは——デリダも同じだが——このベンサムを引き合いに出す。尊厳とは無益な苦痛を味わわない点にある。苦痛を感じる能力は、人間だけの特性ではなく動物も共有する。むしろ、なぜすべての人間に——幼児や知的障害者、犯罪的精神病質者、ヒトラー、スターリンにも——チンパンジーや象や豚にはない尊厳や価値があると言うのか。[17] ヒトに限らずどんな生きものも耐えがたい苦しみを受けてはならず、ひどい肉体的苦痛から解放される死の権利をもつ。

こうして、理性の目的論を骨格にしたヒエラルヒーは動物やある種の人間を軽んじる。理性を中核とする人格と感覚する能力とによって、ある種の動物をある種の人間の上に据える倫理も、このヒエラルヒーを組み換えながら維持している。

生きものなどの序列

デカルト　：最も完全なサルやオウム　↓最も愚かな子ども、語る器官を欠いた人間　↓人間

ハイデガー：石は世界をもたない　↓動物は世界が乏しい　↓人間は世界を形成し存在の明るむ場に立つ

フッサール：動物　↓パプア人、「ジプシー」　↓よきヨーロッパ人（理性・超越論的主観性）

ヒトラー　：サル　↓ユダヤ人　↓ドイツ人

シンガー　：personをもたない深刻な知的「障害」者、ヒトラー　↓personをもつ豚、象、犬、ヒト

4　人間も動物も物資だ

あのヒエラルヒーの内部では、人間だけに尊厳を認めるヒューマニズムが堅持され、存在者がありのままのものであるようにできるのは人間だけである。しかし、各種のヒューマニズムが前提している序列は安泰ではない。人間は動物（並み）であり、軽蔑される動物は動物扱いされる人間である。人間と動物はともに資源の一片という物資と化し、当の存在者として存在しないかぎりで同じである。

4-1　人間にしか尊厳はない

ハイデガーのヒューマニズムの彼方の「ヒューマニズム」も、これを批判するレヴィナスの他なる人間のヒューマニズムも、動物と人間のあいだに橋渡しできない深い河を見出した。

自らの、あるいは自他の死へとかかわって存在するという意味で死ぬのは、つまり死すべきものは、ハイデガーにとって人間だけである。永遠に存在する神や生命のない石はもちろん、動物も死なない。「死ぬとは死を死として能くする〔存在できる〕ということである。人間しか死なない」（GA7, 180）。動物は生命活動が停止するにすぎない。また、レヴィナスのヒューマニズムは、殺しを禁じる顔を他人の顔に限定した。「ものの破壊も狩猟も生きものの殲滅も顔をねらってはいない」[18]。そうすると肖像にも牛や豚にも顔がない。屠られる動物の目はレヴィナスをたじろがせない。殴られた動物が立てる声は機械音である。

そのうえ、言語によって「存在者がひたすらありのままのものであるようにする」（GA5, 16）存在の思考は、ロゴスをもつ生きものである人間、現存在の特権である。存在することは牧人として仕える人間を必要としている。これときわめて類似した仕方で、レヴィナスは、「〔人間が〕他者を「存在するようにする」ためには語るという関係が必要である」[19]としるした。二人のどちらにとっても、存在者が当の存在者として存在するようにできるのは、言葉をもつ人間しかいない。

４－２　人間は動物であり、動物は人間である

ところが、このような仕方で人間の尊厳を見出すのは無理がある。三つの理由で人間は動物であり、動物は人間である。

⑴平均的日常を生きる私たちは死の定めを忘れている。人間はさしあたり、またたいてい死すべきものではなく、動物と同じく自らの死を死として存在できていない。

そのくせ人間は死を恐れる。『存在と時間』では現存在が恐れるものは世界内部で出会う恐ろしいもの、近寄ってくる存在者であった（SZ. 140）。死の不安を忘れている私たちでも、何者かが刃物を振りかざして走ってくれば、死（生命の喪失）の恐怖におののく。これは人間だけではない。食物連鎖のなかで、食われる動物は食う動物から必死で逃げる。ハリネズミは、外敵が近づくと身を丸めて背中の針を立てて敵を威嚇する。高速道路に投げ出されたハリネズミは、自動車の接近を感じとって体を丸める。それは「私は」とか「現にそこに」とか「存在する」などと語れないが、だからといって、「身を丸めているとき死の不安をまるで感じていない、などとどうして主張できるのか[20]」。

もちろん、ハリネズミには〈として構造〉が欠けているから、感じているのは死の恐怖ではあっても死の不安ではないだろう。いや、「その存在においてこの存在そのものにかかわることが重要な存在者（現存在）だけが恐れることができる」（SZ. 141）。そうだとすると、ハリネズミに死の不安や死の恐怖を見つけるのは安易な擬人化、動物の人間化だろうか。しかし、動物と人間をすっきり分断するのは人間の思い上がりである。

(2)これに照応して、平均的人間は自他の存在者が当の存在者として存在するようにしていないし、動物はそもそもそうすることができない。人間は、自分が死すべきものであることを忘れ、ものを、金品や地位や評判などをもっぱら気にかけている。人間が自他を存在するようにしないことと、動物と動物以下の人間にその可能性がない(ように見える)ことのあいだにあるのは、世界をもつことと世界をもちかつもたないことのあいだの裂け目であるとともに類似でもある。

(3)現代技術の本質である総かり立て体制は、人間と動物をひとしなみに扱い、徴用されるべき人的物的資源にする。

第二節で見たように、総かり立て体制のもとであらゆる存在者は資源・物資として徴発される。動物たちも物的資源として存在する。産業動物や売り買いされるペットも、政治的意味を付与されて動物園で展示されるパンダも。動物のみならず、畜産業の労働者や経営者も、いやあらゆる人間が、人的資源ないし人材としての有用性を値踏みされる。昨今、日本の各大学は、産業界や地域のニーズに合わせた人材の育成を要請されている。モルモットは動物種の名前であると同時に、実験動物であるがゆえに、実験台にされる人間の隠喩でもある。モルモットやこれになぞらえられるヒトがただの動物であるだけでなく、あらゆる人間はただの動物、有用か無用な資源の一片(GA79, 37)である。無脳児は臓器移植のための医療資源として有効に活用されうる。脳ヘルニアの新生児について、その父に「現物、見ますか」と尋ねる医師(大江健三郎『個人的な体験』)も、「現物」も、存在価値を見きわめられる人的資源である。人財であることを誇るという倒錯は世にあふれている。

なるほど、「農耕はいまでは機械化された食糧産業になった。本質においてはガス室や絶滅収容所における死体製造と同じものである」(GA79, 27)というハイデガーの所見はおぞましい。しかし、総かり立て体制において、人間であれ動植物であれ存在者が資源としてのみ存在を評価され処理される、というこの洞察は鋭利である。種差別に反対する功利主義者シンガーが、重度障害をもつ乳児とチンパンジーの命の価値を比較し、前者の苦痛を減らすための安楽死を容認するのも、価値という着眼点から存在者の存在を見積もる総かり立て体制における現象であろう。これらはどれも、存在者がありのままの存在者として存在するようにしない態度である。

この激しい潮流は誰が生み出したわけでもないため、ハイデガーは存在することの歴史的運命に帰した。また、啓蒙の弁証法によれば、啓蒙が人間を自然の暴力から連れ出す一歩ごとに、システムが人間にふるう暴力は増大し、思考は、自らが「強制のメカニズム」に屈していることを反省する。この反省をアドルノは「自省するヒューマニティ」と名づけた[21]。ヒューマニズムの彼方をめざすハイデガーの存在史的省察はこの自省である。ハイデガーとアドルノは、人間と動物をともに資源の一片という物資として徴用する歴史的運命に抵抗した。

5　象徴的食人

ありのままのものであるようにしない右のありようは、象徴的な肉食や食人とも言うべき異他のものの同化と人間化である。それでいて、私たちは人間たちと動物たちが当のものとして存在するようにつとめることができる。

5-1　動物が人間の王位を簒奪する

私たちは、動物たちやある種の人間たちを、そうやすやすとただの動物、ただの人格なき存在者として切り捨てられない。動物や、けだもの同然の人間たちが私の主権を奪い取りかねない。動物と人間を蔑視する心の機制について、アドルノはこう書いた。

迫害《ポグロム》の可能性が決定的になるのは、致命傷を受けた動物の目がじっと人間を見る瞬間である。そのとき人間はこの視線に屈せず、「そいつはたかが動物じゃないか」とはね返す。この抵抗が、人間を相手にした残虐行為においてもとめどなく繰り返され、犯人たちは、手を下すごとに「たかが動物」を念仏のように唱えなくてはならない。なぜなら、動物についてもそれを全面的には信じられなかったからである。[22]

動物がどういう生を生き、どのように死に、どう解体されて食卓に来たのか、私たちはそれを見ないばかりか、想像もしない。動物が機械なら、叩かれても、物理的反応として音を立てることはあっても痛みを感じることはないだろう。私たちは、ブロイラーはただの動物だ、と言い張る。そのうえ、犠牲になる獣たちは虐殺される人間たちでもある。極悪人に死刑を宣告するときは、ひとの皮をかぶったけだもの、とののしる。理性や快苦の感覚を基準にして、ある種の人間を大型類人猿以下だと冷静に判定し、その命を奪うこともいとわない。

だが、動物の目は私たちを凝視する。「もの言わぬ動物たちは、私たちを見上げ、静かにつらぬきとおす」（リルケ）。食肉加工センターのある職員は殺される牛と目が合うたびにつらくてたまらない（坂本義喜）。そうだとすると、デカルトにせよレヴィナスにせよ、きっと心底信じていたわけではなかった。たかが動物、ただのもの、と念じて動物の苦痛を否認しただけだった。人間を動物に仕立てるときにも同じ否認の防衛機制が作動する。銃殺するときに目隠しをするのは、顔のないただのものに近づけるためである。

そう唱えなければ、私たちは屠殺することも処刑することもできない。殺人、放火、強盗と悪事のかぎりをつくした「蜘蛛の糸」の犍陀多《かんだた》でさえ、地べたを這う一匹の蜘蛛を踏み潰すのを思いとどまった。瀕死の動物に、ハイデガーにとっては死ぬことのない動物に見つめられるとき、人間の主権は簒奪される。人間中心主義というヒューマニズムは、またそれを超える「ヒューマニズム」も彼方を、外部を指さされる。

人間が動物を同化し肉食する

食われる動物は食う人間を見つめる　⇅　人間は食われる動物を見ないで殺す：「たかが動物」と念じる

5-2　他なるものの象徴的な食人

動物と人間を物的人的資源としてしかあらわにせず、当の存在者として存在するようにしないことは、肉食や動物虐待、ひいては象徴的な食人というかたちをとる。どれも、他なるものを自分に同化する動きである。

私たちは日々、肉や魚や野菜を、他を食う。それだけなら、有史以前からあらゆる生物がしてきた。ヒトは生命体の一種として動植物を食さざるをえない。だが、近代以降人間が存在者の主人に成り上がり、さらに総かり立て体制が地球を制覇するのと並行して、人間と動物のあいだに大きな変化が生まれた。それをデリダは、ここ二世紀来進行中の、動物との関係における「より深刻で同時に見分けがたい変質」と呼ぶ。「動物肉の食糧生産〔…〕の工業化」「遺伝子実験」などの例を、「人間の人間的な存在と想定上の幸福という目的のための手段へと〔…〕動物を切り詰めること」[23]と説明した。この変化は、「擬人化し擬神化して再び自分に固有のものにする働き」[24]の徹底である。擬人化し擬神化する再自己固有化とは、人間から逃れる動物を再びつかまえ、神のかたちをした人間自身の望みどおりの姿に変えて自分だけのものとして取り戻すことである。これは紛れもなく暴力である。

しかもそれは肉食だけの話にとどまらない。食うとは換喩としては「経験の概念そのもの」[25]である。帆という部分が船という全体の換喩になるのと同じく、動物を噛んで呑みこむのは他なるものを経験すること一般の換喩である。他なるものは自己によって経験され、自分のものとして摂取され、再自己固有化される。「ナチスがユダヤ人にしたことは人間が動物にしてきたことと大差ない[26]」。アドルノが屠殺とユダヤ人のポグロムを二重写しにしたように。工場畜産はハイデガーの言う機械化された食糧産業であり、ガス室における死体製造に似ている。獣に対する人間の関係は、獣同然の人間に対する人間の関係である。肉食が経験の換喩であるとすれば、獣は他なるものの換喩である。私たちは劣等人種などのマイノリティ、弱者につねに手を下してきたし、現に下している。動物と人でなしは私たちによる同化を拒絶するが、私たちはそれらを捕獲し再自己固有化する。

それどころか、ひょっとすると肉食はカニバリズム（人肉食）である。デリダは、肉食の人間は誰もがひそかに人食いであり、食人は抑圧によって避けられているだけではないかと疑った[27]。魯迅の主人公は、食人習慣をもつ兄に食われるのを恐れた。幼くして死んだ妹を兄は食し、知らぬまに自らも妹の肉を食わされたかと恐れ、自分は人食いの弟だ、自分も人食いだ、という妄想に苦しんだ（「狂人日記」）。他なるものの再自己固有化の典型が肉食であり、その極限が食人である。私たちは獣を食い、人を食う。食人が獣のふるまいなら、私たちは獣である。

これと対照的な菜食主義や動物愛護はどうだろうか。それらが動物たちの同化を嫌いその他性を尊んでいるのは間違いない。ところがデリダは、ベジタリアンたちの意図の倫理的純粋さなど信じないし、厳格に維持可能だとも思わない。「ある種の共食いはやはり克服できないままにとどまる[28]」。肉食を選ぶことなく選んでいる私たちが象徴的な意味で人食いであるように、ベジタリアンも象徴的な肉食と食人をそれと知らずにおこなっている。「ある種のものや人間たちに対する憎悪を動物たちに対する慈悲で偽装する[29]」迫害者たちがいる。ヒトラーは愛犬家でベジタリアンだった。ナチ党は動物保護の法制化を進めた。憐れみと敵意は背中合わせである。自分の加害性と加虐性に気づかないヒューマニズムや動物愛護は抑圧という防衛機制であろう。敵意をもたない人間がいるだろうか。「人を食った態度」「食ってかかる」のように、人を食うという日本語はありふれた修辞である。肉食しようとしまいと、人間は誰もが人食いである。

人間が他を同化し食う

人間→動物　：肉食
人間→人間　：人を食う・象徴的食人
人間→他一般　：他の同化＝経験一般

5-3　他を同化するヒューマニズムの自制

他なるものの同化という意味での擬人化は避けられないが、そのあやうさを意識するかぎり、人間中心主義としてのヒューマニズムに歯止めがかけられる。

ハイデガーにおいて人間のみに認められていた、あるものを当のものとしてあらわにする働きはそう簡単にはできない。西洋形而上学は存在することが存在者としては現れるが存在すること自身としては退く歴史だ、と彼が考えたのはそのためである。この歴史は近代には人間中心主義の格好をとった。私たちは動物をも他者をも同化し食っていて、また他者によって同化され食われている。ハイデガーによれば、人間がともに存在する相手は人間だけであり、動物とは一緒に動くことはあっても、ともに存在することはない（GA29/30, 299-301）。ともに存在するとは本来、同化することもされることもなく、他なるものが他としてあるようにすることにちがいない。象徴的共食いをつねとする私たちが他とともに存在できるだろうか。

人間の認識はどれも、他を自らの姿に擬する擬人化、あるいは自分の視点から同化吸収する人間化であらざるをえない。だからこそニーチェは、「自分自身をものの意味や価値尺度として見積もるのは、相も変わらず人間の途方もない素朴さである」[30]と嘲笑していた。人間たちも動物たちもそれぞれの視角から世界を捉えている以上、人間ないし自己が唯一の尺度ではない。

ところが、強引なハイデガーによると、ニーチェにとって、自分が意味や価値を定立していることに、「ものの擬人化」に気づかないことが素朴さなのであり、「世界を人間の像に似せて〔…〕定立することがあらゆる世界解釈のただ一つ真実な仕方である」（GA48, 129）。擬人化ないし人間化とは存在者全体を人間の模像に仕立てるという事態である。人間からかけ離れた生きものとして解釈される場合にも、基準があくまで人間にあるかぎり、存在者は人間化されている。これは、レヴィナスが「他の同（自己）への還元[31]」、デリダが擬人化する再自己固有化と呼んだ運動である。ハイデガーは、近代ヒューマニズムが存在者全体の擬人化であり、存在者はどれも人間から本質形態を借りるがゆえに「存在者のあらゆる解釈は擬人化でしかない」（GA49, 72）と主張する。

他の同化（五人ともいわば否定的）

ニーチェ　：自分をものの価値尺度として見積もる素朴さ
ハイデガー：存在者全体の擬人化・人間化
レヴィナス：他の同（自己）への還元
デリダ　　：他なるものを擬人化し再自己固有化（再び自分のものにする）
アーレント：世界の異他性と世界の別のあり方を止揚（本書七三頁）

そのくせ、ハイデガーは自分の思考については人間化の疑惑をはねつけた。存在することの思考も、特定の視角からの思考である以上、存在者全体の擬人化にならざるをえないのではないか。いや、そうではない。「人間が〔…〕現-存在をそれとしてより根源的に認識し根拠づけるほど、人間化が真理（アレーテイア）を危険にさらすという疑念はいっそう非本質的になる」（GA44, 129）。存在の呼びかけに答えて明るむ場に立つ以上、存在の思考だけは再自己固有化や同への還元ではない、という釈明である。

だが、これは素朴にすぎる。どうあがいても人間化はつきまとう。動物たちは自らの環境を構成し、人間もそれぞれに世界を形成する。人間同士でも、視力や目の位置が違えば別な世界が形成される。この世界形成は擬人化ないし人間化以外の何ものでもない。むしろ重要なのは、存在者を当の存在者としてあらわにはできないという有限性の意識である。それが人間中心主義への傾斜をゆるめる。人間は遍在する神でもその似姿としての普遍的理性でもなく、自らの現存在を基点にして認識するしかない。しかしそこから、「人間はあらゆる認識されうるもの、あらゆる存在者の尺度でなくてはならない」という帰結が生じるわけではない。[32] 他の同化という意味での人間化は避けられないが、その限界をわきまえるかぎり、人間中心主義を辛うじてまぬかれる。

他を同化しない態度

ハイデガーの存在の思考：存在の呼びかけに応答して現-存在する〔だがこれも同化の一種では?〕

私たちの思考　　　　　：同化が不可避であることを自省し抑制する

5-4　無言の自然が語るようにする――ありのままのものであるように

私たちは、象徴的食人と擬人化のあやうさをおそれながら、もの言えぬ自然に語らせることによって、人間たちと動物たちがありのままのものであるようにすることができる。それらの側も、私たちがありのままの私たちであるようにすることができる。

一九二九・三〇年冬学期のハイデガーによると、孤独のなかでこそ、「どの人間もはじめて、あらゆるものの本質の近くへ、世界へといたる」(GA29/30, 8)。これは、存在することの近くが故郷だというヒューマニズム書簡の発言を先取りしており、そのかぎりでは、もはや自然支配という意味でのヒューマニズムにとどまっていなかった。人間は、「存在者が存在の光のなかでありのままの存在者として現出するように」(GA9, 330)、存在することの明るむ場へと投げ出されている。そうだとすれば、動物のまなざしにもこたえなくてはならない。「ものへの真の近さ」(GA9, 175)という祈りは、動物や石というものにも向けられているだろう。

これに応じるかのように、ホルクハイマーによれば、「もの言えぬすべてのものの声であること、自然にその苦痛を語る器官を与えること」が、かつて哲学と芸術と文学の努力であった。[33] この自然は最も広い意味でのものである。石も植物も動物も他者も、自己もそのなかの抑圧された自然も、声にならない声でつぶやいている。理性や言語をもたない胎児や「植物人間」も。ただの動物、サル以下と侮られるものたちに耳を傾けるこの営みは、ハイデガーの思考でもあるにちがいない。ある農民の素朴な言葉では、「野菜は野菜らしく、ニワトリはニワトリらしく〔存在できるように〕」（八尋幸隆）。

もちろん、これも自然の擬人化、動物の人間化ではないかという疑念は晴れない。自分を動物に投影するのは贈与ではなく暴力である。しかし、ロゴス――非言語芸術や非言語の所作にも浸透しているロゴス――を授けられた人間が、発声器官をもたないか、もっていても言葉を発さない存在者のありよう（存在）に仕えず、聞こえないふりをすることは、より大きな暴力である。

そのうえ、人間と動物、ものとの関係は一方的贈与ではない。動物が私を見つめ、私のかたわらに（ハイデガーに反した表現では、私とともに）存在することは、私が私でありうる契機ともなりうる。生きものや石ころや芸術作品から、物的資源としての有用性とは違うものを受けとる経験はさほど珍しくない。これはフェティシズムや偶像崇拝ではない。沈黙する自然に代わって、チンパンジーに劣る人間や動植物やものに代わって語ることは、ロゴスをもつ人間に課されている。この応答関係が生まれる場を、ハイデガーは存在することの明るむ場と名づけた。私たちは同化の危険を冒しながらも、沈黙する自然が語るよう、ありのままのものであるようつとめることができる[34]。

私は動物や他者とともに存在する

動物や他者は無言で語り私を見つめる　⇅　私は動物や他者が語るように、ありのままであるようにする

＊

近代ヒューマニズムの自負に反して、人間は世界の中心に座してはいない。総かり立て体制にあって、人間も自然も人的物的資源として存在している。動物だけでなくある種の人間もただの動物として処理される。それゆえ、存在することの牧人として、存在者が当の存在者として存在するようつとめなくてはならない。それが世界を気遣うことである。日々、現実に肉を食い象徴的に人を食っている身にはそれはたやすくないが、自らが動物たちと人間たちに対して極度の人間中心主義に傾くのを抑制することはできる。ところで、思考は特定の視角からの思考であり、人間は誰もがナティオ（生まれ・出自）によって何ほどか規定されているから、ヒューマニズムも、これを超えるヒューマニズムも、ナショナリズムと無縁ではありえない。次の二つの章でそれをみよう。

注

1) *Œuvres de Descartes*, éd. Adam & Tannery, Paris: J. Vrin, T. XI, 1974, pp. 119f., T. VI, 1973, p. 46.

2) J. Derrida, *Séminaire: La bête et le souverain*, v. 1, Paris: Galilée 2008, pp. 459f.（邦訳、デリダ『獣と主権者I』西山、郷原、亀井、佐藤訳、白水社、二〇一四年、四二六-四二七頁。）とはいえ、本書第4章「応答する言語」では、animal rationale に近づけられた zōon logon echon（人間が言語をもつ）から「言語が人間をもつ」へ移行した。

3) M. Horkheimer, *Eclipse of Reason*, London: Continuum 1974, p. 21.（邦訳、ホルクハイマー『理性の腐蝕』山口祐弘訳、せりか書房、一九八七年、三〇頁。）

4) *Ibid.*, p. 95.（邦訳、一一六頁。）

5) *Ibid.*, p. 94.（邦訳、一一五頁。）

6) Th. W. Adorno, *Probleme der Moralphilosophie*, Frankfurt a. M.: Suhrkamp 2010, S. 155.（邦訳、アドルノ『道徳哲学講義』船戸満之訳、作品社、二〇〇六年、一七六頁。）

7) M. Horkheimer, Th. W. Adorno, *Dialektik der Aufklärung*, Frankfurt a. M.: Suhrkamp 1972, S. 46.（邦訳、ホルクハイマー、アドルノ『啓蒙の弁証法』徳永恂訳、岩波文庫、二〇〇七年、八四頁。）

8) *Œuvres de Descartes*, T. VI, pp. 57f.

9) *Kant's gesammelte Schriften*, hrg. von der Königlich Preußischen Akademie der Wissenschaften, Bd. VII, 1917, S. 127. 強調はカント。

10) J. Derrida, *De l'esprit*, Paris: Galilée 1987, pp. 85f.（邦訳、デリダ『精神について』港道隆訳、人文書院、一九九〇年、八七-八八頁。）しかしダステュールは、「最も深遠な形而上学的ヒューマニズム」（*ibid.*, p. 28, 邦訳、二一頁）だというこのハイデガー批判を見すごしにできない。デリダは、動物的な人間（理性的動物）と人間的な人間（存在の牧人）とのハイデガーの峻別を忘れている（F. Dastur, "Pour une zoologie "privative", ou Comment ne pas parler de l'animal," in: *Alter*, n° 3, 1995, pp. 303f.）。ダステュールによると、ハイデガーの望みは階層秩序の維持ではなく、むしろそれぞれの固有性を重んじることにあり、デリダのようにそれぞれに固有なものを否定して人間と動物の境をなし崩しにすれば、動物からもその固有なものを奪う結果になる。

11) Ｐ・レーヴィ『アウシュヴィッツは終わらない』竹山博英訳、朝日選書、二〇一一年、二四一頁。「野蛮人や黒人や日本人は獣じみている、サルそっくりだ」（Th. W. Adorno, *Minima Moralia*, Frankfurt a. M.: Suhrkamp 1989, S. 133, 邦訳、アドルノ『ミニマ・モラリア』三光長治訳、法政大学出版局、一九七九年、一五〇頁）。

12) E. Husserl, *Husserliana*, Bd. VI, Den Haag: M. Nijhoff 1962, S. 4.（邦訳、フッサール『ヨーロッパ諸学の危機と超越論的現象学』細谷恒夫、木田元訳、中央公論社、一九七四年、一八頁。）強調は引用者による。

13) *Ibid*., S. 347f.（邦訳、フッサール「ヨーロッパ的人間性の危機と哲学」清水多吉、鈴木修一訳、『30年代の危機と哲学』所収、平凡社ライブラリー、一九九九年、九四頁。）

14) *Ibid*., S. 319, 348, 336.（邦訳、三四、九四、七一頁。）

15) *Ibid*., S. 318f., 337.（邦訳、三三、七三頁。）

16) P. Singer, *Practical Ethics*, 3. ed., Cambridge: Cambridge University Press 2011, pp. 73-75, 101, 119.（邦訳、シンガー『実践の倫理』山内友三郎、塚崎智監訳、昭和堂、一九九九年、一〇三-一〇六、一四三、一六〇頁。）

17) Id., *Animal Liberation: The Definitive Classic of the Animal Movement*, updated ed., New York: HarperCollins 2009, pp. 238f.（邦訳、シンガー『動物の解放』改訂版、戸田清訳、人文書院、二〇一一年、三〇二-三〇三頁。）

18) E. Levinas, *Totalité et infini: essai sur l'extériorité*, The Haag: M. Nijhoff 1984, p. 172.（邦訳、レヴィナス『全体性と無限(下)』熊野純彦訳、岩波文庫、二〇〇六年、三九頁。）「殲滅」と訳した原語はexterminationで、ナチスが企てた民族絶滅にも使われる語である。「生きものによって自分のものにされる存在、同化されうるもの——それが食物である」（id., *Entre nous: essais sur le penser-à-l'autre*, Paris: B. Grasset 1991, p. 25, 邦訳、レヴィナス『われわれのあいだで——《他者に向けて思考すること》をめぐる試論』合田正人、谷口博史訳、法政大学出版局、一九九三年、二一頁）。人間は他者のために自然を支配者すべきだから、食物連鎖という冷厳な事実はヒューマニスト、レヴィナスをひるませない。

19) Id., *Totalité et infini*, p. 43.（邦訳『全体性と無限(上)』熊野純彦訳、岩波文庫、二〇〇五年、一一八頁。）

20) J. Derrida, *Points de suspension*, Paris: Galilée 1992, pp. 314, 322. 人間を特別視しないデリダによれば、ハリネズミには、言葉も、死へとかかわる存在も、自動車道に投げ出されて存在するという被投性も欠けていない（*ibid*., p. 314）。

21) Horkheimer, Adorno, *op. cit.*, S. 45.（邦訳、八二–八三頁。）Adorno, *Probleme der Moralphilosophie*, S. 251.（邦訳、二八〇頁。）

22) Id., *Minima Moralia*, S. 133.（邦訳、一五〇頁。）

23) J. Derrida, *L'animal que donc je suis*, Paris: Galilée 2006, pp. 45f.（邦訳、デリダ『動物を追う、ゆえに私は〈動物〉である』鵜飼哲訳、筑摩書房、二〇一四年、五四–五五頁。）

24) *Ibid.*, p. 37.（邦訳、四三頁。）擬神化とは、ヤハウェの神が、自らの似姿であるアダムが動物たちに命名するのを見守り、「動物たちが人間の権力に苦しむよう運命づける」（*ibid.*, p. 35, 邦訳、四一頁）ことであり、擬人化の一つである。

25) Id. *Points de suspension*, p. 297.（邦訳、デリダ「「正しく食べなくてはならない」あるいは主体の計算」鵜飼哲訳、J＝L・ナンシー編『主体のあとに誰が来るのか？』所収、現代企画室、一九九六年、一七八頁。）

26) E・フォントネ『動物たちの沈黙――〈動物性〉をめぐる哲学試論』石田、小幡谷、早川訳、彩流社、二〇〇八年、七五二頁。なお、本章は博捜をきわめる同書に多くを負う。

27) J. Derrida, *Séminaire: La bête et le souverain*, v. 2, Paris: Galilée 2010, p. 209.（邦訳、デリダ『獣と主権者Ⅱ』西山、荒金、亀井、佐藤訳、白水社、二〇一六年、一八五頁。）

28) J・デリダ、E・ルディネスコ『来たるべき世界のために』藤本一勇、金澤忠信訳、岩波書店、二〇〇三年、九九頁。

29) Fr. Nietzsche, *Sämtliche Werke*, Kritische Studienausgabe, Bd. 3, München: dtv 1980, S. 456.

30) Id., *Wille zur Macht*, Stuttgart: A. Kröner 1964, S. 16. 人間化ないし擬人化を動物と関連づけて問うことについては、拙著『ハイデガーとともに、ハイデガーに抗して――無意味な世界における意味の誕生』晃洋書房、二〇一七年、五四–五八頁を参照。

31) Levinas, *op. cit.*, p. 16.（邦訳、上巻、六八頁。）

32) T. D. Kopriwitza, "Heidegger und der Anthropozentrismus," in: *Heidegger-Jahrbuch*, Bd. 10, 2017, S. 189. コプリヴィツァによると、「制御された」非人間中心主義的な擬人化をハイデガーは主張している。あらゆる認識は人間の現存在を基点とするから擬人化だが、だからといって人間があらゆる存在者の尺度だとは限らない。超越しているのは彼岸の存在者ではなく存在すること自身である。尺度は人間的なものだとしても、たんに人間的であるにすぎないものではない。この文脈では、擬人化というタイトルはハイデガーの克服すべきヒューマニズムをまぬかれる（ibid., S. 186-190）。

33) Horkheimer, *Eclipse of Reason*, p. 101.（邦訳、一二二頁。）注8)のデカルトの発言を参照。「もの言えぬ」と訳した原語はデカルトでは muet、ホルクハイマーでは dumb である。

34) 人間化やヒューマニズム（の彼方）とは、したがって工場畜産とは異質な、動物との関係の例を、屠られる牛と屠る側の幼女とのあいだで成立した見つめ合い語り合う関係の例を挙げたい。ここでは牛は「たかが動物」ではない。人間が稀有な仕方で牛とともに存在したその場所は、前近代、昭和初期の奄美群島にあった。

牛は優しい眼つきで私の眼を見ていました。涙がこぼれそうなぐらい胸にひびくあたたかい眼でした。斧を持った阿仁おじが何かに区切りをつけるように、「がんば」と言って私の側にきて立ちました。私は「ああまき（眉間）を打つのだわ」と思ったんです。でもちっとも怖くはありませんでした。ただ「さようなら」だと思っていました。牛も私も目をそらさず互いにみつめあっていました。この時の牛の眼を私は生涯忘れることができません。

（島尾ミホ『海辺の生と死』中公文庫、二〇一七年、五〇－五一頁。）

第8章 ハイデガーのナショナル・ヒューマニズム
――デリダのゲシュレヒト（一族・同類）論のかたわらで――

世界史の課題を担い、且つ実現しつつあるというような、いわば世界的な風格を帯びた日本人……

高坂正顕　一九四二年三月

もしもドイツ人が「ドイツ的なもの」を見出しまもるなら、ドイツ人によってのみ世界歴史の省察が到来できる。

M・ハイデガー　一九四三年夏学期

「私はアイヌだ。何処までもアイヌだ。何処にシサム〔和人〕のようなところがある?!」。知里幸恵は一九歳で世を去る二か月余り前の日記にそうしるした。

人間は一人ひとり何らかの生まれ（natio《ナティオ》, 出自）によって存在し、何らかの民族ないし国民（natio）の一員として育つ。親を知らないひとも無国籍者もいわゆるミックスもナティオの刻印を打たれている。生物学上の母や父がどの民族で何者かも不明だということはそのひとの存在の根底にかかわる。そのうえ、誰しも人間（homo《ホモ》）として他の生きものやものから区別され、人間としての普遍性ないし共通性をもつ。ナショナリティ（国籍・国家・国民（性）・民族（性）・部族・出自）とヒューマニティ（人間性・人類）は、どちらも各人を規定する契機であり、各人が世界の内に存在する仕方に深く影響する。本章では、ハイデガーにおけるゲシュレヒト（Geschlecht, 類・種族・家系・性・世代など）という語に注目した一九八〇年代のデリダのかたわらに立ち、「ナショナル・ヒューマニズム」（デリダ）についてハイデガーを中心に一考したい。

１ナショナリズムはヒューマニズムと密接に関係するナショナル・ヒューマニズムである。しかもそれはさしあたりたいてい、自分のネーション（とくに国民または民族）だけが人間《ヒューマニティ》としての普遍性を体現すると思い込み、他の多くのネーションやゲシュレヒト（一族・同類）を排除し自らのネーションに集約するナショナル・ヒューマニズムBに傾斜する。２ハイデガーも、多を一に、他を自に還元するナショナル・ヒューマニズムBをまぬかれないが、３同時に、他に帰属してBを自制するナショナル・ヒューマニズムAにも向かう（AとBの区分けは私による）。BはAの欠如的様態（Aを否定したあり方）である。４他に帰属するナショナル・ヒューマニズムAは、多の集約を控えながら、すべての存在者がありのままに存在し、世界が世界となるように気遣う。

1　ゲシュレヒト

ナショナリズムは自らの独自性を確保するためには普遍性を獲得しなくてはならず、ヒューマニズムと不離の関係に立つ。自らのナショナリティが何ほどかヒューマニティを代表できると考える。それがナショナル・ヒューマニズムである。ナショナル・ヒューマニズムはさしあたりたいてい、自分のネーション（国家・国民・民族・種族・部族・出自）や自分のゲシュレヒトとは異なるさまざまなネーションやゲシュレヒトを自分のネーションやゲシュレヒトという一に集約する動き、ナショナル・ヒューマニズムBである。

1-1　ゲシュレヒトの多義性と一義性

一九五二年の講演「詩そのものにおける言語」のなかで、ハイデガーはゲオルク・トラークルの詩そのものの場所を論究した。

それによると、偉大な詩人たちはそれぞれ独自で唯一の詩そのものから詩作し、その詩そのものは言われないままにとどまる。個々の詩作品もその総計もすべてを言いつくすことはできず、詩作品は詩そのものという全体から語る。場所（Ort《オルト》）とはもともと槍の穂先のことで、穂先ではすべてが一つに結集する。トラークルの詩そのものの場所は、彼のさまざまな言葉や詩作品を詩そのものへと集約する。その場所は夕べのくに（Abendland《アーベントラント》, 一般的にはヨーロッパ、西洋）である（GA12, 33-35, 73）。トラークルは夕べのくにから語った。その彼の詩作品「夕べのくにの歌」の終わり近くに、珍しくコロンを打たれた行がある。

：*Ein* Geschlecht　　：唯一のゲシュレヒト

ハイデガーが言うには、トラークルの全詩作品中で、字間をあけて強調した語はこの Ein《アイン》（唯一の）しかない。ゲシュレヒトという言葉は多義的である。まず類、種、したがって人間という歴史的ゲシュレヒト（類）、つまり他の生物から区別された人類（Menschengeschlecht《メンシェンゲシュレヒト》）を、次に人類のさまざまなゲシュレヒト、つまり種々の部族・氏族・一族・家系を、また男女という「ゲシュレヒトの二重性」つまり性を、さらに諸世代を意味する。ハイデガーによると、あの *Ein* には「心の夜の結集する青さから統一するもの」が隠れている。これは、種々の族は多でありながら統一した一つの族をなし、両性は争いながら一つの性にまとまるということだろう。トラークルの多義的な言語は科学の一義的概念の精密さをはるかにしのぐ厳格な一義性をそなえている（GA12, 74, 71）。ゲシュレヒトという語は、多義的でありながら唯一であるトラークルの言語の格好の例である。日本語で比較的近いのは「族（同族・一族）」や「類（同類）」だろうか。本章ではときおりゲシュレヒト（一族・同類）、族《ゲシュレヒト》などと表記した。

この単語は、私などにはそうだったが、ハイデガーのトラークル論をざっと読んだだけではさほど目立たない。その言葉に光を当て、繰り返し主題に据えたのはデリダである。[1] 彼は、多義性をばらけさせずに一義性に収斂させるハイデガーの思考に、種子が風にあおられて散らばるような分散（dissémination, 散種）を強調する自分の思考を対置した。自らの重要な問いの一つに、「多義性と分散」[2]という題を与えた。私たちに身近な例を挙げるなら、性という意味でのゲシュレヒトは、今日、男女の二重性とその統一というハイデガーの集約をまぬかれてばらけている。多義性と分散という主題はデリダのゲシュレヒト論の核心をなし、哲学のナショナリズムをめぐる彼の思考を先導している。

多義性（ハイデガー）：ばらばらにならず、一義性に集約される
分散（デリダ）：ばらばらになり、一に集約、還元されない

ゲシュレヒトの多義性：さまざまな類、人類、同類、種族、一族、家系、性、世代
ゲシュレヒトの一義性：各ゲシュレヒト（類、家系等々）はそれぞれ一に集約される　↓人類は一つ

1-2　ナショナリズムとヒューマニズムの結びつき――「われわれのゲシュレヒト」

デリダは、「ナショナリズムがコスモポリタニズムやヒューマニズムと結ぶ逆説的だが規則的な連係[3]」に注意を向けた。どういうことか。

ナショナリズム（nationalism）とは、大雑把に言うなら、自分の生まれ《ナティオ》（民族・国民・出自）に、いやほとんどの場合ネーション（国民・民族・国家）という「想像された共同体」に規定されてこれを重んじる種々の立場であり、このナショナリズムは日本語では民族主義、国家主義、愛国心などと訳される。アンダーソンによると、国民ないし国家という意味でのネーションは、国境によって限定され主権的なものとして想像された共同体である[4]。コスモポリタニズムは、人間はコスモス（宇宙、世界）というポリス（国家、都市）の市民だという考え方である。一見してナショナリズムとコスモポリタニズムは相対立する。連係などありそうもない。

しかし、ナショナリズムはしばしば、哲学的ナショナリズムはなおさら、自らのネーション、ゲシュレヒトの特殊性を説くだけではなく、その特殊性が普遍性、人間というゲシュレヒトつまり人類の範型（模範である原型）、人間性《ヒューマニティ》（Menschheit, Menschlichkeit, humanité）そのものにつながると考える。ナショナリズムは、自らのネーションの独特さないしアイデンティティを確保するためには、コスモポリタニズムやヒューマニズムに結びつかざるをえない。

たとえば、対ナポレオン解放戦争のさなかに行われたフィヒテの『ドイツ国民に告ぐ（Reden an die deutsche Nation）』（一八〇八年）は、哲学的ナショナリズムの連続講演であると同時にヒューマニズムの作品でもあった。デ

リダはその講演をしばしば取り上げる。

フィヒテにとって、ドイツ人は根源民族であり外国人は非根源的である。だが、ドイツ国民の現実がそのまま根源性であるわけではないし、どんな外国人にも根源性が無縁なわけでもない。むしろ、「根源的生の流れ」につかまえられるのを待ち受けている人間、あるいはせめて自由を予感し愛する人間は、みな根源民族、民族そのものであり、ドイツ人である。「精神性とその自由を信じ、この精神性を自由によって永遠に発展させることを意志する者は、どこで生まれようと、どんな言語を話そうとわれわれのゲシュレヒト（一族、民族）である」[5]。

これとは反対に、停止や後退、循環を、死んだ自然を信じる者は、「どこで生まれようと、どんな言語を話そうとドイツ人ではなく、われわれにとって外国の（fremd, よその）ひとである」。ドイツ人か外国人かを区別する根拠は、「人間自身のなかの絶対に第一で根源のものを、われわれのゲシュレヒト（一族、人類）の自由を、〔…〕永遠の進歩を信じるかどうか」にある[6]。生まれ育ちも、使用言語も、ドイツのものに愛着を抱くかどうかも、真のドイツ人を見分けるしるしではない。

いま、「われわれのゲシュレヒト」というフィヒテの表現を、一方は（一族、民族）、他方は（一族、人類）と訳し分けた。しかしこれは文脈に照らしてとった便宜的措置にすぎない。彼において、自由を愛する人間は根源民族であるだけでなく、「根源的人間」[7]である。真のドイツ人は真の人類であり、真の人類は真のドイツ人である。われわれのゲシュレヒトとは、ナショナルなものであると同時にヒューマンなものである。フィヒテにとって、民族ないし国民というネーションのレベルでのゲシュレヒトは、人類という高次のゲシュレヒトと不可分に結びついていた。ナショナリズムとコスモポリタニズムやヒューマニズムとの連係というデリダの逆説は、このように読みとくことができる。ドイツに住んだことさえなくドイツ語を片言も話せなくとも、真の人類（ゲシュレヒト、ヒューマニティ）はドイツ人であり同じ族《ゲシュレヒト》である。

特定のくに（国、土地）に住み特定の言語を語りながら、人間としての普遍性、人間性を体現すると信じるのは、つまりナショナリズムとヒューマニズムの連係は、デリダの言い方では「ナショナル・ヒューマニズム」である。ドイツは「人間の本質」の国だという自負がその一例である。[8] それは、ドイツ人というナショナリティがヒューマニティそのものを（何ほどか）代表できると信じる。

われわれのゲシュレヒト（一族）
民族（ネーション）というゲシュレヒト　：真のドイツ人
＝
人類（ヒューマニティ）というゲシュレヒト：真の人間

1-3　多を集約し他を排除するナショナル・ヒューマニズムB

ゲシュレヒトというドイツ語は、ネーションというゲシュレヒト（民族・国民）の特殊性と、人間というゲシュレヒト（人類）の普遍性を、つまりはナショナル・ヒューマニズムを一身に帯している。ゲシュレヒトは特殊性と普遍性をあわせもち、ナショナリズムはヒューマニズムになる。

ナショナル・ヒューマニズムは、（『存在と時間』で非根源的で非本来的な実存を特徴づけた言い回しを借りると）さしあたりたいてい、自らのネーションというゲシュレヒトだけが人類というゲシュレヒトの範型だと信じて、自分の外部の多くのゲシュレヒトを自らのゲシュレヒトという一へと集約するナショナル・ヒューマニズムBになる。ナショナリストの哲学者はわが哲学こそは「真のドイツ哲学」だと自負するだけで終わらず、さらに進んで、「哲学そのもの」、「哲学の普遍的テロス」として自らを提示する。[9] 真のドイツ哲学だけが真の哲学である。

多の集約は他の排除である。フィヒテは、生きた精神の自由を信じないでその永遠の発展に努力しない者を、ドイツ人から、ひいては人類から切り離した。「われわれのゲシュレヒト（一族、人類）の自由」を、つまり「永遠の進歩」を信じない人間は、ドイツ語を母語としようと、アーリア民族であろうと、われわれのゲシュレヒトに属さない異邦のよそ者である。フィヒテには、シェリング自然哲学は「死を信じる外国の哲学」であった。自然哲学者はドイツ人の資格を剝奪される。また別のドイツ人は「われわれドイツ人のなかの非ドイツ的精神」だと侮られる。[10] それどころか、人類というゲシュレヒトからも外れているとさえ罵られかねない。「ひとの顔をした獣」（たとえば連続殺人犯）が人間ではないように、本物の生きたドイツ人でなければ本物の生きた人間ではない。

それは、八紘一宇という八を一に還元する思想が海外侵略や「非国民」の弾圧を伴いえたのを思い起こさせる。石原莞爾《かんじ》は八紘一宇の理念を保持した。日米開戦直前の文章によると、「日本が真に八紘一宇の大理想を達成すべき使命を持っているならばソ連の陸軍、米の陸軍に対抗する武力を建設し得る力量がある事は天意である」。この対抗はただ並び立つだけでなく、他をしのぐことを意味する。八紘一宇は、石原にとっては、日本人というゲシュレヒトないしネーションの旗印であるとともに、人類というゲシュレヒトの使命ないし天意である。米ソを克服しなくてはならない。フィヒテにおいてドイツ的なものが人間的なものへ拡大されたように、石原では日本的なものは東亜へと拡張され、約三〇年後に勃発するだろう東亜と米州の最終戦争の結果、「世界が一つになる」[11]。これもナショナル・ヒューマニズムＢである。

ナショナル・ヒューマニズムＢ

真のナショナリティ（たとえばドイツ性）＝真のヒューマニティ（人間性、人類）＝唯一のゲシュレヒト
↓ドイツ語を母語とするドイツ国民でも、真のドイツ人でなければ真の人間ではない

1－4　個別を克服した普遍という幻想

ナショナル・ヒューマニズムBが不適切であるなら、ナショナリズムを乗り越えてコスモポリタニズムに移行すればよいのか。しかしデリダによると、「哲学は本質的に普遍的でコスモポリタン的であり、〔…〕ネーション、社会、固有語の差異一般は一時の非本質的な克服されるべき偶有性だ」と考えるのは「スキャンダル」である。[12] 方言を日本語――標準語か共通語――に止揚し、日本語を普遍言語か普遍記号学、あるいはグローバル言語へと解消することは、ナショナルな、また地域の生活世界という基盤を掘り崩し、ひいては普遍言語そのものの存立を危うくするだろう。ナショナルなものを欠いたコスモポリタニズムないしヒューマニズムは不可能であり、コスモポリタニズムやインターナショナリズムはナショナルなものなしには成立できない。ヘーゲルを引き合いに出すなら「有限なものと無限なものは不可分[13]」である。有限なものがなければ無限なものは存在しないし、その逆もただしい。カントの永遠平和論は、世界市民法の理念に論及しても国家の廃絶には踏み込まなかった。ネーションという想像された共同体の強固さを知っていたからである。

しかも、どんな普遍もナショナルなものなどの個別的で特殊なものに拘束されている。デリダは明言していないが、普遍と称されるものはどれも自らの帰属するゲシュレヒトの外部の排除によって成立している。人でなしや劣等民族、異星人、動物などはヒューマニティをもたない。

> **哲学のスキャンダル**
>
> 哲学は本質的に普遍的でコスモポリタン的であり、ネーション等の差異は克服されるべき偶有性だ、と考える

2　多を集約し他を排除する――ハイデガーのナショナル・ヒューマニズムB

ハイデガーも多を一に還元するナショナル・ヒューマニズムBに傾く。しかし、ゲシュレヒトや故郷は民族や国家だけでなくいくつもの水準に分かれる以上、存在の近くという故郷は、さしあたりたいていのありさまであるナショナル・ヒューマニズムBからはみ出すだろう。

2-1　ハイデガーのナショナル・ヒューマニズムB――ドイツ人だけが人類の本質を救う

フィヒテにおける「われわれのゲシュレヒト」は、真のドイツ人と真の人類という二つにして一つのゲシュレヒト（同族）であった。同様に、ハイデガーのゲシュレヒトもナショナル・ヒューマニズムをバックボーンとしている。[14] 存在の思考のこのナショナル・ヒューマニズムは、「われわれのゲシュレヒト」とそれ以外とを区別し、ドイツ語をラテン系の言語よりも上に置く。なぜなら、ドイツ人とドイツ語があるべき西洋のすがた（夕べのくに）の根源だからである。第二次大戦勃発の前年、一九三八年という緊迫した時期に記された黒いノートの断章から引用する。

> 言語。――ドイツ人は、自分たちの言語の根源性という装備を整えられていなければ、自分たちに課された夕べのくにの使命を把握することは、まして実現することはできないだろう。〔…〕さしあたりはしかし、ドイツ語は、ローマ－イタリア語の常套句や新聞の平板化、「技術的な」「規格化」の犠牲となる。外来語をただ排除したり〔ゲルマン系のドイツ語に〕翻訳したりするのは、この浄化が創造して語る必然性から生まれるのでなければ無意味である。（GA95, 104）

ドイツ語を語るドイツ人というゲシュレヒトの内部には、外部のローマ‐イタリア語がすでに侵入している。こう語らなくてはならないという創造的な必須の固有語が存在する場合には、そしてその場合にのみ外来語は駆逐される。ドイツ人がドイツ語を純化するのはただの排外主義ではなく、ドイツ人が夕べのくにに住むゲシュレヒトの中核を担うからである。夕べのくには西欧でありヨーロッパであり、ひいては西洋である。地球という惑星の運命まで射程に収められている。ドイツ語や、ドイツ民族というゲシュレヒトを浄化することによって、存在を忘れた西洋の人間というゲシュレヒトを純化して、存在の歴史的運命に従う。ここではナショナリズムはそのままヒューマニズムである。それは、「ヒューマニスティックな目的論と哲学的ナショナリズムとの同盟[15]」であり、しかも不浄な多くの他を清めて純粋な自に集約するナショナル・ヒューマニズムBである。たとえハイデガーそのひとは目的論、哲学、ナショナリズムという語を必ずしも肯定的に用いないとしても。

トラークル論でも、トラークルの詩そのものは最も高度に歴史的であり、彼の詩作品は人類をその本質にもたらし非本質から救う（GA12, 76）。ドイツ語を話すドイツ民族というゲシュレヒトだけを救うのではなく、同時に人類というゲシュレヒトの本質をも救う。まさしくナショナル・ヒューマニズムである。第二次世界大戦中にさかのぼると、「もしもドイツ人が「ドイツのもの」を見出しまもるなら、ドイツ人によってのみ世界歴史の省察が到来できる」（GA55, 123, 四三年夏学期、強調は引用者）。存在することの運命はドイツのものに呼びかけており、これにドイツ人ないしハイデガーが応じることは地球という惑える星と西洋の運命を左右しうる。

別の例を挙げると、日米開戦三か月後の高揚した気分の座談会で、高坂正顕が世界史の課題を担い実現しうる日本人、他の民族をも納得させうる日本人の形成[16]を語る（四二年三月）のは、これと類比的なナショナル・ヒューマニズムであり、それが含むBに傾斜する。

2-2　ゲシュレヒトの複数の水準

とはいえ、ハイデガーはひたすらドイツ・ナショナリズムのみを肯定するナショナル・ヒューマニストBであるだけではない。彼の帰属するゲシュレヒト（族）は国民・民族以外にも多くの水準がある。

(1)地域ないし地方の住民という水準のゲシュレヒト。ハイデガーは、ドイツというくに《ラント》(Deutschland)の首都のベルリン大学から二度招聘されたが固辞した。古きよき田園風景は彼の思考の背景をなす。たとえば、二度目の招聘を断ってまもなくのラジオ講演「創造的な地方(Landschaft)《ラントシャフト》——なぜ私たちは田舎にとどまるか」（一九三三年）では、山小屋での自分の思考やその一帯の農民たちの暮らしと、大都市からのレジャー客の滞在を対比した。四二年には、「私たちの故郷が、つまり、南西ドイツというくにの中核が、夕べのくにの本質の歴史的な出生地になるだろうという予感」(GA97, 54)がいよいよ明瞭になっていると書き込んだ。敗戦後まもなく弟に宛てた手紙でも、同じ旨をしるしている(HA, 129)。その故郷の地域が彼のくにであった。[17]

(2)民族・国民（民族と国民の違いをここではあえて無視する）。彼の好まないラテン系の語ではネーション(Nation)《ナツィオーン》。フライブルク大学長就任講演でドイツの大学の自己主張を高々と訴えたとき、彼のくにはドイツという国家であった。学長辞任後も彼は国家・国民《ナショナル》社会主義ドイツ労働者党（ナチ党）の党員でありつづけ、ドイツ民族というゲシュレヒトに属する、ドイツという故国の国民であった。デリダが摘発した中央ヨーロッパ中心主義[18]はこの水準にある。これはドイツ・ナショナリズムである。

(3)ギリシャ－ゲルマン枢軸のなかで思考する人間たち。(4)異性愛者の男性という性。(5)人類。彼の遠ざける言葉では理性的動物(animal rationale)《アニマル・ラティオナレ》というヒト(homo)《ホモ》。(6)夕べのくにの人間たち。夕べのくには、西洋というよりもむしろ(7)の存在の明るむ場(Lichtung des Seins, 光が射し込みうる森の空き地)から思考されている（本書二一三頁）。

(7)故郷の喪失が世界の歴史的運命であるというときの故郷は存在することの明るむ場であり、世界とは西洋だけでなく東洋をも包み込む概念であった。今日、あらゆる存在者を人的物的資源として徴用する激流、つまり総かり立て体制（Ge-stell）は、地球という惑いの星全体を大気圏外ごとおおっている。故郷の喪失は洋の東西を問わない。このときゲシュレヒトは現-存在ないし人間という一族である。

ゲシュレヒトもラントや故郷もこのようにいくつもの水準にばらける。それらの多義性を集約している中心は(2)ドイツのものというゲシュレヒト（国民・民族）だろうか。いや、分散するかに見える多を束ねているのは、(7)存在することの明るむ場に住む現-存在という一つのゲシュレヒト（族）であり、これは民族というゲシュレヒトよりも深い。この次元では、次にみるように、(2)のドイツ・ナショナリズムに結びついたナショナル・ヒューマニズムBは維持できないだろう。

3　他に帰属し多の集約を自制する——ハイデガーのナショナル・ヒューマニズムA

存在することへの近くが故郷であるかぎり、ハイデガーは、愛国主義にして人間中心主義である集約するナショナル・ヒューマニズムBを超え、他民族に帰属し多の集約を控えるナショナル・ヒューマニストAである。

3-1　ナショナリズム・インターナショナリズム・ヒューマニズムを克服する

現-存在としての人間にとって故郷とは存在への近くであるから、ハイデガーは、愛国主義という意味でのナショナリズムを、また人間中心主義としてのヒューマニズムを超えようとした。

一九三七年の覚え書きは、ヘルダーリンの「祖国（Vaterland, 父のくに《ラント》）」という語の、当時ヒトラー政権下で流行しつつあった「粗雑な「政治的」誤用」をしりぞけた。「聖なる祖国の天使を〔…〕歌いたい」というヘルダーリーンの言葉が証しているように、祖国とその法は「神々について本質的諸決定を下すために通過する場所にすぎない」(GA75, 277)。その三〇年後のギリシャ旅行記でも、ヘルダーリーンの祖国は「愛国主義的でナショナルな意味ではなく、〔…〕至高の神という父のくに《ラント》のことであり」、詩人はこの神に、「人間たちのくにを救ってくれるよう」呼びかけている(GA75, 256, 強調は引用者)。これは多を集約し他を排除するたぐいのナショナリズムBではない。故郷の喪失が世界の歴史的運命であるという敗戦後の発言も、故国ドイツが何らかの意味で破れるとか、ふるさとメスキルヒが過疎化するなどという狭い話ではない。

ハイデガーが述べているのは世界の歴史的運命、それも、「存在することの歴史として考えるべき」歴史的運命である。故郷喪失は、存在者が存在から見捨てられているというありさまによる。ヒューマニズム書簡(一九四六年)では、(1)ドイツ・ナショナリズムも(2)人間中心のヒューマニズムも警戒されている。

(1)故郷という語は、「愛国主義やナショナリズムからではなく存在の歴史から」考えられる(GA9, 337-339)。失われた故郷とは存在することの明るむ場であり、現存在ないし現-存在の現である。同じくにの人々(Landesleute, 同郷人)が自分たちの本質を見出すよう気遣って書かれたヘルダーリーンの詩作品「帰郷」は、「自民族のエゴイズム」の所産ではない。ヘルダーリーンは、故国の人々の本質を「夕べのくにの歴史的運命への帰属」から見ている。その夕べのくには、東洋《オリエント》から区別された西洋《オクシデント》、ヨーロッパという地域ではなく、存在への近くから考えられている(GA9, 338)。ナショナリズムの克服はヘルダーリーンにおいて歴史的に詩作によってすでになされていた(GA97, 76)。

(2)ハイデガーはヒューマニズムの乗り越えをめざした。彼によると、古代ローマの最初のヒューマニズム以来、すべてのヒューマニズムは人間の本質を理性的動物(animal rationale)として規定してきた。それは、人間を理性《ラティオ》という種差をもつ動物《アニマル》として思考するが、人間性《フマニタス》（humanitas）に向かって思考しない。存在することを存在者から、すなわち、存在者の普遍性（たとえばイデア）ないしあらゆる存在者の第一原因（神という最高の存在者）として考えるだけで、存在することとして考えない形而上学、それがヒューマニズムである（GA9, 321-323）。ヒューマニズムは、とりわけ近・現代においては、人間という主体が世界の基体になる主体主義の別名であり、存在を思考しない人間中心主義である。故郷喪失の克服はヒューマニズムの克服である。

この二点から、ナショナリズム（私の区分ではB）も、インターナショナリズムも、形而上学的なヒューマニズムも否定される。「どんなナショナリズムも形而上学として人間学主義であり、人間学主義として主体主義である。ナショナリズムはただのインターナショナリズムによっては克服されない」（GA9, 341, 強調は引用者）。民族ないし国民《ネーション》というゲシュレヒト（一族）を存在者全体の基体（subiectum, 主体）に置いてその存在を表象するナショナリズムも、諸国家・諸国民の連合体や、万国の労働者、人類（ホモ・サピエンス）、国民性《ナショナリティ》・民族性を克服した世界市民というゲシュレヒト（一族）を基体に据えるインターナショナリズムも、存在を忘れた人間中心主義の形而上学、すなわちヒューマニズムである。ナショナリズムとインターナショナリズムはヒューマニズムであり、ヒューマニズムはナショナリズムやインターナショナリズムという様態になる。そのかぎりで、「ナショナリズムがコスモポリタニズムやヒューマニズムと結ぶ逆説的だが規則的な連係」というデリダの洞察をハイデガーは先取りしていた。

ナショナリズム（B）　　：ネーションというゲシュレヒトが存在者全体を支配する主体
インターナショナリズム：諸国民や万国労働者の連合というゲシュレヒトが存在者全体を支配する主体
ヒューマニズム　　　　：人間（理性的動物）というゲシュレヒトが存在者全体を支配する主体

3－2　極限の意味での「ヒューマニズム」

すべてのヒューマニズムは人間を人間性に向かって思考しない。それでは人間の人間性とは何なのか。ヒューマニズム書簡によると、人間の本質は、存在に話しかけられて存在の明るむ場のなかに立ち出でる実存（Ek-sistenz）にある（GA9, 323f.）。したがって、人間の人間性は、存在の明るむ場に立つ実存に、現（存在の明るむ場）を存在すること、現‐存在にある。存在への近くという故郷に帰ることである。

人間をこの意味での人間性に向かって思考することを、ハイデガーは「極限の意味での「ヒューマニズム」」（GA9, 342）と括弧つきで呼ぶ。人間が主体・基体として存在者全体の中心に位置するヒューマニズム、主体主義ではない。このヒューマニズムを乗り越え、存在の呼びかけに応じて存在の近くに、明るむ場に立つ、いわば存在に聞き従うヒューマニズム、人間非中心のヒューマニズムである（前章2－3参照）。

ヒューマニズム　　：人間というゲシュレヒトが存在者全体を支配する人間中心主義
極限の意味での「ヒューマニズム」：人間というゲシュレヒトだけが存在に聴従する人間非中心主義

3－3　ナショナル・ヒューマニズムA――諸民族に帰属し多の集約を制御する

極限の意味での「ヒューマニズム」はもう、多くのネーションを一に集約するナショナル・ヒューマニズムBではない。ヘルダーリーンにおいては、ドイツ性ないしドイツらしさは、「世界がドイツの本質のおかげで病から回復するように、世界に語られているのではない。ドイツ人が諸民族への歴史的運命による帰属にもとづいて諸民族とともに世界歴史的になるように、ドイツ人に語られている」（GA9, 338）。ドイツのものの特権はほとんど放棄されている。フィヒテなら真の人間は真のドイツ人に帰属するだろうが、ここのハイデガーにとってドイツ人は存在の歴史的運命ゆえに諸民族に帰属する。

それなのにことさらドイツ性やドイツ人が名指されたのはなぜか。デリダはそうするハイデガーを、ドイツ・ナショナリズムの、したがってまたナショナル・ヒューマニズムB——AとBの区分は私によるが——の枠内に戻す。ハイデガーはドイツ・ナショナリズムという疑いを晴らせると思っている。だが、フィヒテが、ドイツ性においてきわだって告知されている人間性ないし人間というゲシュレヒト（人類）の目的論的本質を、人種や領土や国家、言語を超えてドイツ国民に訴えたのと同じく、ハイデガーもドイツ性とドイツ語に世界の救いを賭けた、と。[19]

しかし、ハイデガーがドイツ人とドイツ語を名指ししたのは、彼が他のゲシュレヒト（諸族）を平然と集約するナショナル・ヒューマニストBだからというより、むしろ、ドイツ語という固有の活動領域《エレメント》のなかで思考するドイツ人だからである。そのかぎりで、ハイデガーはナショナル・ヒューマニストであらざるをえない。いや、彼だけでなく、出自《ナティオ》を背負った人間《ホモ》である以上、誰もがそうである。生まれながらのバイリンガルも在日コリアンもアイヌも無国籍者も無戸籍者も、ナショナリティを思考する誰もが生まれを刻印された人間として、否応なく広義のナショナル・ヒューマニストである。ここではネーションは国民・国家ないし民族という意味に限定されない。ハイデガーにおいてドイツのものがそうであるように、日本のものは、単一民族ではない日本人たちが出自《ナティオ》と素性を背負い、他の種々のゲシュレヒト（一族・同類）の人間たちに歴史的に帰属することにもとづいて、それらの人々とともに世界歴史的になり世界的風格をおびる。

一九四二年にフランスがナチス・ドイツに降伏すると、アルジェ郊外のリセに通っていた一二歳のデリダ——「とてもアラブ的な肌の黒いユダヤの子ども」——はリセを追われ、ユダヤ人のリセに転校した。彼は一方で反ユダヤ主義に傷つき、他方で等質的なユダヤ人学校に同化されることも耐えがたかった。[20] それでも彼は、アルジェリア生まれのユダヤ人で、フランス語を母語とし、複数の水準のゲシュレヒト（同類・共同体）に帰属するナショナル・ヒューマニストであらざるをえない。この出自やこれらのゲシュレヒトを抜きにデリダ哲学は存立しえない。彼とちがってユダヤ人としての誇りを掲げるレヴィナスの他なる人間のヒューマニズムも、ナショナル・ヒューマニズム（Bの傾向をもつA）である。

必要なのは、この制約を自省するがゆえに、自らのナショナル・ヒューマニズムの外部を内部に同一化・還元しないことである。そのとき、ゲシュレヒトないし共同体《コミュニティ》はさまざまな水準に分かれ、各水準でまたさまざまに散らばる。私が山形県のある地域に生まれ育ち、現在北海道のある地域に住む、山形弁と日本語を母語とする高齢男性の日本人（ヤマトンチュ、和人《シサム》）という人間だというナショナリティとヒューマニティは、つまり多重のゲシュレヒトは私を根底から規定していよう。その外部には別のさまざまなナショナリティを有するさまざまな人間が、そして人間以外の存在者が存在する。それらの人間や存在者たちが存在することを忘れないかぎり、多を集約するナショナル・ヒューマニズムBは、ナショナル・ヒューマニズムA、つまり他に帰属し多の集約を控えるナショナル・ヒューマニズムに変容する。『存在と時間』の〈みんな、ひと〉という非本来の自己が本来の自己に実存的変様（SZ, 268）するように。ありふれたナショナル・ヒューマニズムBは、ナショナル・ヒューマニズムAの欠如的様態（Aが否定され欠如したありさま）である（4－1参照）。非本来性が本来性の欠如的様態であるように。

ハイデガーはときおりその外部を忘れた。「アジア」について何を知っているのか（GA97, 38）と自問するときもあったにもかかわらず、しばしば民族・国民をはじめ自分の属するさまざまな水準のゲシュレヒトを自明視するナショナル・ヒューマニズムBの虜になった。種差別にも無自覚だった。ゲシュレヒトの各水準（2－2の⑴から⑺）で自分の属するゲシュレヒトが最高で唯一のゲシュレヒトだと思い込み、存在を思考できる人間、現-存在以外の存在者たちを軽んじるヒューマニストでもあり続けた（本書第4章5、および前章、とくに4－1を参照）。これに反して、ナショナル・ヒューマニズムAは、幾層ものナショナルな、あるいは地域的なヒューマニズムである。すなわち、多種多様な生まれ、家系、民族、エスニックグループ、国民、性、世代、人類というゲシュレヒト（一族）の構成員であることを忘れず、各水準において他のゲシュレヒトの集約を抑え、むしろそれらにも帰属するヒューマニズムである。それを忘れるとき、AはBという欠如的様態になる。

ナショナル・ヒューマニズム（ナショナリズムとヒューマニズムの連係）の二種

A ナショナリティとヒューマニティによる制約に気づき、他のネーション、ゲシュレヒトを集約せずこれに帰属
B 自分のナショナリティがヒューマニティの唯一の規準だと信じ、他のネーション、ゲシュレヒトを集約・排除

本来の実存（根源性）	⇅	非本来の実存（さしあたりたいてい）
	欠如的様態	
	実存的変様	
ナショナル・ヒューマニズムA	⇅	ナショナル・ヒューマニズムB（さしあたりたいてい）
	欠如的様態	
	変様	

4　世界の生成を気遣うナショナル・ヒューマニズム

ハイデガーは、他民族への帰属を忘れる自民族中心のナショナル・ヒューマニズムBに囚われた。その一方で、ナショナル・ヒューマニズムの限界に注意を払って、他を自へと還元せず、世界を気遣う（A）。存在者がありのままに存在し、ものがものとなり、世界が世界となるような言語（ロゴス）ないし言い応じ（ホモロゲイン）を求める。

4-1　他に言い応じる愛としてのロゴス——ナショナル・ヒューマニズムAへ

ロゴス（言語）はハイデガーにとって一への集約を意味し、存在はロゴスである。存在することが、多様な存在者を存在するようにしているからである。存在はあらゆる存在者をそれらが存在者であるという点で一に集約する（GA11, 75, 14）。そのロゴスは何度かヘラクレイトス断章五三のポレモスに結びつけられた。「ポレモスは万物の父である」というこの断片中のポレモスは通例、戦争や闘争などと訳される。

デリダはハイデガーにおけるロゴスとポレモスの関係の大きな変化に着目した。「それは何であるか——哲学とは？」（一九五五年）によると、ロゴスはハルモニアであり、ソポンへの愛《ピリア》である（GA11, 14）。ところが、ちょうど二〇年前の三五年夏学期講義『形而上学入門』では「ポレモスとロゴスは同じである」（GA40, 66）。デリダの皮肉では、哲学者か歴史家がジャーナリズムで脚光を浴びたいなら特ダネで出し抜けばよい。ハイデガーは、『わが闘争』の著者がドイツを支配した三五年にはロゴスは戦争だと断言していたのに、戦後の五五年にはロゴスは愛だと述べた、と。[21] ロゴスは、ヒトラー時代には好戦的なナショナリズムというかたちをとり、敗戦という結末を迎えると一転して愛を装ったのだろうか。

とはいえ、デリダはスクープ狙いの哲学者とちがって緻密である。その彼を参照しながら二点を述べたい。(1)ハイデガーの変化に矛盾はない。ポレモスとピリアは正反対ではなくともにロゴス、言語であって、戦争を賛美しない。むしろ共同存在は言い応じる愛というロゴスであり、ナショナル・ヒューマニズムAでありうる。(2)しかし、他者の言葉に耳を傾ける共同存在はさしあたりたいてい欠如的様態に、それゆえまたナショナル・ヒューマニズムBに転じている。

(1)『存在と時間』によると、現存在は共同存在（他者とともに存在すること）として他者の言葉に耳を傾ける。現存在が他者に「聴従する」(SZ, 163)という、世のハイデガー解釈が軽んじる契機は、ハイデガーにおけるピリア（愛）でありうる。そのロゴスは他を徹底的に自に還元し集約してはならない。ハイデガーもデリダも明言していないが、共同存在の核心はピリアというロゴスだ、つまり、すべての存在者と他者を存在するようにしている存在に、ないし、それらが発する存在の言葉に言い応じる（ホモロゲイン）ロゴスだとみることさえできる。[22] ハイデガーが述べるには、「共同存在は互いに耳を傾けるなかでかたちづくられ、これには、つき従う、一緒に行くという仕方が可能であり、また聞き従わない、逆らう〔…〕という欠如的様態もある」(ibid.)。他者の声に耳を澄ます共同存在を、もっと広げれば（すべての存在者を存在するようにしている）存在・ロゴスへの言い応じを否定した様態として闘いも無視もある。[23] 言語ないしロゴスは言葉に言葉を返す愛というかたちも闘争というかたちもとりうる。

デリダからもう一歩離れるなら、闘争がいつも互いに耳を傾けることの欠如的様態とは限らない。相手の言葉を聞けばこそ真摯に闘える。「愛し合う闘争」（デリダが関心を寄せないヤスパース）がそうであるように、闘争は愛であり愛は闘争である。プレスや学者業界が飛びつくだろうハイデガーの言説の変化は矛盾や変節の証拠ではない。ロゴスは言い応じるピリアにして、戦争ではないポレモスである。

ロゴスが愛にして闘争という言い応じ（ホモロゲイン）だとすると、『形而上学入門』でポレモスとロゴスを同一視したのは戦争宣言ではない。それどころか、ナショナル・ヒューマニズムの制約を反省し、自らが多を一に他を自に還元するのを警戒しながら、他に帰属しつつ、あらゆる存在者がそれとして立ち現れるようにするナショナル・ヒューマニズムAでありうる（4−3、4）。

4−2　ナショナル・ヒューマニズムB

⑵他者の言葉に聴従するという契機はさしあたりたいてい、⑴で挙げた共同存在の欠如的様態に、つまりは他者の他者性の否定に転じる。ハイデガーは語っていないが、その延長線上にあるのが戦争という暴力である。共同運命（Geschick）が自分の帰属する「共同体、民族（Volk, 国民）の歴史的生起」である（SZ, 384）なら、そのうえ愛や言い応じが自分に好都合な相手だけに向けられるまがいものに変質するなら、ロゴスは、聴従しないという様態において多を集約し、外部の共同体や民族の存在を忘れ、ひいては滅ぼすことさえありうる。フィヒテが「われわれのゲシュレヒト」に属さないよそ者を追い払ったのと同じ挙措である。ゲシュレヒトを、つまりナショナリティとヒューマニティを同じくし、ともに戦うのでなければ友たりえない。ハイデガーでは「同じ民族への〔…〕帰属、同じ言語の経験、ないし同じ闘争への参加が、友の声を現存在がかたわらにたずさえる必要条件だ」[24]というデリダの批判はそのかぎりでのみ正当である。それがナショナル・ヒューマニズムのさしあたりたいていのあり方、Bである。ここでは、真のドイツ人だけが真の人間にして真の現-存在である。

実際、学長辞任直後に始められた三四年夏学期講義では、自己の存在を民族のうちに見出すがゆえに、存在の問いは、国家という「民族の歴史的存在」（GA38, 166）のありさまを問い、ドイツ民族に自己決断を促すというかたちをとった。一つに集約され切迫したこのあり方は、人間ないし現存在が自己であるとともに民族であるというナショナル・ヒューマニズムである。そのさいハイデガーが、ドイツ以外の民族による自己決断をどこまで想定し尊重していたか、まして他への帰属、ホモロゲインという非対称の関係・言い応じにどこまで気づいていたか、疑わしい。ナショナル・ヒューマニズムBは自分の帰属するネーションというゲシュレヒトの外部にあるものをそのままでは存在させない。このハイデガーは自らの考えるヒューマニティ、つまり現-存在というゲシュレヒトにすべての人間を集約する。

ロゴス、語る＝共同存在として耳を傾ける＝愛する（ピリア）＆闘う（ポレモス）＝他を自に還元しない
↓他に帰属し他に言い応じるナショナル・ヒューマニズムA　：世界の生成を気遣う（4-3、4）
その欠如的様態：自分のゲシュレヒト（同族）の人間だけを愛する＝それ以外を無視し抑圧する
＝他を自に還元し、多を一に集約するナショナル・ヒューマニズムB：世界への気遣いの不足したさま

4-3　異民族などあらゆる存在者を立ち現れさせる——世界の生成

だが、ナショナル・ヒューマニズムAは、他に帰属しつつ、あらゆる存在者がそれとして立ち現れ、世界が生成するように気遣う。

一九三五年夏学期講義で、ハイデガーは、ポレモスに対決・切り分け（Auseinandersetzung）という訳語を与え、共同存在という場面をさらに世界へと広げて、ヘラクレイトス断片五三を解釈した。大意のみを次にしるす。

「対決・切り分けは、いいいいあらゆる存在者（現前するもの）がいいい立ち現れるようにいいいいするとともに、保護しもする。あるものを神々、別のものを人間として、奴隷か自由民として現出させる」。したがって、ポレモスはあらゆる神々しいものや人間的なものに先立って支配する争いであり、人間のやり方での戦争ではない。ヘラクレイトスが考えた闘争は、存在す

るものをまず抗争のなかで分離し、存在（現前）における立場や位階をそれぞれにあてる。そういう対決、分離のなかで世界が生成する。［対決は統一を分断しないし、まして破壊しない。対決は統一を作り上げ結集する。ポレモスとロゴスは同じである。］（GA40, 66, 強調は引用者、［　］内は後年のハイデガーの書き込み）

さまざまな存在者をそれらが存在するという点で一へと集約するロゴス（語ること）は、ある存在者と別の存在者を、例えば主人と奴隷が互いに異なるものとして出現し、存在するようにする対決・切り分けである。このポレモスは、存在者と存在者が生死を、国家と国家が存亡をかけて展開する闘争や戦争などではない。対決のなかで、存在者と存在者は、主人と奴隷は、アイヌとシサムは互いを切り離しながら集約され、統一を獲得する。多と一を共存させるのがポレモスであり、ロゴス、存在である。4－1⑴でみた、他者に耳を傾ける共同存在、ピリアという言い応じるロゴス、愛し合う闘争はその重要な局面である。シサムもドイツ人も、諸民族への歴史的運命による帰属にもとづいて諸民族とともに世界歴史的になりうる。

『存在と時間』では、ロゴスないし動詞のレゲインは語ること、見えるようにすることであり、現象学（現象（phainomenon）＋学（logos））の予備概念は、「自らを示すものを、それがそれ自身のほうから示すとおりに、それ自身から見えるようにすること」（SZ, 34）と規定された。自らを示すもの、さしあたりたいてい隠されているがゆえに、隠されないさまにもたらされるべき事象、つまりきわだった意味での現象とは、存在するものが存在するということ、存在者の存在であった。存在者のありさま（存在）をありのままに示すというロゴスは、あらゆる存在者を――したがって別のナショナリティをもつ存在者をも――立ち現れるようにするという、ハイデガーのヘラクレイトス解釈でも変わらない。ポレモスとしてのロゴス、言い応じというロゴスのなかで世界は生成する。

『存在と時間』のロゴス（一九二七年）：自らを示すもの（存在）がそれ自身から見えるようにする
ポレモスとしてのロゴス（一九三五年）：あらゆる存在者（現前するもの）が立ち現れるようにする

4-4　世界への気遣い――ナショナル・ヒューマニズムの限界内で

世界の生成を気遣う一九三五年のこのポレモスの思考は、二〇年後の論文「存在することの問いによせて」（五五年）でも同じであり、いっそう深められる。ニーチェの命じる地球支配をめぐる闘争についてハイデガーがそこで述べた言葉は、デリダが気づいたとおり、ヘラクレイトス断片五三をそれと断らずに意識している。ニーチェの言う、地球支配をめぐる「その闘争は戦争ではない。神々と人間、自由民と奴隷をそれぞれの本質においてはじめて現出させ、存在（Sein）の対決を登場させるポレモスである。この対決に比べると世界戦争は前景でしかない」（GA9, 424f.）[25]。

存在に付された十字には、神々しいものたちと死すべき人々、天空と大地という四つのものがそれぞれ独自性を保ちながら一体だという統一性、つまり四方界が暗示されている。ポレモスを強く意識したハイデガーの系列をたどるなら、『芸術作品の根源』（三五―三六年）には世界と大地の闘争があり、これは、「神と人間の対抗が大地と世界の争いと十字に交差する」こと（GA66, 15, 三八―三九年）を経て、四方界に変容した。すなわち、ポレモスという対抗を含む統一は、つまり集約される多は、「天空と大地、死すべき人々と神々しいものたちという四方界が鏡に映し合う戯れとして世界が世界になること」（GA79, 74）という出来事を視野に入れるにいたった。

地球支配を根本動向とし、存在者が存在者として立ち現れ存在することができない総かり立て体制のなかで、ハイデガーは世界が世界となるように気遣う。彼は、ナショナル・ヒューマニズムという不可避の枠組みのなかで、ギリシャ－ドイツ語という「最も精神的な言語」に特権を与えつつ世界の生成を思考している。二度の世界戦争は、そして今後三たび勃発しうる世界戦争は、四方界のポレモスを背景にしてはじめて理解できる前景である。

総かり立て体制の時代にあって、ハイデガーは、しばしばドイツのものを偏重するナショナル・ヒューマニズムBという視角から、しかし一方でその視角の限定性をわきまえ他に帰属するナショナル・ヒューマニズムAの立場から世界の生成を気遣った。異他の存在者すべてをありのままに、ばらばらではあっても、ともに存在するという一点で集約して語るという見果てぬ夢を、ハイデガーは次のようにしるした。

> 言語は話す。〔世界とものとの〕区別の命令が世界とものをその親密な単純さ、単一性（Einfalt ihrer Innigkeit）のなかに呼びこむことによって。（GA12, 27）

言語は、世界とものが分散するに任せず、多様ながら、存在するかぎりでのみ一つのものとするように人間にもとめる。トラークルの神に寄せたハイデガーの解釈では、神は人間が言い応じるよう呼びかける。ものが人間に、世界が人間に語る。言語が語る。人間はそれに応じて語る。「死すべき人々は言語に応じて話すことによってのみ話す」（GA12, 30）。多様な存在者からなる世界が多様なままで一つになるように。それぞれの存在者が相違をもちながらありのままに立ち現れるように。デリダが四方界の一体性にも分散との対極を見出す[26]ようにこの単一性に強引な集約を見出すこともまたできよう。AとBの両義性を特徴とするハイデガーは、種々の水準でのゲシュレヒトに拘束されて他に帰属しながらも何ほどか多を集約するナショナル・ヒューマニストとして、世界が世界となるという出来事を思考した。

＊

ハイデガーは、ナショナル・ヒューマニズム、あるいは地域・地方のヒューマニズムの枠内で、存在者の洩らす存在の声に応じて世界が生成するように気遣った。彼は、外部の種々のゲシュレヒト（族）の存在を忘れるナショナリズムや地方主義に傾斜し、人間の現‐存在に独占権を付与するヒューマニズムにとらわれながらも（B）、他の諸民族に帰属し、世界が世界になるという出来事を気遣った（A）。本章では、そのことをデリダのゲシュレヒト論のかたわらに立ってたしかめた。

デリダが注目したように、多様なものを一つのものに集約するというロゴスの働きは、外部のものの存在の忘却（私たちの言葉ではナショナル・ヒューマニズムB）でもありうる。しかしまた、その一があらゆる存在者を残らず存在させることであるかぎり、自らの視角の限定性に気づき、存在する他に帰属し集約を制御するナショナル・ヒューマニズムAでもありうる。後者は、自分のナショナリティとヒューマニティに規定されながら、存在者たちの分裂した存在の声に耳を傾け、それぞれの固有なあり方をあらわにし、その声にずれながら答えて、世界の生成を気遣う。最後の章では、ハイデガーのナショナル・ヒューマニズムの両義性が鮮明に現れた国家・国民社会主義《ナショナル・ソーシャリズム》および反ユダヤ主義とのかかわりをめぐって、彼（および私たち）における世界への気遣いの限界について考えたい。

注

1) デリダは一九八三年に「ゲシュレヒト――性の差異、存在論上の差異」を発表した。翌年、パリ社会科学高等研究院に職を得ると、八八年まで「哲学のナショナリティとナショナリズム」という一連の講義を行い、その一部は「ナショナル・ヒューマニズムの存在（者）-神学」、「ハイデガーの手（ゲシュレヒトⅡ）」、「ゲシュレヒトⅢ」（死後出版）として公表され、八九年には「ハイデガーの耳――ピレ-ポレモロジー（ゲシュレヒトⅣ）」を講演した。八七年の講演をもとにした「精神について――ハイデガーと問い」（一九九〇年）でもゲシュレヒトを扱った。彼はこの語にフランス語訳をつけていない。翻訳不可能な固有語（本章注12)）だからである。

2) J. Derrida, *Psyché: Inventions de l'autre*, Paris: Galilée 1987, p. 447.（邦訳、デリダ『プシュケー――他なるものの発明Ⅱ』藤本一勇訳、岩波書店、二〇一九年、八五頁。）

3) *Ibid.*, p. 417.（邦訳、四二頁。）

4) ベネディクト・アンダーソン『定本 想像の共同体――ナショナリズムの起源と流行』白石隆、白石さや訳、書籍工房早山、二〇〇九年、二二一-二二六頁。

5) *Fichtes Werke*, hrg. von I. H. Fichte, Bd. VII, Berlin: W. d. Gruyter 1971, S. 359f., 374f.（邦訳「ドイツ国民に告ぐ」早瀬明訳、『フィヒテ全集第一七巻』所収、哲書房、二〇一四年、一一七-一一八、一三四-一三五頁。）

6) *Ibid.*, S. 375.（邦訳、一三四頁。）

7) *Ibid.*, S. 374.（邦訳、一三四頁。）

8) J. Derrida, "Onto-Theology of National-Humanism (Prolegomena to a Hypothesis)," *Oxford Literary Review*, vol. 14, no. 1/2, 1992, p. 18. ついでながら、ドイツという国（Land《ラント》）ないし国家（Staat）ないし国民・民族（Nation/Volk）の歴史を、欧州とりわけ西欧の「普遍」的価値とドイツ「固有」のものとがせめぎ合い絡み合うドイツ・ナショナリズムの歴史として描いたのは、今野元『ドイツ・ナショナリズム――「普遍」対「固有」の二千年史』（中公新書、二〇二一年）である。

9) Derrida, *op. cit.*, p. 13f. 同じように、エンゲルスが批判するK・グリューンのゲーテ論において、人間とは、「神々しく変容したドイツ人」ないしドイツ民族にほかならない（*Karl Marx – Freidrich Engels Werke*, Bd. 4, Institut für Marxismus – Lenismus beim ZK der SED, Diez Verlag: Berlin 1957, S. 231, 邦訳『マルクス＝エンゲルス全集 第4巻』大内兵衛、細川嘉六監訳、大月書店、一九六〇年、二四〇頁）。グリューンにとっても真のドイツ人だけが真の人間である。

10) Fichte, *op. cit.*, S. 375, 333.（邦訳、一三五、八六頁。）

11) 石原莞爾『世界最終戦争』毎日ワンズ、二〇一九年、二六八、六三頁。

12) Derrida, *op. cit.*, p. 3. 強調は引用者。「固有語の」と訳した形容詞 idiomatic の名詞形 idiom（固有語（法）、特有語（法））は、国、民族、地域、階層など何らかの共同体で話される特有の言葉、語法を指す。たとえば日本語も固有語であり、固有語をもつ。同じ日本語でも方言や業界用語はそれぞれ固有語であり、固有語をもつ。固有語を共同体の外部の人間が理解するためには翻訳する必要があるが、翻訳は固有語の固有性を失わせる。デリダにとって、哲学はネーションないし固有語の差異を克服すべき普遍的なものでなくてはならないと考えるのはスキャンダルであり、それゆえナショナル・ヒューマニズムは不可避である。この乗り越えがたいナショナル・ヒューマニズムがそのまま他のネーションの排除だとまで彼が主張しているかどうかははっきりしない。むしろ、デリダにおいても、ナショナル・ヒューマニズムという事象そのものにおいても、このナショナリズムは他の多くのネーションの集約というありようを含むと言うべきだろう。そこで私はナショナル・ヒューマニズムを勝手に二種類に分け、ナショナリティとヒューマニティの（一見ニュートラルな）連係をナショナル・ヒューマニズム、それが含む外部の排除の傾向をナショナル・ヒューマニズムB、この傾向を自制しむしろ他に帰属する動きをナショナル・ヒューマニズムAと呼ぶ。

13) G. W. F. Hegel, *Werke in zwanzig Bänden*, Bd. 5, Frankfurt a. M.: Suhrkamp 1978, S. 154.

14) Cf. R. Therezo, "Heidegger's National-Humanism: Reading Derrida's Geschlecht III," in: *Research in Phenomenology* 48 (2018), p. 11. この論文は本章と表題が同じである。テレゾは、ナショナル・ヒューマニズムという観点からデリダの一連のゲシュレヒト論をまとめたうえで、当時未公表だったゲシュレヒトIIIをていねいに紹介している。本章はそれに学びながら、しかしそれと少しちがって、私たちにとってナショナル・ヒューマニズムがどういう意味をもちうるかという視点からデリダのゲシュレヒト論に接近したい。テレゾとの相違については本章注20)を参照。

15) Derrida, "Onto-Theology of National-Humanism," p. 17. フィヒテが精神的自由の普遍的な目的論的地平の内部で思考したのに引きかえ、ハイデガーの存在の歴史はそうではないが、夕べのくにの歴史を考えるために、地方的でも経験主義的にナショナルでもない意味での真のドイツ性、ドイツ人に訴えるという所作はフィヒテと同じである（id., *Geschlecht III: Sex, race, nation, humanité*, Paris: Seuil 2018, p. 123f., 邦訳、デリダ『哲学のナショナリズム――性、人種、ヒューマニティ』藤本一勇訳、岩波書店、二〇二一年、一六二頁）。

16) 高坂正顕、西谷啓治、高山岩男、鈴木成高『世界史的立場と日本』中央公論社、一九四三年、二五六頁。

17) トラヴニーによると、「故郷」と「ドイツ性（Deutschtum）」とは同じものではなく、むしろ一九世紀の地方主義は、普仏戦争勝利によってドイツ帝国が成立（一八七一年）するなかでようやく認められたナショナリズムに反対した。その一方で、彼の推定では、ハイデガーにとって存在への近くという故郷に住めるのはドイツ人だけである（P. Trawny, *Heidegger Fragmente: eine philosophische Biographie*, Frankfurt a. M.: S. Fischer 2018, S. 122f.）。だが、３-１でみるように私はこの推定に同意しない。

日本語の「くに（国）」も近代国民国家と同じではない。「国に帰る」のは帰郷することである。明治維新期に薩長土肥によって辛酸をなめた（旧）会津藩士は、陸奥の斗南《となみ》で二〇日間犬の肉を食い続けることに、「会津の国辱」を雪《そそ》ぐ一念で耐えた。彼らが西南の役で政府軍に従軍して薩摩軍に勝った日は「会津雪辱の日」であった（石光真人編著『ある明治人の記録――会津人柴五郎の遺書』中公新書、二〇一七年）。その五年後に生まれた、旧薩摩藩の郷士の娘にとって、第二次世界大戦で日本が敗れたことは、滂沱と涙を流させる一方で、西郷軍を滅ぼしたときの「「日本」に「それみたことか」という報復の念」を、奇異な快感を呼び起こした（中村きい子『女と刀』ちくま文庫、二〇二二年）。

18) ハイデガーはギリシャ語-ドイツ語に高い地位を、ラテン系の諸言語に低い地位を与えた。トラークルの詩そのものの場所がヨーロッパというギリシャ、ラテン系の単語ではなく、Abendland《アーベントラント》（夕べのくに）というゲルマン系の語で指定されるのもその表れである。

ギリシャ語、ギリシャ的なものと、ドイツ語、ドイツ的なものとの関係についてのハイデガーの見方を速断することはできない。ある箇所では、ギリシャ語こそ根源的でドイツ語よりも本質的である。「ある思考がしたのは、アレーテイア〔隠れなさ、真理〕というように周知のギリシャ語を再び使われるようにすることだけだったかもしれない」（GA77, 99）。ある思考とはハイデガー自身のそれのことである。ところが、別な箇所では、ギリシャ人の現存在とドイツ人の現存在との本質的対立を指摘し、ドイツ人は自らに固有のものにおいてギリシャ人の最高のものを凌駕できないと謙遜しながらも、「それゆえ私たちはギリシャ人ではなくドイツ人になる」と宣言する（GA39, 291, 293）。ドイツ民族は、ロシアとアメリカという、解放されたテクノロジーとノーマルな人間たちの底知れない組織化とを共有する二大国家に挟まれ締め上げられたヨーロッパの中央にあって、「形而上学の民族」である（GA40, 40f.）。ラテン世界だけにとどまらずギリシャのものよりもドイツのものを優越させるこの姿勢を、デリダは、ヨーロッパ中心主義というよりむしろ中央ヨーロッパ中心主義だと評した（J. Derrida, *De l'esprit: Heidegger et la question*, Paris: Galilée 1987, p. 112, 邦訳、デリダ『精神について』港道隆訳、人文書院、一九九〇年、一一三頁）。ドイツ民族は、かつてフィヒテにとってそうだったようにハイデガーにとっても根源民族である。

19) Id., *Geschlecht III*, pp. 123f.（邦訳、一六〇–一六二頁）。デリダが言うとおり、フィヒテの「われわれのゲシュレヒト」の「われわれ」は、あらゆる経験的なドイツ性よりも本質的なドイツ性でありどの言語を話すかとは無関係にこのゲシュレヒトの一員だとしても、しかしやはり何かドイツのものに属する（id., *Psyché: Inventions de l'autre*, p. 417f., 邦訳、四三–四四頁、id., *Geschlecht III*, p. 123, 邦訳、一六〇–一六一頁）。フィヒテやハイデガーには、この非経験的で本質的な意味での「ドイツの」を「日本の」や「フランスの」のような語に置き換えることはできないだろう。高坂正顕も「日本人」を他の語に置き換えられないだろう。

20) J・デリダ、E・ルディネスコ『来たるべき世界のために』藤本一勇、金澤忠信訳、岩波書店、二〇〇三年、一六一–一六二頁。B・ペータース『デリダ伝』原宏之、大森晋輔訳、白水社、二〇一四年、三一–三四頁。

　なお、『ゲシュレヒトⅢ』の優れた邦訳（筆者は多大な恩恵を被った）の訳者藤本一勇による解題には、デリダが「哲学的ナショナリズムと呼ぶものの根は、存在論的な散種構造に対する否認にある」（二八七頁）、と記されている。テレゾによる同書の序文でも、ゲシュレヒトⅢの全重心はハイデガーの思考の奥底に潜むナショナル・ヒューマニズムの告発（dénonciation）にある（R. Therezo, "Préface," in: Derrida, *Geschlecht III*, p. 27, 邦訳、テレゾ「序文」、デリダ『哲学のナショナリズム――性、人種、ヒューマニティ』所収、二九頁）。実際、デリダ自身の言葉によると、「マルクスは、このヒューマニズム、このヒューマニズム目的論と哲学的ナショナリズムとの同盟を告発している（denounces）」（Derrida, "Onto-Theology of National-Humanism," p. 17）。だが、デリダは散種・分散という根源にたどり着いて、哲学的ナショナリズムないしナショナル・ヒューマニズムという派生・頽落態を告発し克服したわけではない。すべての哲学はナショナリズムでありナショナル・ヒューマニズムである。ナショナリズムの否認は否定する立場の基盤を、つまりナショナリティやヒューマニティを危うくする。ネーションや固有言語の差異一般は非本質的な克服さるべき偶有性だと考えるのはスキャンダルであり（本章４–４）、デリダにとっても、ヒューマニズムもインターナショナリズムもナショナリズムから切り離せない。固有語抜きに哲学はできない。無国籍者も無国籍というナショナリティによって何ほどか規定されている。

21) J. Derrida, *Politique de l'amitié*, Paris: Galilée 1994, p. 392.（邦訳、デリダ『友愛のポリティックス２』鵜飼哲、大西雅一郎、松葉祥一訳、みすず書房、二〇〇三年、二五〇頁。）「闘争」という語をナチズムとその闘争（「わが闘争」）や戦争に結びつけるジャーナリスティックな試みは、たとえば次をみよ。H. Ott, *Martin Heidegger: unterwegs zu seiner Biographie*, Frankfurt a. M.: Campus 1992, S. 153f.（邦訳、オット『マルティン・ハイデガー――伝記への途上で』北川東子、藤澤賢一郎、忽那敬三訳、未來社、一九九五年、二三〇－二三一頁。）

22) ハイデガーによると、ヘラクレイトスのソポンは、あらゆる存在者は存在のうちにあると語っており、ピリアの動詞形ピレインは（ソポンを）愛すること（Lieben）、ロゴスに言い応じること（homologein《ホモロゲイン》）である。ソポンへの愛はすべての存在者を存在するようにしている存在・ロゴスへの言い応じである（GA11, 14）。存在者が発する存在の言葉への言い応じについては本書第４章４参照。してみると、デリダがソポンに対するピレインを他者に関係させて「友愛性（amicalité）」につなげた（Derrida, *op. cit.*, p. 359, 邦訳、二〇四頁）のは見かけほど強引ではない。

23) Cf. *ibid.*, pp. 359f.（邦訳、二〇四－二〇五頁。）

24) *Ibid.*, p. 363.（邦訳、二〇八頁。）強調はデリダによる。ただし、分散の哲学者デリダは、ハイデガーをも集約せず、ハイデガーに即して彼の別の面をも見ている。ハイデガーにとっても友は異なる言語を話す異邦人でもありうる。そのさいデリダがよりどころにした『存在と時間』の一文を引用しておきたい。「話すことが不明瞭な場合でさえ、それどころか言語が外（国）語である場合でさえ、私たちはまず理解できない言葉を聞くのであり、多種多様な音声データを耳にするわけではない」（SZ,164, 強調はハイデガー）。デリダはハイデガーの両義性につねに注意を払っている。「彼のテクストは等質ではありえず、少なくとも二本の手で書かれている」（id., *Psyché: Inventions de l'autre*, p. 447, 邦訳、八五頁）。これは、私たちに残された文字を書いたのと違う方の手は見えない別な文字を書いており、複数のテクストがある、という趣旨である。したがって、デリダが批判するハイデガーのテクストも、ハイデガーを批判するデリダのテクストも、どちらもハイデガーのテクストでありうる。

25) Id., *Politique de l'amitié*, p. 404.（邦訳、二六八頁。）

26) *Ibid.*, p. 349.（邦訳、一八八頁。）

第9章 ハイデガーの（反）国家社会主義と（反・）反ユダヤ主義
――世界への気遣いの限界――

ありとあらゆる公的および内的な悪弊を贖う山羊としてユダヤ人を犠牲に供するという文筆上の無作法が、今日のほとんどすべての諸国民《ネーション》にはびこっている。

F・ニーチェ

世界を気遣い、存在者の存在、ありようを気遣うという志向はハイデガーの歩みをつらぬく。存在者が存在から見捨てられること、根こぎという近・現代の動きに危険を察知したその気遣いは、一九三〇年代から四〇年代にかけて国家・国民社会主義（Nationalsozialismus, ナチズム）[1)]への関与と吟味というかたちをとった。ヒトラー政権成立の年、一九三三年に彼はフライブルク大学長に就任し、大学と国家の革命をねらったが、翌年辞して現実の国家社会主義に背を向けた。

しかしハイデガーは、第一に、その後も、国家社会主義とひそかに対決しつつ、その「内的真理」（三五年）（民族であろうとすること――三四年には「精神的国家社会主義」）を完全には放棄しなかった。第二に、存在の思考にもとづいて「通俗的国家社会主義」の人種主義《レイシズム》と反ユダヤ主義を退けたのに、粗雑な反ユダヤ感情は、仕立て体制（Machenschaft）や総かり立て体制（Ge-stell）という現代の本質動向の批判的省察にも染み込んでいる。戦後も、ユダヤ人など多と他である存在者が存在することをときに忘却した。こうして、彼の存在の思考にもありよう（存在の仕方）にも、世界に対する彼の気遣いの限界がまとわりつく。

1　ハイデガーの長い思考の歩みの底層には、世界が世界となり存在者がありのままに存在するように、という動機がある。2　ナショナリズムはヒューマニズムとも結びつく。3　三三年、三四年のハイデガーは、ドイツ民族がドイツ民族であるために国家社会主義革命に期待を寄せたが、やがて現実の国家社会主義に離反した。4　三〇年代後半以降の彼にとって、国家社会主義もロシアもアメリカも等しく、世界を計算して征服するように人間を仕向ける現代の存在の歴史的運命（仕立て体制）に服している。5　彼は反・反ユダヤ主義者でありながら、仕立て体制をユダヤ性という人間性類型に帰す。6　彼はともすると、ユダヤ人という存在者がありのままであるようにという気遣いを忘れる。

1　世界が世界となるように

人間は世界の内に存在する。世界が世界になり存在者が当の存在者であるようにという気遣いはハイデガー哲学の通奏低音である。全集に収録された最初の講義（一九一九年戦後臨時学期講義）は、哲学を含む諸学問・科学によって理論化される以前の生きられた世界に立ち返ることから、つまり、「（それは）世界となる（es weltet）」(GA 56/57, 73) という体験から出発した。

早くも一九二三年夏学期の講義では、人間の事実的な生ないし現存在は「世界内存在」であり、これは気遣い（Sorge）という存在性格をもつ（GA60, 80, 102f.）。『存在と時間』（一九二七年）は、現存在の根本構造を世界内存在に、現存在の存在を気遣いに見出した（本書一四九頁を参照）。

三五年夏学期講義『形而上学入門』で彼は言う。「詩人が詩を書き思索者が考えると世界空間が開かれ（Weltraum wird ausgespart）、どんなものも、一本の木、一つの山や家、鳥の鳴き声一つも、どうでもよいありふれたものではなくなる」（GA40, 29）。

戦後四〇年代末からのハイデガーは世界を四方界（Geviert）として語る。「大地と天空、神々しいものたちと死すべき人々」という四つのものがそれぞれ独自性を保ちながら一体だという統一性のことである。人間が住むとは、四つのものの一つとして世界の内に存在することである。そのときようやく世界が世界となり（Welt weltet）[2]、ものがものとなる（Ding dingt）。

したがって、ハイデガーに独我論や世界喪失を読みとるのは適切ではない。人間は世界の内に住む。没世界的な超越論的主観性や科学者による世界認識は世界内存在の変形である。人々の世界から逃走し隠れて生きるのも、死の不安のなかで存在者が重要性を失うのも、世界内存在の様態である。愛が欠けていると彼をなじるのは誤解である。ハイデガーは、いや誰もが、積極的または消極的に世界と存在者のありようを気遣いケアする。

世界が世界となる

（それは）世界となる　es weltet 1919
世界内存在　In-der-Welt-sein 1923-
世界空間が開かれる　Weltraum wird ausgespart 1935
世界が世界となる　Welt weltet 1929, 1935/36, 1949

存在者がありのままの存在者であり（となり）、ものがものとなる

存在するものがありのままのものであるようにする　sein lassen, was ist 1925
存在者がありのままのものであるようにする　Seinlassen des Seienden, wie es ist 1933
存在者のただなかで今日の人間が見捨てられている
Verlassenheit des heutigen Menschen inmitten des Seienden 1933
存在者が存在から見捨てられている　Seinsverlassenheit des Seienden 1938-
存在者がありのままのものであるようにする　Das Sein-lassen des Seienden, wie und was es ist 1938/39
ものがものとなる　Ding dingt 1949

2　ナショナリズムとヒューマニズムの連係

各人が世界に住む仕方をつねにすでに規定しているのが被投性ないし事実性である。(1)どのような生まれ《ナティオ》（natio, 出自・素性・民族・国民）であるかということは、被投性を構成する重要な契機である。東北地方のあの町で、あの両親の子どもとして生まれ育った日本人（ヤマトンチュで和人《シサム》）だという最広義のナショナリティ（ナティオ、国籍）は、私のありようを制約している。この世には別の出自をもつ別の人々がいて、別のナショナリティを刻印されている。

(2)人間ではない生きものたちやものも存在するなかで、人間である私は、人間以外をおのずと低くみている。これは一種のヒューマニズム、人間（中心）主義である。ハイデガーにおいても、現存在（存在を理解し思考する存在（者））と呼ばれ世界に住むのは人間だけである。

ナショナリズムとは、大まかに言えば、自分の生まれ《ナティオ》（民族・国民・出自）に、いやほとんどの場合ネーション（国民・民族・国家）という「想像された共同体」（B・アンダーソン）に規定されこれを重んじる種々の立場である。デリダが指摘するには、ナショナリズムはヒューマニズムやコスモポリタニズムと逆説的だが規則的な連係を結ぶ。[3)]どういうことだろう。

ナショナリズムはたいてい、自らのネーションの特殊性を説くにとどまらず卓越性を誇る。他の諸民族や国々との相違を言い立てるだけでなく、何らかの基準をもち出して自民族の優秀さを訴える。その特殊性が人類の普遍性、つまり人間性《ヒューマニティ》そのものだとさえ主張する。ナショナリズムは、自らのネーションの独特さないしアイデンティティを確保するためには、ヒューマニズムやコスモポリタニズムと手を結ばざるをえない。これらの語を遠ざけるハイデガーの場合も、ドイツ人は、存在の思考において、したがって存在の歴史ないし世界と人類の歴史において傑出した位置を占める。ドイツ人の思考は、ドイツ人にだけ意味があるのではなく普遍性をもつ。

それゆえ、ナショナリズムは、他の諸々のネーションとの関係、人間性そのものとの関係においてはじめて成立している。ナショナリズムとヒューマニズムのこの連係は「ナショナル・ヒューマニズム」（デリダ）である。ユダヤ人もそれらのネーションの一つである。ナショナリティは各人の世界への気遣いに深く影響する。

3　ハイデガーの（反）国家社会主義

ハイデガーは、ドイツ民族が形而上学の民族であるために、ギリシャにおける最初の始まりから別の始まりに移行する可能性を国家社会主義《ナショナル》革命に期待したが、生物学的人種主義に立ち権力奪取を目的とする通俗的国家社会主義と袂を分かつ。

3-1　政治的無関心から国家社会主義運動へ――ドイツ民族であろうとする

もともとハイデガーは政治には無関心だった。H・ヨーナスは、マールブルク時代のハイデガー（一九二三・二四冬学期―二八年夏学期）も教え子たちもおよそ政治的ではなかったと証言している。M・ミュラーによると一九二八・二九年冬学期のフライブルクのゼミナールや講義はまったく非政治的で、教え子たちも政治のことは何も考えていなかった。ブルトマンは、三二年一二月一四日のハイデガー宛書簡で、彼が国家社会主義ドイツ労働者党（ナチ党）に入党したという噂の真偽を尋ねた。翌々日の返信によると、それは「デマ」であり、「私はこの党の党員ではないし、今後もけっしてなりません。これまでどこか別の党の党員だったことがないのと同じように」[4]。

政治と経済の混乱のなかで三三年一月にヒトラー政権が成立すると、四月にフライブルク大学長に選出され、五月に国家社会主義ドイツ労働者党に入党し、下旬に学長に就任した。冬学期開始時に学長が学生に宛てた有名な文章を挙げる。「国家社会主義革命はわれわれドイツの現存在の完全な転覆をもたらす。〔…〕学説や「理念」が諸君の規則であってはならない。総統そのひとが、総統だけが今日と将来のドイツの現実にして法である。〔…〕今後はあらゆる事柄が決断を要求し、あらゆる行いが責任を要求する。ハイル・ヒトラー！」（GA16, 184f., 強調はハイデガー）[5]。この檄文について、歿後公表のインタビュー（六六年）で語るところでは、「妥協なしには切り抜けられなかった」、「そういうことは一九三四年にはもう言わなかった」、「いまならもう書かないだろう」（GA16, 657）。しかし、学長辞任後の「三四年にはもう言わなかった」と「いまならもう書かないだろう」には齟齬がある。三四年にはもう言わなかったのならいまの話はいらない。率直なのは後者である。そもそも、「である」の強調は現存在であろうとする存在《ある》の思考との結びつきを強く示唆しており、あの檄文はたんなる妥協の産物ではない。

実際、三四年夏学期講義でも、現存在するとは民族の存在を存在する（民族である、民族になる）ことである。「私たちは私たち自身であるのか、それともこの自己からひどく疎外されているのか」（GA38, 53, 強調は引用者）。私たちとは誰であるか。「私たちの自己存在は民族である」（GA38, 57）。「私たちはこの民族への帰属において現に存在し、この民族そのものである」（GA38, 63, 強調はハイデガー）。現存在の本来性は民族の現存在の本来性である。そのうえ「国家が民族の歴史的存在である」（GA38, 165）。（とはいえ銘記したい。学長辞任直後のこの講義は講義目録では「国家と学問」という題目だったのに、ハイデガーは初回の冒頭で「「論理学」について講義します」と急遽変更した（GA38, 172）。）

ドイツの国際連盟脱退をめぐる国民投票を翌日に控えた三三年一一月一一日の演説はこれを先取りした。ヒトラー総統はドイツ民族に対して、「民族全体が自らの固有な現存在を意志する（望む）か、それとも意志しないかを最高に自由に決断する直接の可能性」（GA16, 190, 強調はハイデガー）を差し出している。賛成票を投じることが現存在であること、民族を存在することであり、「私たちドイツの現存在の完全な転覆」にほかならない。ここには独我論のかけらもない。個人が民族・国家に同一化されている。ハイデガーは自らにもこの同一化を辞さなかった。学長就任直前に入党した三三年五月三日付の弟フリッツ宛書簡によると、学長の引き受けによって自分の研究をなおざりにせざるをえないが、「いまはもう自分自身のことを考えてはならない。全体のこと、危機に瀕しているドイツ民族の運命のことだけを考えねばなりません」（AH, 36）。就任後には、「個々の自我の重要性が小さくなればなるほど」云々と要求する（GA94, 128）。

その一方で、就任直前の黒いノートには次のメモがある。「学長を引き受けるよう強いられて、私ははじめて内心の声に反して行為する。この地位に就いて私ができるのはせいぜい、あれこれを防ぐくらいだけだろう。構築する——そもそもそれがまだ可能だとして——には、人が足りない」（GA94, 110, 強調はハイデガー）。この「内心の声」をエゴイズムとは呼べない。学長時代のハイデガーは個と全体のあいだで揺れている。

自己である　＝現存在である　＝私たち自身である　＝ドイツ民族である
↓ヒトラーの国連脱退を支持　↓私たちドイツの現存在の完全な転覆

3-2　存在の思考による大学革命とドイツ民族の歴史的使命

死後公表された、「学長職一九三三—一九三四年」（四五年）や「シュピーゲル・インタビュー」（六六年）によると、社会民主党員の前学長メレンドルフは、ハイデガーが後任を引き受けなければナチ党の幹部が指名される危険があるという理由で、渋る彼を説得した。その一方で、彼が学長職を受け入れた動機は、フライブルク大学教授就任講演「形而上学とは何か」（二九年）で述べたように、分裂した諸学部や諸学問を本質根拠に根を下ろさずに技術的組織化によってむりやりつなぎ合わせている大学の現状の改革にあった。諸学問の本質根拠とは普遍的存在論ないし存在の思考である。彼は嫌々学長になったわけではない。戦後も悪びれずに認めているとおり、国家社会主義の「偉大さと〔…〕すばらしさ」を確信し、そこに「民族を内から結集し革新する可能性と、民族の歴史的西洋的使命を見つける道」をみていた（GA16, 652-655, 372-374, 117）。

これは、存在論にもとづいて、ギリシャの始まりに学びつつ、ドイツの大学と国家・国民のありようをまるごと転覆するというナショナリズムである。学長就任講演から引くなら、「ドイツの大学の本質に向かう意志」は、「自らの国家のなかで自ら自身を知る民族としてのドイツ民族の歴史的な精神的負託を引き受ける意志」である。自民族であるかどうかを、一人ひとりの単独者がともに決断する（GA16, 108, 117）。

しかも、自民族を礼讃するだけのナショナリズムではない。西洋の歴史的使命を引き受ける以上、ヒューマニズムと連係したナショナリズム、ナショナル・ヒューマニズムである。自己への気遣いは、すなわち民族への気遣いであり、さらに西洋世界や人間の世界への気遣いである。

3-3　別の始まりと最初の始まり――存在することの歴史と国家社会主義革命

ハイデガーは現実性より可能性に、現在より将来に賭ける。過去を振り返りつつ将来――たとえば自分の死――へ身を投じるなかで現在の状況を見つめなくてはならない。始まりの哲学者ハイデガーにとって、ギリシャにおける最初の始まりの想起は別の始まりという将来の準備であった。ギリシャの偉大な最初の「始まりは、とうに過ぎ去ったものとして私たちの背後にあるのではなく私たちの前に立っている」（GA16, 110, 学長就任講演、強調はハイデガー）。彼は、ギリシャの始まりを受けた別の始まりに期待を寄せた。

別の始まりとは当時、ドイツの現存在を転覆する国家社会主義革命にほかならなかった。一九三四・三五年冬学期のヘルダーリーン講義では、民族の歴史的現存在を根拠づける人間として、詩人、思索者、国家創造者を挙げた（GA39, 51）。名指されたのはヘルダーリーンだけだが、ヒトラーは、ヘルダーリーン、ハイデガーとともにドイツ民族の歴史的現存在を根拠づける創造者であった。ハイデガーは偉大な総統《フューラー》（指導者）への讃辞を忘れなかった。たしかに、一九四五年、浄化委員会の尋問に対して、『わが闘争』を「内容に抵抗を感じたために」部分的に読んだだけだった、と答えた。[6] しかしこれもどこまで真に受けていいのか。三一年一二月一八日、『わが闘争』に――手放しではないものの――感動した彼は、ヒトラーに冷ややかな弟に、クリスマスプレゼントとしてこの書を送った。「自伝的な最初の数章が弱いヒトラーの本と取り組むよう切望します。このひとには並外れた確かな政治的直感があります。〔…〕国家社会主義運動は将来まったく別な力を得るでしょう。〔…〕ヨーロッパと西洋文化が救われるか、没落するか、それが問題です」（HA, 21f. 強調はハイデガー）。三三年四月一三日には、弟に宛てて「いまヒトラーが政治家としてどれほどの偉大さに向かって成長しているか、それが日に日に示されています」としたためた（HA, 34f.）。学長時代には、「私たちの思考に正しい軌道と推進力を与える新たな現実を総統が目ざめさせたという偉大な経験と幸運」（GA94, 111）を寿ぐ。三九年の覚え書きによると、「純粋に「形而上学的に」（すなわち存在の歴史にしたがって）、一九三〇年から三四年にかけて、私は国家社会主義を別の始まりに移行する可能性だと解した」（GA95, 408. 強調は引用者）。政治に参入した時期のハイデガーには、国家社会主義は別の始まりを画しうる形而上学の歴史上の運動であった。

最初の始まり：ギリシャの偉大な始まり――近代の完成まで
別の始まり　：国家社会主義革命が形而上学的に生起

3-4　革命は始まってもいない――学長辞任

だが蜜月は長く続かなかった。ドイツ民族の歴史的精神的負託にこたえるために、学長の強いリーダーシップのもとで、「国家社会主義国家の力と要求にもとづいて学問教育を原理的に変革する」という目標や、「個人は〔…〕どうでもよい。国家におけるわが民族の運命こそがすべてである」[7]という、個を全体に同一化する断固たる態度は学内では受け入れられなかった。大学改革を断行する独りよがりは強い抵抗にあった。

政権との隔たりも目立ってくる。三三年一一月一一日のあの演説（3-1）は、手放しの国家社会主義称賛のように見えて、そうではない。「総統自身の言葉によれば、革命は終わり進化がそれにとって代わった。〔…〕しかし、ドイツの大学の革命は終わっていないばかりか、始まってさえいない」（GA16, 765f.）。これはヒトラーへの諫言とみなすことさえできる。党内に反ハイデガー勢力が生まれた。国家社会主義の文教政策を先導したE・クリークや、マールブルク大学哲学部の同僚だったE・イェンシュはその代表であり、後者はバイエルン州文部大臣に渡された秘密文書で彼を告発した。ハイデガーは「重い精神分裂病者」で、彼の思考は、ユダヤ的でタルムード的な詭弁だから、ユダヤ人とユダヤ系を、また似た精神構造の連中を魅惑する、現象学派はユダヤ的だ、云々。[8]三四年四月、ハイデガーは学長を退く（本人が言うには二月）。

3－5　精神的国家社会主義と通俗的国家社会主義

とはいえ、この辞任は国家社会主義そのものとの訣別ではなかった。直後の三四年夏学期講義でも、自己自身であることはドイツ民族であることだった（3－1）。翌年夏学期には、「今日、〔…〕国家社会主義の哲学として触れ回られる」哲学なるものは、「この運動の内的真理や偉大さとは（すなわち惑星の水準で規定された技術と近代の人間との出会いとは）何の関係もない[9]」（GA40, 208）と断じられる。世上の国家社会主義と内的真理や偉大さをもつ国家社会主義とのこの区別は戦後にさえまるごと捨てられてはいない。三五年当時すでに国家社会主義には反対で、革命への期待も放棄したが、民族であろうとするという意味での内的真理は保持し、仕立て体制や総かり立て体制という考えの熟成を促された（4－2、3）。さかのぼると三四年執筆と推定される黒いノートでは、理念上の精神的[10]国家社会主義（GA94, 137）と現実の通俗的国家社会主義を分けていた。

> 「通俗的国家社会主義」という言葉で私が指しているのは、目下〔…〕重んじられている新聞記者や文化人の世界や基準、要求や所作のことである。ここから出発して、当然ながらヒトラーの『わが闘争』があほらしく引用され、特定の歴史学説や人間学説が民族のなかに入り込む。この手の学説は最善なら倫理的唯物論と呼べる。〔…〕／〔…〕うさんくさい生物学主義がこの倫理的唯物論にしかるべき「イデオロギー」を提供する。／精神的歴史的世界（「文化」）が「民族」から植物のように生えるという狂った見解がはびこる。（GA94, 142f., 強調はハイデガー）

通俗的国家社会主義の特徴は、第一に、生物学主義、人種主義（レイシズム、人種差別）にある。三四・三五年冬学期講義では、ナチ党のイデオローグ、ローゼンベルクを名指しして、彼の、「人種の魂の表現ないし民族の魂の表現」なるものは「ひどい偽りで無内容だ」（GA39, 26f.）と難じた。[11] 精神的歴史的世界が民族という生き物から植物のように生えるという謬見は『わが闘争』のあほらしい引用である。革命が終わって進化が始まるという総統の宣言も、自著からのあほらしい引用にちがいない。新しい始まりは遠い。

すべての学問を根拠づける普遍的存在論が哲学なら、生物学主義は非哲学的で通俗的な形象でしかない。そうだとすると、「精神的に政治的である指導を保障する新しい大学体制」、「大学の破壊」、「大学内部の革命」（GA94, 115f.）が必要である。すなわち、諸学部や諸学問を技術的組織化によって強引にまとめるという大学の現状を打破する、存在の思考ないし形而上学と結びついた大学革命が、そしてまたこれと協力した国家革命が要求され、それによって民族が民族を存在し本来の民族になる。この理念が精神的国家社会主義の核心である。

三五年夏学期講義は、通俗的国家社会主義と明確に袂を分かつが、ドイツ民族讃歌をまたしても歌い上げる。ドイツ民族は、ロシアとアメリカという、解放された技術とノーマルな人間たちの底知れない組織化とを共有する二大国家に挟まれ締め上げられたヨーロッパの中央にあって、「形而上学の民族」である（GA40, 40f.）。形而上学の民族であることこそ国家社会主義の内的真理であり偉大さだと解釈できる。

精神的国家社会主義をハイデガーは「超政治（メタポリティーク）」とも呼ぶ。「私たち〔ドイツ民族〕は「哲学」を終局にもたらすことによって、まったく別のもの——超政治——を準備せねばならない」（GA94, 115）。言い換えれば、現存在の形而上学を歴史的民族「の」超政治[12]に深め拡張しなくてはならない（GA94, 124）。

『存在と時間』では、非本来の実存を本来の実存に変容させうる本来的時間が普遍的存在論の基礎となる。基礎的存在論は「人間的現存在の形而上学であり、形而上学を可能にするために必然的に要求される」（GA3, 1）。ところが、私たちの自己は民族であると宣言されると、諸学問をメタレベルで根拠づける現存在の形而上学（メタ・フィジックス）は、超政治（メタ・ポリティクス）に変身する。民族が民族自身であるようにするのが超政治の課題であり、精神的国家社会主義である。

> 現存在の形而上学《メタ・フィジックス》：単独の自己を基盤に据えて諸学問の領域的存在論を基礎づける普遍的存在論
> ←
> 歴史的民族の超政治《メタ・ポリティクス》＝精神的国家社会主義：本来のドイツ民族であるために学問と大学を基礎づけ国家を革命

ハイデガーは、二種の国家社会主義の厳格な区別について、政治情勢をにらみながら次のように記した（三四年）。

> 国家社会主義は、すべての行いと言葉の背後に何か黙秘すべきものをもち、――しかも将来へと働きかける強い底意を保ちながら働きかける場合にのみ、真の生成する権力となる。／だが、もしも現在のものが既に、意志したとおりに達成されたものなら〔革命はもう十分だとされ〕、あとは頽落しないよう気をつけさえすればよい。（GA94, 114）

権力奪取の現実に満足し権力拡大しか頭にないのが通俗的国家社会主義の第二の特徴である。反対に、精神的国家社会主義の超政治は、将来に向かって、真の、だが最も遠い目標を掲げ、革命の進化をはかる。革命の真の目標は、「民族が存在の諸力を手に入れかたちづくるなかで偉大になること」、それより近い目標は、「民族が根を下ろし、国家の負託を引き受けて自己自身にいたること」、もっと身近な目標は「民族共同体を民族の自己として当面作り出すこと」である（GA94, 136, 強調はハイデガー）。

別の始まりをめざして既成のものを破壊しつづける姿勢は第三帝国の時代にそぐわない。国家社会主義の本質と可能な偉大さは積極的な意味での「野蛮な原理」（GA94, 194）にあるのに、これが軽んじられている。現実の国家社会主義との乖離は広がる一方だった。自己を存在し民族を存在するために、党と連帯して、既存の政治を超えて政治を基礎づけ、既存の大学と諸学問を超えて大学を新たに構築するという企ては失敗した。

二種類の国家社会主義（一九三四年）
通俗的国家社会主義：生物学的人種主義 ＋ 国家権力奪取のための革命
精神的国家社会主義：自己・民族であるために、存在の思考による大学革命、国家革命

4　国家社会主義もボルシェヴィズムもアメリカニズムも

一九三〇年代後半から、ハイデガーにとって国家社会主義は近代の一つの完成形態であった。国家社会主義も、敵のソ連ボルシェヴィズムもアメリカニズムも、世界征服へと総動員させる仕立て体制や総かり立て体制という現代の歴史的運命にひとしく従属している。

4-1　近代の完成——世界の認識と支配

三〇年代後半以降のハイデガーが言うには、近代という時代に人間は主体となり、存在者は主体によって表象される（vor-stellen され、前に立てられる）対象（Gegenstand, 主体に対して立つもの）となった。四〇年二学期のニーチェ講義によると、デカルトの考え表象する私こそが存在者全体の基体（subiectum, 主体）であり、存在するとは表象されることである。真理とは数学的な表象作用において疑えないものとして確保されること、確実性である（GA48, 143）。

世界の存在は数学的認識によって規定され、存在は「計算し測定する自然把握の客観性」（GA20, 245）となった。こうして、私たちは「自然の支配者にして所有者」になることができる。[13] 存在と真理とのこの把握は、人間主体による世界の認識と征服を可能にした。存在者全体としての世界は、人間主体によって像として前に立てて描かれただけのものに縮減される。近代は「世界像の時代」（GA5, 89f.）である。

ニーチェは、デカルト以来の近代哲学を、いや西洋哲学ないし最初の始まりを完成した。彼は、デカルトの「私は考える」を「私は意志する」に還元する。存在者全体は力への意志という根本性格をもつ。デカルトの考える私は真理認識をねらう真理への意志であって、これは力への意志の一形態でしかない（GA6.2, 161）。力への意志こそ根源の事実であって、デカルトおよび近代哲学・科学が探究する真理は、力への意志ないし人間にとって不可欠な誤りである。ニーチェは、このデカルト批判をとおして近代哲学を継承し完成する。世界支配をめざすニーチェの力への意志は、主体によって表象されることとして存在を解するデカルトによって準備されたからである。存在者が存在するとは、力への意志にとって有用で価値があることでしかない。これは、存在者全体を認識し所有する世界像の時代という近代の本質を言い当てている。[14]

「私なんか存在する価値がない」という嘆きや、「利益をもたらさないやつは会社にいる資格がない」という恫喝は、力への意志の形而上学のもとにある。存在者はありのままのものとしてではなく、人間主体に対して立つ対象か価値あるものとしてのみ存在する。存在者は存在することから見捨てられている。

存在者が存在する

デカルト：考え表象する主体によって表象されていること、対象性
＝計算・測定する自然把握の客観性
↓世界認識

ニーチェ：より大きな力を意志する主体にとって価値があること
↓世界征服

4-2　近代および国家社会主義との対決

国家社会主義の公認イデオロギーだったニーチェ哲学に関する一連の講義（一九三六・三七年冬学期－四〇年二学期）や講演「形而上学による近代世界像の基礎づけ」（「世界像の時代」三八年）は、このように近代との対決であり、しかも国家社会主義との対決でもあった（GA16, 391, 664）。国家社会主義やファシズムというかたちでの「社会主義」、つまり「大衆の政治的・軍事的・経済的組織化」は、近代の完成の一形態（GA96, 109）である。

そうすると、ハイデガー自身がかつて信じたのとはちがって、ヒトラー政治は別の始まりに移行する可能性（3－3）ではない。力への意志に駆られて権力の掌握と拡大に邁進する第三帝国は、「民族が存在の諸力を手に入れかたちづくるなかで偉大になる」という真の目標（内的真理）とは逆の方向へ走っている。ナショナル（国家・国民）社会主義はラショナル（合理・理性・計算）社会主義に移行した（GA96, 195, 一九四〇年頃）。それでは近代を完成するとはどういうことか。次にみるように、仕立て体制が政治・経済上の対立や戦争と平和の違いを超えた現代の根本趨勢であり存在することの歴史的運命である。

４－３　仕立て体制――国家社会主義もボルシェヴィズムもアメリカニズムも

当初、ソ連共産主義に対する防波堤の役割を国家社会主義に期待したハイデガーだが、やがて、近代の完成としての力への意志の形而上学という点で、両者を、それだけでなくアメリカニズムや民主主義をも同列に扱うにいたる。

一九三一年頃から、とりわけ三五年頃から、彼は近・現代および現代技術の本質的特徴を仕立て体制（Machenschaft《マッヘンシャフト》, 工作機構、人為性）という語で表すようになる。Machenschaftというドイツ語は通例複数形で使われ、人間による陰謀や策略といった否定的意味だが、ハイデガーでは人間の行いではなく、しかもいわばニュートラルで、現代における存在することの歴史的運命、存在者の特定の真理を表す。つまり、人間たちが、存在者全体ないし世界を、合理的に算出し測定し「計画策定」し「構造整備」するという仕方で作り仕立てるように、「総動員」されて世界を無条件に操作し支配する仕組みである（GA96, 132, 179f., 238, GA65, 126, GA66, 176）。存在することは、人間たちの力の上昇・維持にとって価値・有用性があることにすぎない。

人々とその組織は、どれほど巨大な権力や財力を獲得してもさらにより大きな力をめざして延々と必死に走り続けるしかなく、存在者を科学と技術によって算定、計画、整備するという仕方で仕立てるよう、この仕組みによって仕立てられている。仕立て体制の時代は「完成した無意味さ」の時代である。すべてを仕立て支配する人間主体の活動という華々しい見かけは、そうするよう仕立てている仕立て体制にもとづいて可能である（vgl. GA6.2, 14f.; GA65, 131f.）。国家や民族もその主体の一つである。仕立て体制では、ものや人間が存在するとは仕立てられること、仕立てられうることである。この歴史的運命においては、存在すること自身は忘れられ、存在者は存在から見捨てられる。

仕立て体制という言葉は、四〇年代末から、総かり立て体制（Ge-stell, 総動員体制）という語にとって代わられる。総かり立て体制は現代技術（テクノロジー）の本質動向を指し、あらゆるひとやものをありのままのもの（そのひと自身）としてではなく、有用か無用か有害な人的物的資源（Bestand, 徴用物資）として顕現させ徴用し、人間はこの呼びかけに応召するというシステムである。すべての存在者はありのままのものとして存在できず、技術的支配にとっての価値ある資源としてのみ存在が認められる。

仕立て体制や総かり立て体制は現代の本質動向であり、政治・経済体制の対立、戦争と平和の区別を超えている。第二次世界大戦のさなかの書きつけによると、「人間を動物に仕立てて人間を損ない（Vermenschung）、大地・地球を利用して大地を損ない（Vernutzung）、世界を計算して世界を損なう（Verrechnung）〔…〕という仕立て体制の権力は最終状態に移行した。民族や国家、文化の相違は見かけでしかない」（GA96, 52f. 一九三九年冬）。

ドイツとロシアの国境線は両国の本質動向が同じであることを覆い隠す。「国家社会主義はボルシェヴィズムではなく、ボルシェヴィズムはファシズムではない――だがどちらも、仕立て体制の〔…〕勝利――近代の巨大な完成形態である」（GA96, 126f.）。アメリカニズムも同じである。三五年には、ドイツ民族は、ロシアとアメリカという、解放されたテクノロジーとノーマルな人間たちの底知れない組織化とを共有する二大国家に挟まれたヨーロッパの中央にあったが（本書二四四頁）、四一年には、国境をはさむ戦争という前景の背後では、ヨーロッパも日本もアメリカも同じである（GA96, 261）。もちろんロシアも。英米の世界とボルシェヴィズムは、資本主義と反資本主義という対立にもかかわらず、「主観性・主体性を純粋な合理性へと無条件に展開する」という点で一体である（GA96, 235）。民主主義も全体主義も違いがない。

テクノロジーや人間の組織化、平準化なしには戦争も平和競争も不可能である。今日なら、科学とテクノロジーによる競争は、資本主義国家にも社会主義国家にも、グローバル企業にも産官学連携事業にも、戦争にも共通している。仕立て体制への隷従（GA96, 135）や、滅びようとする近代の人間性の完成した無目標性（GA97, 511）は地球の隅々にゆき渡っている。

以上のように、ハイデガーにとって、存在は最広義の計算可能性だというデカルト合理主義（GA95, 172）の完成形態は地球上の各政治・経済システムであり、その本質は仕立て体制と総かり立て体制にある。

現代における存在することの歴史的運命

仕立て体制　：人間主体が世界を計算・支配し仕立てるように仕立てられる動向
総かり立て体制：あらゆる存在者を人的物的資源として顕現させ徴用する動向
　　　独、日、伊、英、米、露
　全体主義、民主主義　資本主義、反資本主義

5　ハイデガーの（反・）反ユダヤ主義

ハイデガーは、反ユダヤ主義を拒みながらも、仕立て体制をユダヤ性に結びつける。仕立て体制のもとでの近・現代のすべての現象は、したがって現実の国家社会主義もユダヤ的である。

5-1　反・反ユダヤ主義者の反ユダヤ感情

彼には、アーレント、レーヴィット、ヨーナス、マルクーゼなどきわめて優秀なユダヤ人の教え子が多かった。一九三〇年にダヴォスで激論を交わしたカッシーラーとも、その後個人的な交流を結んだ。学長時代にはユダヤ人

をかばいもした[15]。

ハイデガーは、社会主義の公認イデオロギー――通俗的国家社会主義――の反ユダヤ主義に異議を唱えた。もともと彼の存在論は諸学問の水準になく、むしろ諸学問の統一性を基礎づけるものだから、生物学主義や人種主義と親和性がない。人間は生物であるより現存在である。ヒトラー政権下の講義でも、人間とは誰であるかという問いを、形而上学《メタフィジクス》の、すなわち自然（ピュシス）を超えた（メタ）水準の問いとしてとらえた。自然科学は人間を思考できない。人間という概念を「空疎で生彩に欠けた生物学や心理学や認識論」で表象してはならない（GA40, 149）。国家社会主義（三四年の言葉では通俗的国家社会主義）の生物学的反ユダヤ主義も空疎である。「反ユダヤ主義は、キリスト教が「異教徒」にしでかす血を流すふるまいや、とりわけ血を流さないふるまいと同じく、ばかげていて咎められなくてはならない」（GA97, 159）。ハイデガーは反・反ユダヤ主義者である。

それでいて、伝統的なカトリック世界で育ったハイデガーにはユダヤ人嫌悪が染み込んでいた。結託し共謀するユダヤ人というイメージは弟宛の書簡に何度か出てくる。三二年五月に政治の混乱のなかでブリューニング内閣が瓦解し、代わってパーペンが首相に就任すると、この政権交代をユダヤ人の「策謀」に帰し、近々ヒトラー演説を送る、と記した（HA, 30f.）[16]。

5－2　仕立て体制の人間性類型としてのユダヤ性――人種主義ではない

ハイデガーの反ユダヤ感情は、仕立て体制という現代の特徴づけに暗い影を落とす。反ユダヤ・プロパガンダがあふれた時代に、とりわけ一九三六年から四五年にかけて、存在の歴史の思考のなかで、反ユダヤ主義に思える言明を、公開の講義や講演や文章ではなく黒いノートや私信にひそかに書きつけた。ヤスパースの教え子J・エルシュが言うように、「ハイデガーは反ユダヤ主義者ではなかった。〔…〕彼は十分に反・反ユダヤ主義者ではなかった」[17]。

仕立て体制のいわば人間性類型[18]がユダヤ人である。三九年秋頃の診断では、「ユダヤ民族（Judentum, ユダヤ性）の一次的な権力上昇」――何という時代認識だろう――は、西洋形而上学が、特にそれが近代に展開するなかで「空虚な合理性と計算能力の広がる足がかり」を提供したことに根拠がある（GA96, 46）。ハイデガーにとって、世界ユダヤ性（Weltjudentum, 世界ユダヤ人、世界ユダヤ人組織、世界ユダヤ主義）は、「何にも縛られずに、あらゆる存在者を存在から根こぎにすることを世界史の「課題」として引き受けられる人間性」の役割を果たしている。しかしこれは、あくまで「人間性のあり方（Art, 種類）の問題」であり、「人種主義の問題」ではない（GA96, 243）。ユダヤ性なるものは、仕立て体制というかたちで存在を忘却する人間性類型である。

なるほど、ユダヤ性、ユダヤ人組織、ユダヤ人は、何ものにも拘束されずにすべてを利用する無地盤性、存在者をいつも計算しその結果を現実とみなす態度、とことん計算しごたまぜにする強靭な器用さという特徴を押しつけられる（GA95, 96f.）。ユダヤ性（Judenschaft）は西洋形而上学の時空間における「破壊の原理」である（GA97, 20）。だが、ユダヤ性なるものはユダヤ人という人種の遺伝子の特徴などではない。自然本性としての民族性《ナショナリティ》をハイデガーは信じない。ひるがえってドイツ人という人種がドイツ性を体現しているわけでもない。たとえば、フィヒテはドイツ観念論におけるドイツ的なものに到達していない（GA95, 9）。フィヒテですら真にドイツ的ではない。したがって、現実のユダヤ人とユダヤ性とは、また現実のドイツ人とドイツ民族の本質（存在の歴史からの負託）とは峻別される。ハイデガーが個々のユダヤ人を教育し、ときに愛し、ときにナチ政府から守りもしたのも、この区別からすれば不思議ではない。

ナショナリズムはヒューマニズムと連係しており、ユダヤ性とドイツ性は人間性《ヒューマニティ》のいわば理念型の二つであり、現存在にもとづいて思考され類型化されている。そうすると、次のように、ドイツ人もドイツの総統もユダヤ的でありうる。

二種類のユダヤ性

①生物学的、遺伝的特徴－劣等民族　＝人種主義、反ユダヤ主義：ハイデガーはこれを批判

②人間性類型－仕立て体制の理念型－空虚な合理性と計算能力　＝反ユダヤ主義ではない：ハイデガーの主張

5－3　近・現代の仕立て体制をユダヤ性に背負わせる――国家社会主義もユダヤ的！

ハイデガーは、存在の歴史のなかに仕立て体制を位置づけるさいに、近・現代の合理性と計算能力を、人種の特性から区別された世界ユダヤ性（Weltjudentum, 世界ユダヤ人（組織））に帰する。そのうえ、一九四八年の黒いノートによると、全体主義独裁の現代の各システムはユダヤ・キリスト教の一神論に由来し、崩壊（核分裂）を根本方法とする科学と空爆による大都市破壊とのあいだには、政治的な立場や世界観の相違に先立つつながりがある（GA97, 438）。このつながりは合理性による世界制覇を強いる仕立て体制のことだろう。対立し合う政治・経済システムに通底する仕立て体制にハイデガーはユダヤ性というしるしをつける。

> 形而上学的意味で本質的に「ユダヤ的な」ものがユダヤ的なものと戦うなら、歴史における自滅が頂点に達する――もしも、「ユダヤ的な」ものがいたるところで支配権を完全に奪取し、「ユダヤ的なもの」との戦いも、とくにこの戦いこそが、「ユダヤ的なもの」に隷従するにいたるとすれば。（GA97, 20）

難解な一文だが、括弧つきの「ユダヤ的なもの」は、ユダヤ性という人間性類型に代表される現代技術の本質、仕立て体制を、これが戦う括弧ぬきのユダヤ的なものはユダヤ人を意味すると読みたい。[19] 第三帝国がユダヤ人と

戦ったのも、第二次世界大戦も、世界支配へと突き動かす仕立て体制ないし総かり立て体制に、したがってその人間性類型である「ユダヤ的なもの」に隷従してのことであった。そうだとすると、国家社会主義もユダヤ性という破壊の原理ないし人間性類型を体現しているだろう。「なぜ私たちは、センセーション、プロパガンダなどという反ドイツ的なものをドイツ性の本質に仕立てるのか?」(GA95, 362) という問いも、第三帝国は反ドイツ的でいわば「ユダヤ的」だという批判である。

存在者が存在することから見捨てられること、根こぎは、括弧つきの「ユダヤ的なもの」、ユダヤ性、仕立て体制の特徴である。ヒトラーも、激烈な競争社会に生きる私たち二一世紀人も、計算能力やテクノロジーによって世界制覇を企てる世界ユダヤ性か世界ユダヤ人組織の一員である。ほとんどの現代人が知らないままハイデガーの意味でのユダヤ性を有し、これに服している。

「ユダヤ的なもの」＝ユダヤ性という人間性類型：現代の各種政治・経済システムに通底
ユダヤ的なもの　＝ユダヤ人、ユダヤ民族というネーション

6　世界への気遣いの限界

それにしても、近・現代の特徴をユダヤ性という類型で表し、ドイツ性という類型をその対極に置くのは、幼稚なたぐいのナショナリズムと反ユダヤ意識ではないか。ハイデガーはときおり、ユダヤ人という形象に代表され

る異他の存在者が存在することを忘れる。世界に対する彼の気遣いは見えない限界でさえぎられている。彼は、隠されたものを見えるようにするという自らの現象学概念を、また「存在者がありのままに存在するようにする」(GA16, 378) という学長就任講演の抱負を戦後にも裏切る。ドイツ民族主義《ナショナリズム》と連動して、他を自に同一化しすべてを一つに集約する。

6－1　国家社会主義や原爆よりも強力な公共性・世論の破壊力

第二次世界大戦の終結は、少なくともハイデガーの意識の表層では重大な意味をもたなかった。戦争が街を破壊し数知れない犠牲者をもたらしたことは、存在者が存在から見捨てられる出来事の派生的な事柄でしかない。「戦争と破壊の時代には貴重なものを保護する必要がある」が、その最善の手立ては公共性 (Öffentlichkeit) から隠すことである。公共性、公開性は、世間、世論、とりわけジャーナリズムを指す。「今日、最大の破壊力をもつのは公共性である」、「原爆の熱波よりも破壊的なのは世界ジャーナリズムのかたちの「精神」である」(GA97, 154)。この「精神」はおそらく仕立て体制のことである。「国家社会主義」が荒廃にかかわったことは明白であるとはいえ、その野獣性はこの世界公共性ないし仕立て体制に比べれば「まるで無害」である (GA97, 87)。原爆や空爆よりも、世論、世界ジャーナリズムの本質をなす仕立て体制のほうが破壊力が大きい（本書第2章5－1、5－2を参照）。そうだとすると、ユダヤ人が被った災いはどう受けとられるのか。

6－2　ユダヤ民族の苦難よりも深刻なドイツ民族の窮境

ドイツの現存在の転覆と国際連盟脱退への支持を訴えた演説のなかでさえ、ハイデガー学長は、「どの民族も自らの使命の偉大さと真理を見出しまもる」(GA16, 193, 強調は引用者) よう望んでいた。彼はすべてを一に集約する単数性の哲学者であるだけでなく、多様性を抹消しない複数性の哲学者でもある。それでは各民族のなかにユダヤ民族は含まれるのか。第三帝国によるユダヤ民族の迫害は、存在者が存在から見捨てられることの最たるものではないのか。存在し生きることを奪われたのだから。

ユダヤ人が存在することから見捨てられているという事態はハイデガーの視界にほとんど入らない。過ちを公に認めるよう真摯に迫った教え子マルクーゼに対して、ナチ信奉者たちの変節と同類にならないためには敗戦後の罪(Schuld, 非、罪責)の告白は不可能だと答え、くわえて、絶滅収容所における秘密裏のユダヤ人虐殺を、世界中が知る戦後の東部ドイツ人の追放と死によって相殺した(GA16, 430f.)。「隠蔽されていたから私は知らなかった」という弁明である。存在の隠れが隠れなさになることという自らの真理《アレーテイア》観に反して。

ユダヤ人の苦しみはハイデガーの存在の思考やあり方を脅かさない。「いますでにドイツの民族とくに《ラント》は唯一の強制収容所である」(GA97, 101, 強調はハイデガー)と平然と書く。弟宛ての手紙（一九四五年七月二三日）では、「こちらは芳しくありません。私たち家族は強制収容所の人々を住まいに受け入れなくてはならないのです」、「何もかもひどく、ナチ時代より悪い。私はまだ研究する時間がとれません」(HA, 126f.)。危うく生還したユダヤ人よりも自民族や自分の研究のほうが大事であった。無理に好意的に読むなら、ユダヤ性という人間性類型を省察する自分の研究は、ドイツ、西洋、世界にとって存在の歴史上の意義をもつということだろうか。[20] かりにそうだとしても、近・現代の人間性類型をユダヤ人に負わせ、ドイツ民族と自分の苦しみに焦点を絞るのはニーチェの批判した反ユダヤ・ナショナリズムである。「ありとあらゆる公的および内的な悪弊を贖う山羊としてユダヤ人を犠牲に供するという文筆上の無作法が、〔…〕今日のほとんどすべての諸国民《ネーション》にはびこっている」[21]。ハイデガーのこのナショナリズムは、、仕立て体制という現代の悪しき本質動向をユダヤ性に帰し、自分たちのネーションは過ちから遠い被害者だと信じ恨んで、こっそりノートに書き込む。自分たちのネーションの苦難しか目に入らずユダヤ人の苦悩を忘れるとはなんと無作法な存在忘却だろうか。

6－3　悔悟しないハイデガー——恥じるが罪はない

国家社会主義を仕立て体制の一つとして批判はしても、ハイデガーには、自分が当事者であるという意識が欠けていた。彼の世界への気遣いには限界がある。

一九五〇年にようやく、ヤスパース宛書簡で、三三年以後彼の家を訪れなかったのは、夫人がユダヤ人だったからではなく、「とにかく恥ずかしかったからでした」（HJ, 196）と告白した。[22]

だからといってナチズム加担が罪だと認めたわけではない。「一九三三年の誤り」に関する黒いノートによると、「政治的には（この語を世界史の意味で理解すると）あの決断は誤りではなかった」。国家社会主義によって「世界の歴史的運命が〔…〕形而上学の克服へ移行するのを準備する」自分の試みが間違いだったわけではない。誤りは、「力の準備がどれほど乏しいか〔…〕を認識していなかった」ことにある（GA97, 147f.）。つまり、「『時間・時代』を急ぎすぎ」、「いまこそ、ヒトラーによってではなく、西洋の歴史的運命における民族の覚醒によって、始まりを用意し歴史的になる時だと思った」点にある（GA97, 98）。ここでハイデガーは、民族が民族であることによって存在の歴史の別の始まりを直ちにもたらせると信じたのは性急すぎたと反省する。始まりへの移行をもたらしうる国家創造者だという期待をヒトラーに寄せたこと（3－5）を忘れたかのように。

それは間違いだったが罪ではなかった。「大きく思考する者は大きく迷い誤るのでなくてはならない」（GA97, 179）。罪の告白を求めたマルクーゼに対する返信では、三四年に政治的誤りを認識し——政治上の誤りを否認した右の断章とは矛盾するが——国家と党に対する抗議として学長を辞したと釈明する一方でこう書いた。「それについてヤスパースは語っています。私たちが生きているということが罪（Schuld）だ、と」（GA16, 430f.）。これは、ハイデガーもヤスパースも誰もかも一緒くたにする〈ひと、みんな（das Man）〉のおしゃべりであり、自己が負うべき存在の重荷を免除（SZ, 127）している。またしても彼は自らを裏切った。ドイツ人が自分（たち）の非を転嫁するのを罪という言葉で批判し、結局はスイスに移住せざるをえなかったヤスパースが読んだら、驚き怒り悲しんだにちがいない。

6-4　ドイツ人ないしハイデガーへの存在の歴史の負託

ドイツ人だけが存在を根源的に詩作し語ることができる（GA94, 27）というナショナリズムにとって、ドイツの真の敗北は、第三帝国の壊滅でも都市の崩壊でも世界ジャーナリズムという「殺人機械」によって人々が殺されたことでもない。「「ナチズム」という恐怖政治の除去というもっともらしい見かけで、ドイツ人が他者たちによって本質の自滅に追いやられ、また自らも自滅を推し進めていること」（GA97, 156）、それが敗北である。ハイデガーの公職追放もドイツ人の自滅の一つであろう。

偏狭にも感じられるこのナショナリズムはヒューマニズムと連係している。「ドイツ的なものの召命の本質は〔…〕ドイツ人によって存在すること自身の本質が勝ちとられるという意味で絶対である」（GA95, 372, 戦争勃発直前三九年）。

そのあげくハイデガーは、誇大妄想めいた思いに乗っ取られもする。Heid-eggerという名前は、「荒れ地（Heide）を耕す（eggen）ひと」のことであり、「どんな世界権力もどんな神も、存在自身のなかに固有なものとして私の思考が与えられるのを、いつかやめさせることはない」（GA97, 62f., 一九四二年）。存在することの歴史はハイデガーに特別な責務を課している。[23] その負託を受けた彼が、ユダヤ人という異他の存在者が存在することから見放されたという存在の歴史上の事実を忘れている。

6-5　ハイデガー哲学の両義性

ハイデガーとその哲学には両義性がつきまとう。幼稚なたぐいの民族主義者《ナショナリスト》（本書前章のナショナル・ヒューマニストB）である一方で、その批判者（ナショナル・ヒューマニストA）でもある。存在によって見捨てられることの現れとして民族ないし民族的なものの偶像視を挙げ（GA65, 117, GA94, 223）、民族という語をしばしば複数形で用いる。「どの民族も他のどの民族にとっても師であることができ、師であらざるをえない」（GA16, 193）。ハイデガーの存在忘却がひどくなければ、ユダヤ民族もドイツ民族の師である。「諸民族の相互存在の掟」（ibid.）から複数性に導かれるなら、アーレントが述べたように、実行するうえで重要なのは共同の努力のみであり、動機や過去、素性（Abstammung, 由来、血筋）が同一だという国民《ナショナル》国家の決定的な前提条件は問題ではない。[24] ナショナリティの単一性は根強い幻想である。

どんな人間も何らかの、たとえば無国籍者というナショナリティを負わされており、そのナショナリティはそのひとの思考や言動を拘束する。人間の人間性を存在への近さから思考する「ヒューマニズム」と連係するハイデガー（vgl. GA9, 342f., 本書一七八頁参照）は、彼がドイツ人であるかぎりでのみドイツ性をユダヤ性より優先させただけかもしれない。しかし、だからといって、他を自に同一化し、多を一に集約してよいわけではない。この同一化は、存在者が存在から見捨てられるという存在の歴史的運命への不用意な加担である。

ハイデガー哲学の両義性
A 幼稚なナショナリズムへの批判：ナショナル・ヒューマニズムA、反国家社会主義、反・反ユダヤ主義、複数性
B 幼稚なナショナリズム：ナショナル・ヒューマニズムB、精神的国家社会主義、反ユダヤ感情、単数性

＊

誰もが自分の出自《ナティオ》やナショナリティに規定されている。ハイデガーにはその自覚が十分ではなかった。国家《ナショナル》社会主義や粗雑なナショナリズム、反ユダヤ主義を批判し、仕立て体制や総かり立て体制のもとで世界が世界とならず、存在者が存在から見捨てられるという歴史的運命を思考したのに、ユダヤ人という存在者の語る存在の声に耳をふさぎもした。国家社会主義や反ユダヤ主義とのかかわりは、彼における世界への気遣いの限界の標点である。ヤマトンチュや和人《シサム》も、自分（たち）の世界への気遣いがどれほど乏しいか、多と他の存在を忘れていないか、省みる必要があろう。

ハイデガーにおける（反）国家社会主義と（反・）反ユダヤ主義の変容

一九三三・三四年　国家社会主義の人種主義的反ユダヤ主義（通俗的国家社会主義）に反対
精神的国家社会主義（民族が偉大になる国家社会主義革命↓新しい始まりへ）に期待
だが十分に反・反ユダヤ主義ではない（ある脈略では反ユダヤ主義者に）

一九三五年　国家社会主義に反対し、それに「内的真理」（民族が偉大になる）を対置
ドイツは米露に挟まれて苦しんでいる

一九三九年～　国家社会主義も米露も、仕立て体制という近・現代の合理的な本質動向のなか
人種としてのユダヤ人をではなく、人間性類型としてのユダヤ性を批判
だがこれは十分に反・反ユダヤ主義ではなく、またユダヤ人の苦難を軽視

注

1) Nationalsozialismus はナチズムとも訳されるが、Nazismus という短縮形や日本語のナチズムとはちがって否定的意味を明確には表わさないので、正負の意味を弱めるために長々と訳す。ここでは国家・国民社会主義という訳語を選んだが、以下では原則として国家社会主義という語に縮める。Nazismus はナチズムと訳す。「(反)国家社会主義」は、理念上の国家社会主義に期待する一方で、現実の国家社会主義を批判したことを、「(反・)反ユダヤ主義」は、人種主義的な反ユダヤ主義を難じながらも、幼稚な反ユダヤ感情にとらわれユダヤ人の苦悩を忘れたことを表す。

2) この言い回しは、「根拠の本質について」(一九二九年)(GA9, 164)や「芸術作品の根源」(一九三五・三六年)(GA5, 30)などで登場していた。一九三四年か翌年の黒いノート(人知れず書かれた手記)によると、「世界が一つの世界として世界となるように導く」、「存在者が存在するよう存在が本質となるために、世界が世界となる」、「世界が世界となるのは〔…〕気遣いのなかで生じる」(GA94, 211)。

3) J. Derrida, *Psyché: Inventions de l'autre*, Paris: Galilée 1987, p. 417.(邦訳、デリダ『プシュケー——他なるものの発明Ⅱ』藤本一勇訳、岩波書店、二〇一九年、四二頁。)ナショナリズムがヒューマニズムと連係するナショナル・ヒューマニズムについては本書第8章を参照。

4) M. Heidegger, *Briefe an Max Müller und andere Dokumente*, Freiburg: K. Alber 2003, S. 113f. BH, 187, 191. 強調はハイデガー。前年一一月の選挙では、妻の強い求めに押されてナチ党に投票したという(H. Zaborowski, *»Eine Frage von Irre und Schuld?«: Martin Heidegger und der Nationalsozialismus*, Frankfurt a. M.: S. Fischer 2010, S. 211f.)。とはいえ、ブルトマン宛の同じ手紙にこうある。この党に対して、「私は、たとえば「文化的な」ものごとにおける「精神」と「水準」について大きなためらいを感じるにもかかわらず、〔…〕多くの点で**きわめて**肯定的です」(BH, 191, 強調はハイデガー)。

5) 教え子W・ブレッカーによれば、ハイデガーが学説や理念と総統とを対比したのは、ナチ党と総統との切り離しをもくろんだものであった。学説はナチ党の綱領を、理念はその世界観を指し、生物学主義や人種理論、総合大学の専門大学への組み換えという党のプログラムをヒトラーが修正するように期待していたという(O. Pögeler, *Heidegger in seiner Zeit*, München: W. Fink 1999, S. 160,

id., "Heideggers politisches Selbstverständnis," in: A. Gethmann-Siefert, O. Pöggeler (Hg.), *Heidegger und die praktische Philosophie*, Frankfurt a. M: Suhrkamp 1988, S. 58f., 邦訳、ペゲラー「ハイデガーは自分を政治的にどう理解していたか」高田珠樹訳、ゲートマン＝ジーフェルト、ペゲラー編『ハイデガーと実践哲学』所収、法政大学出版局、二〇〇一年、五六頁)。

6) H. Ott, *Martin Heidegger: unterwegs zu seiner Biographie*, Frankfurt a. M.: Campus 1992, S. 159.（邦訳、オット『マルティン・ハイデガー――伝記への途上で』北川東子、藤澤賢一郎、忽那敬三訳、未來社、一九九五年、二三九頁。）

7) *Ibid.*, S. 229.（邦訳、三五三頁。）

8) V. Farias, *Heidegger und der Nationalsozialismus*, aus dem Spanischen und Französischen übersetzt von K. Laermann, Frankfurt a. M.: S. Fischer 1989, S. 231f.（邦訳、ファリアス『ハイデガーとナチズム』山本尤訳、名古屋大学出版会、一九九〇年、二〇一―二〇二頁。）ハイデガーの回想では、学長就任式に出席したバーデン州文部大臣O・ヴァカーは、学長就任講演が「個人的国家社会主義」であり、人種思想を基礎にしておらず、党の要求する「政治的学問」の理念を斥けたのは認めがたい、と述べたし、ハイデガーは、就任数日後に党の大学生組織ともいうべき学生団の幹部による「反ユダヤ人ポスター」掲示要求を突っぱねたために、ナチス突撃隊指導者から圧力を受けた（GA16, 381, 654）。「個人的国家社会主義」は言いえて妙である。敗戦直後のハイデガーによると、三三年六月中旬には政治情勢が自分の思っているのとは違う方向に進んでいることに気づいた（Ott, *op. cit.*, S. 159, 邦訳、二三九頁）。

9) ペゲラーの調査によると、講義原稿では「NS〔国家社会主義〕の内的真理や偉大さ」である（O. Pöggeler, *Der Denkweg Martin Heideggers*, 3. erweiterte. Aufl., Pfullingen: G. Neske 1990, S. 321）。ハイデガーの説明では、丸括弧でくくった文言は、講義では読み上げなかったが当時から原稿に書いており、テクノロジーについての自分の考え方をしるしたものであった（GA16, 667f.）。しかしこれはおそらく誤りであり、ペゲラーやオットは後年の挿入だと推定している。私見では、後年のこの補足は、もう精神的国家社会主義の全面肯定ではなく、民族であろうとし、仕立て体制や総かり立て体制という技術の本質の洞察（4-3）へと導いたかぎりでの、内的真理と偉大さの肯定である。戦後の書簡では、「国家社会主義に対して私は〔講義であの言葉を語った〕当時明確に反対の立場でした」（GA40, 233）。

S・ヴィエタは、「偉大さ」と私が訳した語 Größe を、一九三八年の講演（のちの論文「世界像の時代」）に引き寄せつつ、技術的なもののもつ巨大さというたんに肯定的ではない意味に理解する（S. Vietta, *Heideggers Kritik am Nationalsozialismus und an der Techinik*, Tübingen: M. Niemeyer 1989, S. 30f., 邦訳、ヴィエッタ『ハイデガー：ナチズム／技術』谷崎秋彦訳、文化書房博文社、一九九七年、四七－四九頁）。私自身は偉大さという意味で理解したい（「偉大さとすばらしさ」（本書二四〇頁）を参照）。いずれにせよ、ハイデガーは当時も戦後も現実の国家社会主義を批判したが、戦後世界のかさにかかったナチズム批判に雷同せず、ドイツ民族の世界史的使命というナショナル・ヒューマニズムを終生手放さなかった。

　青年ハーバーマスは、この間何も起こらなかったかのように批判も注釈も抜きで、国家社会主義の「内的真理や偉大さ」という言葉を活字にするハイデガーのふるまいを黙認できなかった（J. Habermas, *Philosophisch-politische Profile*, Frankfurt a. M.: Suhrkamp 1987, S. 65-72, 邦訳、ハーバーマス『哲学的・政治的プロフィール（上）』小牧治、村上隆夫訳、未來社、一九八四年、八八－九九頁）。しかし、ハイデガー自身の考えでは、その文言がもともと講義に含まれる以上削除するのは不適当だし、「内的真理や偉大さ」という表現が現実の国家社会主義との対決であることは明らかであった（GA40, 232f.）。ヒトラー時代の手記にも、御用学者H・ハイゼが『存在と時間』を誤解して「国家社会主義の思想」と混ぜるのは彼の好きにするがいい（GA95, 170f.）、とある。

10) デリダは一九八七年に、当時、ハイデガーの論者が誰ひとり興味をもたなかった精神（Geist）という主題に光を当て、それが『存在と時間』（一九二七年）でもトラークル論（一九五三年）でも肯定的に使われないが、精神のモチーフは三三年学長就任演説や三五年夏学期講義『形而上学入門』など「政治的なものの含有量の高い文脈」に力強く記入されていることに着目した（J. Derrida, *De l'esprit: Heidegger et la question*, Paris: Galilée 1987, p. 18f., 邦訳、デリダ『精神について』港道隆訳、人文書院、一九九〇年、一二－一三頁）。それが慧眼だったことは黒いノートなどその後公刊された文章が証明している。

11) 同じ講義で、自分の孤立を暗示するかのように、ヘルダーリンから、「彼らは私を必要としていない」、「だが私はひとりきりだ」という言葉を借りている（GA39, 136f.; vgl. Pöggeler, *op. cit.*, S. 321）。ヤスパースの手記によると、「彼の設定した目標は、〔ハイデルベルク大学の講演では〕当時ナチが公に語っていたよりも先に行っており、つまり〔ナチズムの〕内容を見くびっていた」（K. Jaspers, *Notizen zu Martin Heidegger*, München: Piper 1978, S. 181, 邦訳、ヤスパース『ハイデガーとの対決』児島、立松、寺邑、渡辺訳、紀伊國屋書店、一九九九年、三二三頁）。ハイデガーの七〇歳を祝う手紙のために書かれたが発送されなかったヤスパースのメモには、「国家社会主義者でありながら同時にそうではなかったとはどういうひとなのか！」と記されていた（*ibid.*, S. 168, 邦訳、三〇五頁）。私がこの疑問に答えると、ハイデガーは現実の通俗的国家社会主義に反対する一方で、精神的国家社会主義という個人的国家社会主義を実現したかった。

なお、ナショナリズムは他者への恐怖と憎悪に根ざしており人種主義に相通ずるという、今日の「進歩的・コスモポリタン的」知識人の一般的見解にB・アンダーソンは異を唱える。ネーションは愛を、しばしば自己犠牲の愛を呼び起こし、文学や音楽などの文化的産物はこの愛を無数の形式で表現するが、恐怖と嫌悪を表現するナショナリズムの文化的産物はごくまれだからである（ベネディクト・アンダーソン『定本 想像の共同体――ナショナリズムの起源と流行』白石隆、白石さや訳、書籍工房早山、二〇〇九年、二三二―二三三頁）。フィヒテやハイデガーのナショナリズムも他者を憎む人種主義とは異質である。

12) 歴史的民族「の」超政治（Metapolitik »des« geschichtlichen Volkes）のなかの括弧つきの属格「の」は、主格的属格（歴史的民族が行う超政治）であると同時に、目的格的属格（歴史的民族に対する超政治）であり、ひいては所有の属格（歴史的民族のもつ超政治）、同格の属格（歴史的民族という超政治）である。

13) *Œuvres de Descartes*, éd. Adam & Tannery, Paris: J. Vrin, T. IV, 1973, p. 62.

14) 拙著『ハイデガーにおける循環と転回――他なるものの声』東北大学出版会、二〇〇八年、一三六―一四〇頁参照。

15) カッシーラー夫人によると、彼女と夫はハイデガーの反ユダヤ主義傾向という話を耳にしていたが、ダヴォス討論後に二人の哲学者の関係はよくなった。夫からの手紙では、フライブルクで講演した「翌朝、私はハイデガーを訪問し、とてもあけっぴろげで友好的に感じました。彼にまつわる悪い噂は〔…〕まったく確かめられませんでした」(T. Cassirer, *Mein Leben mit Ernst Cassirer*, Hamburg: F. Meiner 2003, S. 187f.; vgl. Zaborowski, *op. cit.*, S. 628f.)。また、学長ハイデガーは二人の高名なユダヤ系教授が解雇されないよう努力し（Otto, *op. cit.*, 198f., 邦訳、三〇六―三〇八頁）、ユダヤ人の助手H・ブロックのイギリス亡命に手を貸した（R. Safranski, *Ein Meister aus Deutschland: Heidegger und seine Zeit*, München: C. Hanser 1994, S. 393, 邦訳、ザフランスキー『ハイデガー――ドイツの生んだ巨匠とその時代』山本尤訳、法政大学出版局、一九九六年、四九六頁）。

16) 一九三二年一〇月二八日。Vgl. M. Brumlik, "Die Alltäglichkeit des Judenhasses: Heideggers Verfallenheit an den Antisemitismus," in: HA, 202f. 弟フリッツは、国家社会主義に関してもハイデガーよりずっと冷静な人物だったがこう書いた。「国際的なユダヤ人財界首脳は一九一八年に、瓦解したドイツにおあつらえ向きの搾取対象を見つけた」(HA, 33f.)。D・チェーザレが弟宛書簡のユダヤ人言及を数えたところ全部で七回あって、どれも陰謀者という意味合いであり、三三年が六回、三八年が一回である（D. D. Cesare,

"Heideggers metaphysischer Antisemitismus," in: HA, 212）。ただし正確には二通は三三年ではなく三二年である。また、三三年三月のヤスパース宅訪問時に、ヤスパースがユダヤ人の国際連帯を宣言する偽書「シオンの賢者（の議定書）」の悪意にみちたばかばかしさを話題にすると、ハイデガーは「ユダヤ人の危険な国際的結びつき（Verbindung, 結社）」をもち出したという（K. Jaspers, *Philosophische Autobiographie*, erweit. Neuausg., München: Piper 1977, S. 101）。

R・マラフィオーティによると、ハイデガーは一九三八年から四五年にかけて一三のユダヤ人批判の覚え書きを残したが、どれもユダヤ人そのものに照準を定めてはおらず、ユダヤ人を近代の精神の代表者（私の言う人間性類型、理念型（5－2））にしたものである（R. Marafioti, "Heideggers vielsagendes »Schweigen«," in: HA, 282）。しかもこの種の発言はそれほど多くない。ヴィエタの概算では、黒いノートにおけるユダヤ人批判は〇・三％にすぎず、九九・七％を無視してハイデガーの反ユダヤ主義を針小棒大にあげつらったのがこれまでの黒いノート受容だった。その時期に、西洋文明全体を権力の政治として批判する形而上学批判が成長し、時代の世界政治とほとんどすべての文化現象への批判が記され、そのなかにユダヤ人の役割に対する批判も位置する（S. Vietta, "Heideggers seinsgeschichtliche Konvergenztheorie," in: AH, 410f.）。A・デンカーの算定でも、ユダヤ人非難は、黒いノート全一八〇〇頁中に四、五頁分、〇・三％が散在するだけである（A. Denker, "Martin Heidegger und die Frage nach dem Politischen," in: *Heidegger-Jahrbuch*, Bd. 13, 2022, S. 26）。

なお、ハイデガーが「大学のユダヤ化」（大学教員に占めるユダヤ人の比率の上昇）に反対している箇所がある。一九一六年一〇月、婚約者エルフリーデに宛てて「われわれの文化と諸大学のユダヤ化」について否定的に言及した。大学での職の見込みが立たず結婚できない状態での手紙である（ちなみに、妻への書簡集を編集・注解した孫、ゲルトルート・ハイデガーによると、エルフリーデは生涯反ユダヤ主義の考えを表したが、これは夫婦のつながりに影響を及ぼさなかった（LS, 51））。三二・三三年冬のハイデガーもアーレントに明言した。「私は一〇年前にマールブルクで大学問題に関して反ユダヤ主義者であり、この反ユダヤ主義に関しては「ユダヤ人の同僚」ヤーコプスタールとフリートレンダーでさえ支持してくれました。あの頃とまったく同様にいまも私は反ユダヤ主義者です。／これはユダヤ人との個人的な結びつき（たとえばフッサールやミッシュ、カッシーラーなど）とは何の関係もありません」（AH, 69）。ミュラーたちにも似た不満を漏らした（Heidegger, *Briefe an Max Müller und andere Dokumente*, S. 128）。

彼はまた、のちのノーベル化学賞受賞者H・シュタウディンガーをその日和見主義ゆえに罷免しようと告発した（Ott, *op. cit.*, S.

201-209, 邦訳、三一〇–三二四頁）。E・バウムガルテンについても、M・ウェーバーを中心とするハイデルベルク知識人グループの出であり、「いまは当地を罷免されたユダヤ人フレンケル」と活発に交際したのに、現在は日和見してナチス突撃隊に入ることを希望しているが、彼の受け入れは突撃隊にも大学教員にも当面「ともに不可能」だ、という所見を書いた（GA16, 774, 強調はハイデガー）。ヤスパースによると、ハイデガーは「二〇年代には反ユダヤ主義者ではなかった」のに、「ユダヤ人フレンケルというあのまったく余計な言葉は、一九三三年には少なくともある脈絡では反ユダヤ主義者になったことを証明する」（HJ, 271）。この見方は的を射ている。

17) Zaborowski, *op. cit.*, S. 602.

18) たとえばA・ゼルターを参照。彼は、多くの論者と同じく、適切にも、ハイデガーの反ユダヤ主義を近・現代との対決という文脈で考察し、ユダヤ人に「特別な歪められた合理性類型」、「純粋に計算する量的理性」を帰する動きをハイデガーに見つける（A.-A. Sölter, "Und das jetzige Menschentum verschwindet," in: *Heidegger-Jahrbuch*, Bd. 12, 2020, S. 197f.）。

19) 黒いノートの編者トラヴニー（GA97, 524）、およびマラフィオーティ（"Heideggers vielsagendes »Schweigen«," in: HA, 284）に負う。

20) ハイデガーは、フライブルク空爆（一九四四年一一月一六日）ののち、原稿を安全な場所に移すために避難し、学長宛に休職願を提出した。「私の研究は、私の人格に属するのではなく、ドイツの将来に仕え、これに属します」（Ott, *op. cit.*, S. 156f., 邦訳、二三四–二三五頁）。ここでは西洋の運命には触れていない。戦後にも、ドイツの責任を問わずに連合国を厳しく非難した。思考できない「西側列強」の責任は、「ヒトラーがヨーロッパ一面を荒れ狂った悪行の無責任を極度に上回る」（GA97, 250）。

21) Fr. Nietzsche, *Sämtliche Werke*, Kritische Studienausgabe, Bd. 2, München: dtv 1980, S. 310.

22) 一九三三年三月、ヤスパース宅で、ハイデガーは、ユダヤ人医師と弁護士に対する脅しと強要の新聞記事を読んで泣いたヤスパース夫人に、「たまに涙を流すのはいいことです」と述べたという（Jaspers, *Notizen zu Martin Heidegger*, S. 86f., 邦訳、一五九頁）。五〇年のヤスパース宛書簡でも自分自身の罪を軽くする。「一九四五・四六年にもまだ、私は、一九三三年における公共性・世間における自分の行動の意味が分かりませんでした。〔…〕個人の罪（Schuld）は消えません。〔…〕しかし、悪の問題は終わっておらず、いまはじめて世界規模の段階に入りました」（HJ, 202）。ただし、後悔していたという証言もある。五九年一〇月一四日のH・ハインリヒスの日記によると、ハイデガーはこの日、それまでなかったことだが、「国家社会主義に対する悲劇的で誤っていた評価と、一九三三年五月二七日の学長就任講演のために今日なお思考のなかで疼くもの」とに自分から言及し、「このことを回顧するたびに繰り返し自分を動かす心痛を汲みとれるのは私自身だけだ」と述べた（Vietta, *Heideggers Kritik am Nationalsozialismus und an der Technik*, S. 46f., 邦訳、七一―七二頁）。

23) 一九四二年夏学期講義『ヘルダーリーンの讃歌「イスター」』の原稿には、全集版には載せられていない次のコメントが添えられた。「詩人ヘルダーリーンは、ある思索者（ハイデガー）にとって対決すべき決定的な歴史的運命にならざるをえないかもしれない。このひとの祖父は、古文書によると、「讃歌イスター」や詩「追想」の成立と同じころドーナウ上流渓谷の崖下の河岸近くにある羊舎で（農地の羊小屋で）生まれた。伝承の隠れた歴史に偶然はない。すべては運命である」（Pöggeler, "Heideggers politisches Selbstverständnis," S. 41, 邦訳、三四頁）。私が「誇大妄想めいた思い」と呼んだ心の動きを、ザフランスキーは「多幸症の感情」と評した（Safranski, *op. cit.*, S. 367, 邦訳、四六四頁）。

24) H. Arendt, *Über die Revolution*, München: Piper 2011, S. 225.（邦訳、アーレント『革命論』森一郎訳、みすず書房、二〇二二年、二二四頁。、

初出一覧（いずれも大幅に手を加えた）

第1章　歴史を生き、歴史を存在する――ディルタイとの対決と〈存在と時間〉――
「歴史を生き、歴史を存在する――ハイデガーのディルタイ対決と〈存在と時間〉」（『ディルタイ研究 32』日本ディルタイ協会、二〇二一年、一一月）（日本ディルタイ協会大会二〇二〇年度全国大会シンポジウム「世紀転換期における諸学問構想――ディルタイ、フッサール、ハイデガー」（オンライン）二〇二〇年一二月五日開催、において同じ表題で発表）

第2章　『存在と時間』という迷い道を反復する――言い応じる愛へ――
「『存在と時間』という迷い道を反復する――固有なものを失うという出来事（Enteignis）に向かって」（『思索』第五三号、東北大学哲学研究会）（二〇二二年一二月、東北哲学会第六九回大会特別講演（於：東北大学）二〇一九年一〇月二〇日開催、において同じ表題で発表）

第3章　死すべき人々の可滅的な世界
「ハイデガーにおける現前と非現前　――死すべき人々の可滅的な世界」（『北海道教育大学紀要（人文科学・社会科学編）』第六九巻第二号、二〇一九年二月）（北海道哲学会二〇一八年度前期研究発表会特別講演（於：札幌国際大学）二〇一八年七月一四日開催、において同じ表題で発表）

第4章　応答する言語――ヘルダー言語起源論解釈を手がかりに――
北海道哲学会二〇二一年度前期研究発表会（オンライン）二〇二一年七月二五日開催、において「応答する言語――ハイデガーのヘルダー言語論解釈を手がかりに」という表題で発表

第5章　名のない神にこだまを返す――マイスター・エックハルトとハイデガー――
「突破と流出　そして　エアアイグニスとエントアイグニス――名のない神に向かって」（『ハイデガー・フォーラム』第

一五号、二〇二一年五月）（ハイデガー・フォーラム第一五回大会（オンライン）二〇二〇年九月一三日開催、において同じ表題で発表）

第6章　世界への気遣い――ハイデガーとアーレント――

「世界への気遣い――ハイデガーとアーレント」（『人文論究』二〇二二年二月、北海道教育大学函館人文学会）

第7章　そいつはただの動物だ――ヒューマニズムとその彼方――

「そいつはただの動物だ――ヒューマニズムとその彼方」（『現代思想』二〇一八年二月臨時増刊号、青土社）

第8章　ハイデガーのナショナル・ヒューマニズム――デリダのゲシュレヒト（一族・同類）論のかたわらで――

書き下ろし

第9章　ハイデガーの（反）国家社会主義と（反・）反ユダヤ主義――世界への気遣いの限界――

北海道哲学会二〇二一年度前期研究発表会（オンライン）二〇二一年七月一七日開催、において「ハイデガーの国家社会主義と反ユダヤ主義――世界への気遣いの限界」という表題で発表

あとがき

分かりにくい表題の本だろうか。

気遣い、気遣うという日本語は細やかな心配り、または懸念というほどの意味で用いられることが多い。「気遣いのひと」とは多方面に気配りを欠かさない人物のことで、誰かの「健康を気遣う」とは健康を案じ行き届いた配慮をすることだろう。けれども、本書で気遣い、気遣うという語にこめたのは一義的にはそういう含みではない。ハイデガーが気遣いのひとだったとか、世間が気になって仕方がなかったなどという珍説を立てるつもりはない。

ここで言う気遣いとは、存在することに、自分や他者（自分以外の人間）やさまざまなものごとが、つまりは世界が存在することに、私たち人間がそのつど何らかの仕方で関心をもち、かかわっているということである。

どんなひとも世界にかかわっている。古代衰退期の哲学者エピクロスとその徒たちは、世の中から逃れて自分たちの庭園に共に隠れ住んだ。ドイツの政治理論家で革命家のローザ・ルクセンブルクは収監された牢獄の塀の上に浮かぶバラ色の雲に魅せられた。H・ロフティングの主人公ドリトル先生は動物たちと会話し病を治した。どれも世界の内に存在し世界を気遣う仕方である。ひとへの心配りを絶やさぬことや健康への配慮は二義的な世界への気遣いである。

この世界には幸も不幸もあり、人間、生きもの、ものは何かしら声を発している。私たちが世界を気遣うそれぞれの仕方は、他者やものの呼びかけに対する応答である。エピクロスは都市国家《ポリス》崩壊後のひどく不安定な世界に生きたために、個人の心の平静《アタラクシア》をこの世から隠れて生きることにもとめた。ローザが夕日に映える雲に目を奪われたのは、プロシャ軍人がカラハリ砂漠で黒人を大量殺害した凄惨な報告書を読んだあとだった。「死者たちの臨終のあえぎ〔…〕が無窮の崇高な静かさのなかに消えていった」(『ローザ・ルクセンブルクの手紙』一九一七年二月)。アメリカ人ドリトル先生は、アフリカのサルたちが疫病で次々に死んでいるというツバメの便りをサルのチーチーから聞かなければ、アフリカ航海に旅立たなかった(『ドリトル先生アフリカゆき』)。

ようやく脱稿したこの小著も、他者やものたちの声に対するそうした言い応じの一つである。それらの他者は、まずハイデガーであり、また、各章で取り上げたディルタイ、エックハルト、ヘルダー、デリダ、アーレント等々の卓越した思想家である。

同時に本書は、旧師、友人、教え子、亡き父母、妻と二人の息子、ここ二五年間里子としてそばに来てくれた子どもたちなど、多くは哲学ともハイデガーとも直接の結びつきのないひとたちが、あるいは「海の彼方の一度も会ったことないひと」(エックハルト)がつぶやく言葉へのこだまでもありたいと願っている。勝手な想念にとらわれ気ままにふるまいがちな私のありようを繰り返し糺《ただ》し気遣ってくれたのは、また、存在するものたちから響く存在の声に答えて与えるという剝奪と喪失の出来事以外に、本当の自分などありえない(本書五七頁参照)、ということを教えてくれたのは、この小著で取り上げたハイデガーをはじめとする哲学者たちであり、いま挙げた人々でもある。本書で名のない神と呼んだのはこうした人間たちでもある。神や仏と呼んでしまえば偽りの神かうそに堕してしまうために、名を呼びがたいひとたちである。

聞こえぬふりをしたくなる言葉を私に投げかけているのは、人間だけではないだろう。物心つかないころからこの年にいたるまで、私の周りにいた生きものたちも、ものも、空も土地も、山川や海も道も私を支え、私を促してくれた。

それらなしには私は生きてこられなかったし、この本も存在できなかった。地味な哲学研究書の出版が困難なこの時代に刊行をお勧めくださった晃洋書房編集部井上芳郎さんにもお礼を申し上げる。神々しい光をほのかに照り返すこれらの人々とものたちすべてに対して、冷淡でずれた答えしか返せないすまなさと感謝の念をしるして、この書物を閉じる。

二〇二三年八月

後藤　嘉也

人名索引

ア行

カ行

サ行

タ行

ナ行

ハ行

マ行

ヤ行

ラ行

事項索引

ア行

カ行

サ行

タ行

ナ行

ハ行

マ行

ヤ行

ラ行

《著者紹介》

後藤　嘉也（ごとう　よしや）

1953 年　山形県天童市生まれ

1982 年　東北大学大学院文学研究科博士後期課程単位取得退学

2005 年　博士（文学）東北大学

現　在　北海道教育大学名誉教授

主要著訳書

『ハイデガーにおける循環と転回――他なるものの声』（東北大学出版会，2008 年）

『哲学書概説シリーズXI　ハイデガー『存在と時間』』（晃洋書房，2011 年）

『ハイデガーとともに，ハイデガーに抗して――無意味な世界における意味の誕生』（晃洋書房，2017 年）

『哲学の歴史 第 10 巻』（共著，中央公論新社，2008 年）

『基礎講座 哲学』（共著，ちくま学芸文庫，2016 年）

『ハイデッガー カッセル講演』（翻訳，平凡社ライブラリー，2006 年）

ブルーメンベルク『コペルニクス的宇宙の生成 I，II，III』（共訳，法政大学出版局，2002-2011 年）

『ハイデガー＝レーヴィット往復書簡 1919-1973』（共訳，法政大学出版局，2019 年）

世界を気遣うハイデガー

――名のない神にこだまを返す――

2023 年 10 月 30 日　初版第 1 刷発行　　＊定価はカバーに表示してあります

著　者　後　藤　嘉　也 ©

発行者　萩　原　淳　平

印刷者　藤　森　英　夫

発行所　株式会社　晃　洋　書　房

〒615-0026　京都市右京区西院北矢掛町 7 番地

電　話　075-(312)-0788 番(代)

振替口座　01040-6-32280

装丁　浦谷さおり　　組版　（株）金木犀舎

印刷・製本　亜細亜印刷（株）

ISBN978-4-7710-3767-0